LESSER URY

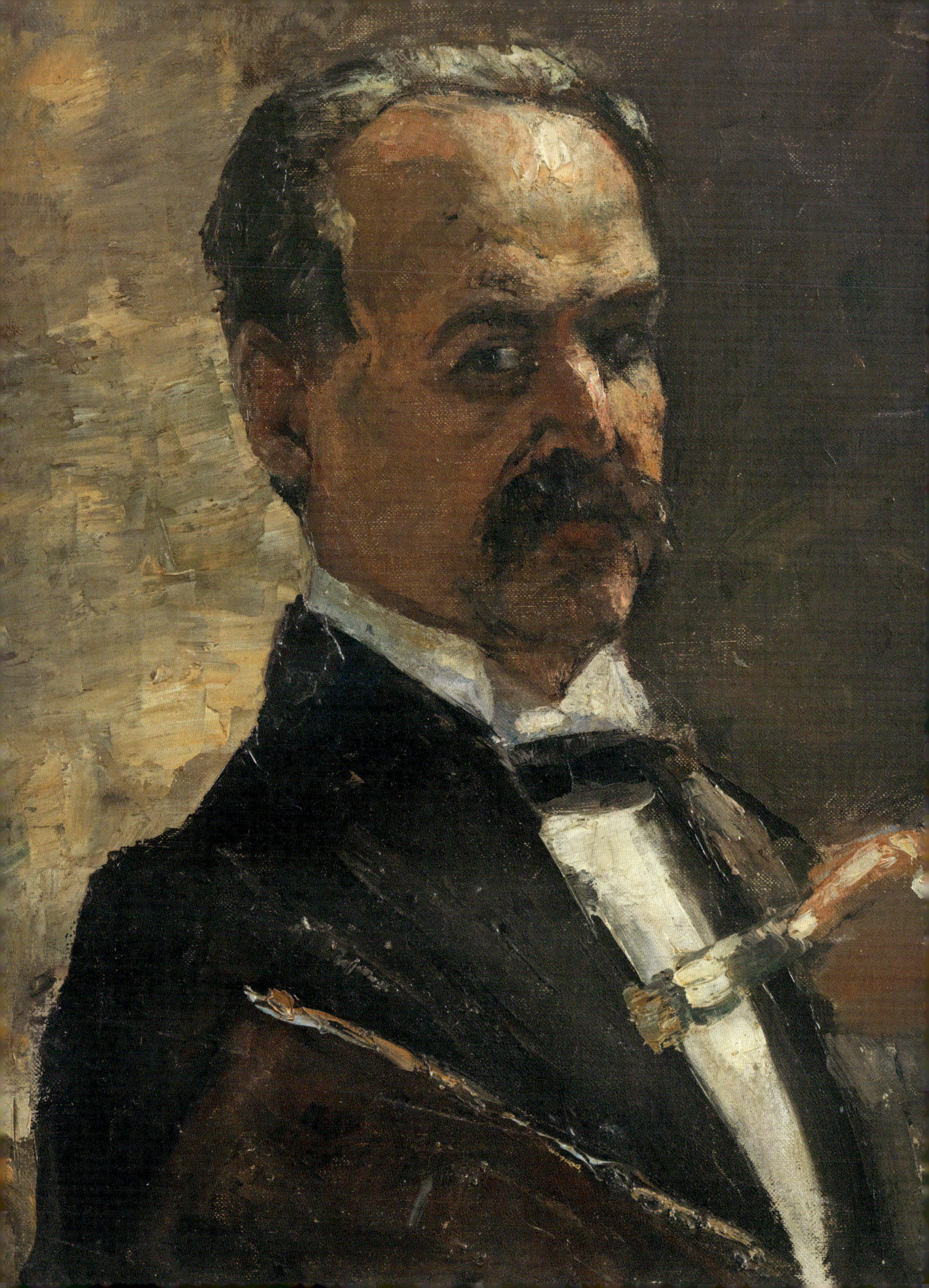

SABINE LATA

LESSER URY

MALER DER MODERNE

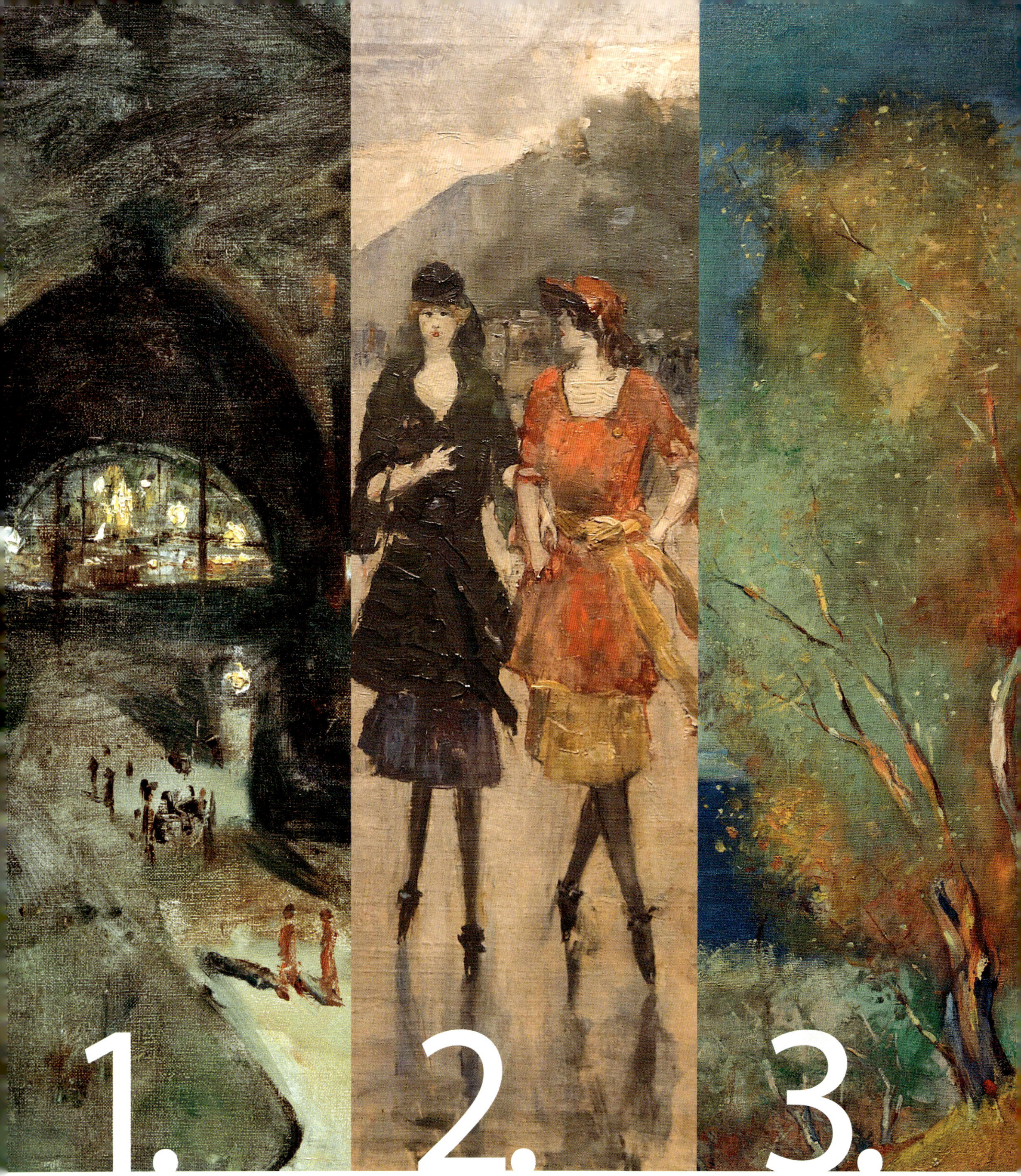

Inhalt

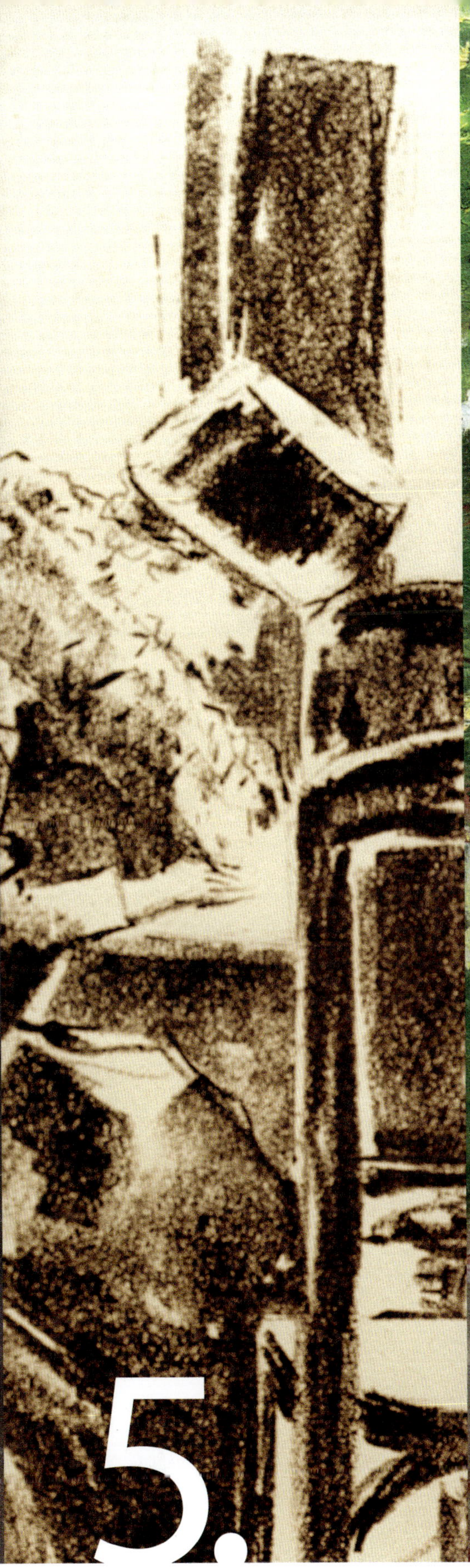
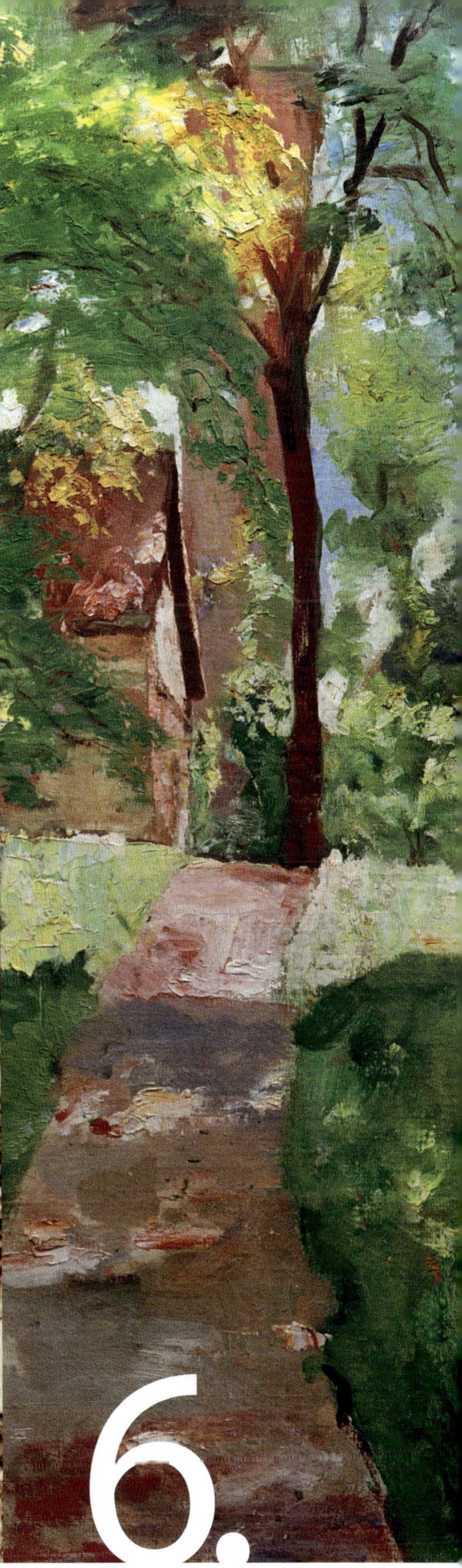

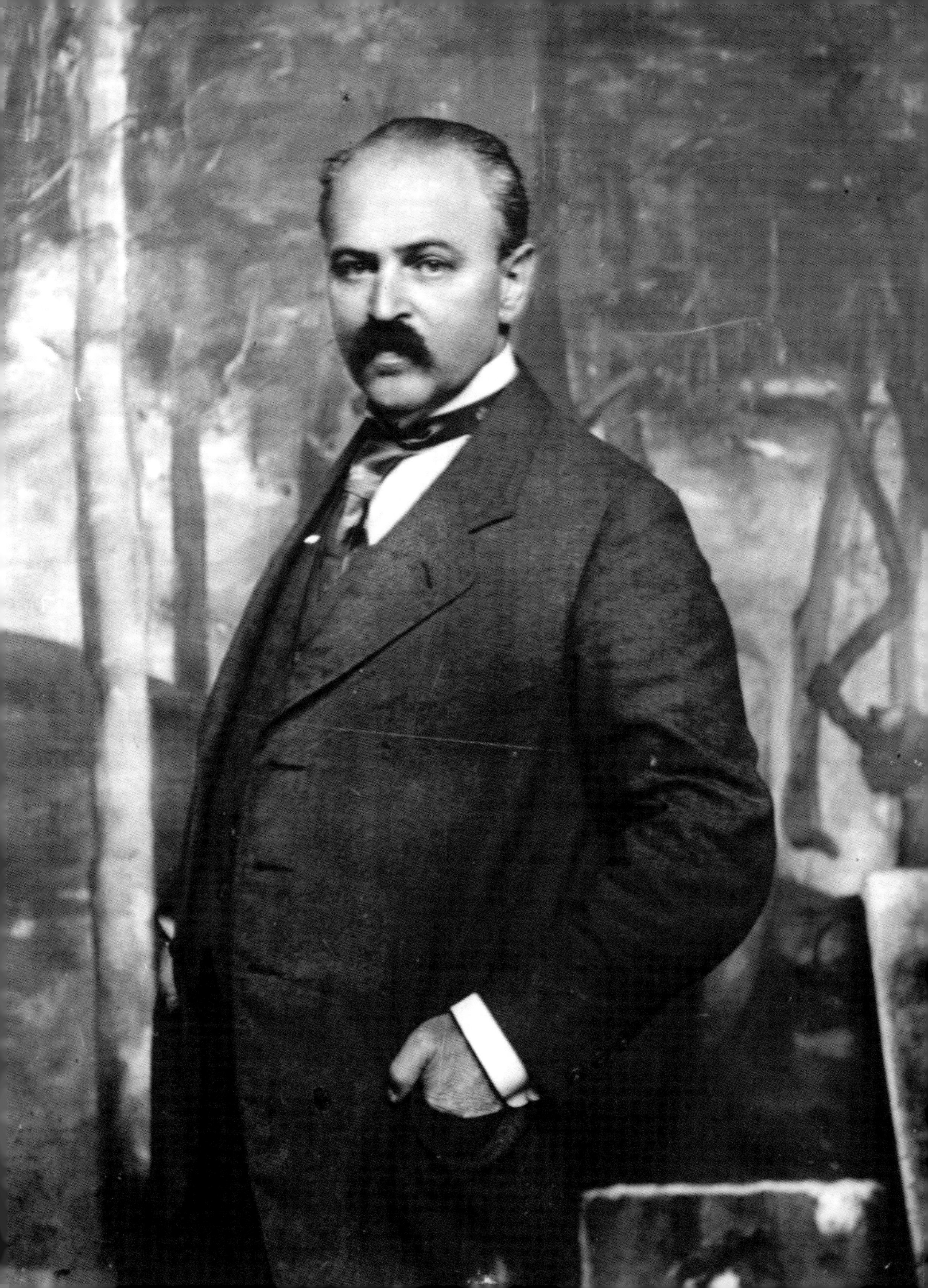

Unbekannter Fotograf: Lesser Ury vor »Der Mensch«, linker Flügel des Triptychons, Foto, um 1910

Einführung

»Sucher und Finder des Lichts«

(Adolph Donath in seiner Grabrede auf Lesser Ury)

Als am 7. November 1921 der mit Amtskette geschmückte Berliner Stadtrat Eugen Rosenberg seine Geburtstagslaudatio beendet hatte, war Lesser Ury perplex. Eine solche Ehrung traf ihn völlig unvorbereitet. Zwar waren ihm anlässlich seines 60. Geburtstags Ehrbekundungen von Seiten der Berliner Secession angedeutet worden, doch kam die offizielle Würdigung durch die Stadt Berlin überraschend. Stets hatte sich Ury ungerecht behandelt gefühlt – von der Kunstkritik, von Künstlerkollegen, von potentiellen Käufern. Nun musste er zu Kenntnis nehmen, dass man ihn als »künstlerische[n] Verherrlicher der Reichshauptstadt« pries. Erst wenige Jahre zuvor war ihm mit einer großen, von der renommierten Galerie Paul Cassirer ausgerichteten Ausstellung der lang ersehnte Durchbruch beschieden gewesen. Beachtliche 80 Werke waren dort von ihm zu sehen. Doch uneingeschränkte Freude über seine Erfolge lagen Ury fern. Rückblickend knurrte er: »Seit einigen Jahren fängt man an, mich etwas anständiger zu behandeln, da ich doch nicht totzukriegen bin.«[1]

Kindheit und Jugend

Leo Lesser Ury stammte aus dem preußischen Provinzstädtchen Birnbaum (heute Międzychód) bei Posen. Hier wurde er am 7. November 1861 als jüngster Sohn in eine jüdische Familie hineingeboren. Sein Vorname ist eine Variante des hebräischen Namens »Elieser«, in der Bibel einer der Söhne Mose. Wenige Jahre nach dem frühen Tod von Urys Vater, dem Bäckermeister Joseph Ury, beschloss die Mutter Fanny, geb. Schwartz, Birnbaum zu verlassen. Sie zog mit Lesser und seinen Brüdern Joseph und Julius in die Hauptstadt des gerade gegründeten Deutschen Kaiserreichs, wo sie sich mit einem Weißwarenladen selbstständig machte. Er lag in der Dresdener Straße im ärmlichen historischen Stadtteil Luisenstadt. In unmittelbarer Nähe befand sich die Luisenstädtische Realschule, die Lesser Ury besuchte und 1878 mit der Mittleren Reife abschloss.

Über seine Kindheit sagte Ury später, er sei in sehr bescheidenen Verhältnissen aufgewachsen. Trotz der finanziellen Notlage der Familie strebte er keine kaufmännische Laufbahn an. Dabei wäre die durchaus erfolgversprechend gewesen, immerhin wurden seine Brüder solide Kaufleute: Joseph Segeltuchfabrikant in Stettin und Julius Geschäftsführer in Breslau. Lesser Ury jedoch brach die begonnene kaufmännische Ausbildung ab. Er wollte Maler werden.

Lehr- und Wanderjahre

Den jungen Mann zog es nach Düsseldorf, wo er sich am 21. April 1879 an der Königlich-Preußischen Kunstakademie einschrieb. Auf dem Weg dorthin machte er Halt in Kassel, um die Werke Rembrandts in der Gemäldegalerie zu studieren. In Düsseldorf frustrierte ihn bald der akademische Lehrbetrieb. Nach rund einem Jahr verließ er die Akademie und reiste weiter Richtung Westen.

Neben Brüssel und Antwerpen lockte Ury die Kunstmetropole Paris, wo er sich 1881 und 1883 für längere Zeit aufhielt. Einige Jahre zuvor hatte der französische Maler Claude Monet seine Ansicht vom Hafen in Le Havre mit »Impression. Sonnenaufgang« (1872) betitelt und damit einer neuen Stilrichtung ihren Namen gegeben. Der Umgang der Impressionisten mit Licht und Farbe, das Einfangen flüchtiger Augenblicke und die Erhebung banaler Straßen- oder Kaffeehausszenen zu Bildgegenständen müssen Ury beeindruckt haben. In Paris, wo er zeitweise bei Jules-Joseph Lefebvre studierte, entstanden seine ersten Stadtimpressionen, aber auch Interieurs und Blumenstillleben.

1882 schrieb sich Ury an der Académie Royale des Beaux-Arts in Brüssel ein. In dem Historien- und Orientmaler Jean-François Portaels fand er einen geschätzten Lehrer. Um 1884 ließ sich Ury für mehrere Monate in dem nahe Brüssel gelegenen Dorf Volluvet nieder, wo er Landschaften, arbeitende Bauern und Bäuerinnen und Interieurbilder malte.

Rückkehr nach Berlin

Mit Mitte zwanzig kehrte Lesser Ury 1887 zurück nach Berlin, in der Tasche ein Empfehlungsschreiben von Fritz von Uhde an Max Liebermann. Ury hatte von Uhde in München kennengelernt. Dort hatte der junge Künstler nach Stationen in Stuttgart und Karlsruhe 1886 ein Studium bei Johann Caspar Herterich an der Akademie der Bildenden Künste aufgenommen. Tatsächlich setzte sich der angesehene und aus wohlhabenden Verhältnissen stammende Max Liebermann für den mittellosen Ury ein, der dem etablierten Maler mit Respekt begegnete.

In Berlin fesselten Lesser Ury das großstädtische Treiben, der Verkehr, das künstliche Licht. Er malte, was er sah: zwei Frauen auf der regennassen Leipziger Straße, flanierende Paare, zufällige Begegnungen im Tiergarten, Menschen im Café. Oft betonte er dabei, im Gegensatz zu den französischen Impressionisten, die linear-zeichnerische Struktur seiner Kompositionen.

Völlig neu war, dass Ury manche seiner impressionistischen Straßenszenen in die Nacht verlegte. Beeindruckend gelang ihm die malerisch anspruchsvolle Aufgabe, die Ausbreitung und Spiegelungen des künstlichen Großstadtlichts wiederzugeben, vor allem auf regenglänzenden Straßen. Dazu setzte der Maler extrem dunkle Farbtöne ein.

Mit Fritz Gurlitt fand Ury einen ersten Galeristen, der ihn ausstellte. 1890 hatte der Maler die Gelegenheit, zum ersten Mal eine größere Anzahl von Bildern bei Gurlitt zu zeigen. Es hagelte harsche Kritik. Urys Malweise, seine teils mit dem Spachtel aufgetragene Farbe, die ungewohnten Bildausschnitte, die einen unmittelbaren Eindruck des Augenblicks wiedergeben, und seine angeschnittenen Figuren sorgten bei den Galeriebesuchern für Kopfschütteln. Seine Bilder galten als »verrückt«. Im industriell aufstrebenden Berlin hatte die künstlerische Moderne, im Gegensatz zur Kunststadt München, noch nicht Einzug gehalten.

Ein Kritiker jedoch, der Kunsthistoriker Cornelius Gustav Gurlitt, Bruder des Galeristen Fritz Gurlitt, brach in der Zeitschrift *Die Gegenwart* eine Lanze für Ury. Zunächst beschrieb er das »Anstößige«: »Eine Reihe von schwarzen Klexen [sic!] auf einer mit dem Spachtel aufgetragenen Fläche! Diese sieht aus wie der von der Palette zusammengekratzte Farbenrest, in welchem das Kremserweiß vorwiegt! Und daneben eine Reihe von weißen Klexen [sic!] auf einem vorwiegend schwarzen Farbenragout. […] Was soll aus der deutschen Kunst noch werden, wenn solche Schmierereien in ihrem heiligen Bereiche geduldet werden! Keine Spur von Korrektheit in der Zeichnung, von Rhythmus in der Komposition, von Wohlklang in der Farbenharmonie […]!« Dann aber räumte der Autor ein, habe er Urys Bilder mit völlig anderen Augen gesehen, nachdem er während eines verregneten Abendspaziergangs die Lichter der Stadt in den spiegelnden Regenpfützen erlebt hatte: »Da sah ich einen Künstler, dem es Ernst ist zu geben, was ihn die Natur lehrte, einen Mann, […], dem wir aber danken sollen, daß er versucht zu malen, was ihn entzückte […]! Er wird Grobheiten genug dafür einzustecken bekommen, daß er den Idealismus auf sich genommen hat, nicht nach alten Rezepten idealisieren zu wollen.«[2]

Landschaften, biblische Themen und Porträts

Zur gleichen Zeit verwendete sich der Altmeister Adolph Menzel für Ury und empfahl ihn für den Michael-Beer-Preis der Königlichen Akademie der Künste. 1890 erhielt Ury die Auszeichnung, die ihm half, einen Studienaufenthalt in Italien zu finanzieren. Im Süden angekommen, giftete er in einem Brief an seinen Freund Franz Hermann Meißner: »Rom ist ein alter Müllhaufen, auf welchem ein frisches Leben nicht gedeihen kann. Ich habe auf Berlin geschimpft [,] aber dort ist doch wenigstens Bewegung, Streben nach etwas Besserem, ein nervöses Vorwärtsdrängen, aber hier Rafael und römischer Müllhaufen, kurz todt und dreimal todt […]«[3]. Obwohl ihm sein Aufenthalt wenig gefiel, entstanden sonnengesättigte Ansichten von Rom und Capri. Im Spätherbst 1890 kehrte Ury wieder zurück nach Berlin, um ein Jahr später erneut aufzubrechen. Diesmal erkundete er den Gardasee und den Lago Maggiore, besuchte Florenz, Venedig und noch einmal Rom. Von nun an war seine Präsenz in Berlin von

zahlreichen Reisen unterbrochen. In Oberitalien, Norddeutschland, Thüringen, Holland und im Rheingau malte er Landschaften von geradezu magischer Farbintensität, die über das Abgebildete hinaus mit Bedeutung aufgeladen erscheinen. Häufig benutzte er, wie bereits in Volluvet erprobt, weiche Pastellkreiden, um die besondere Stimmung zu unterschiedlichen Tages- und Jahreszeiten einzufangen.

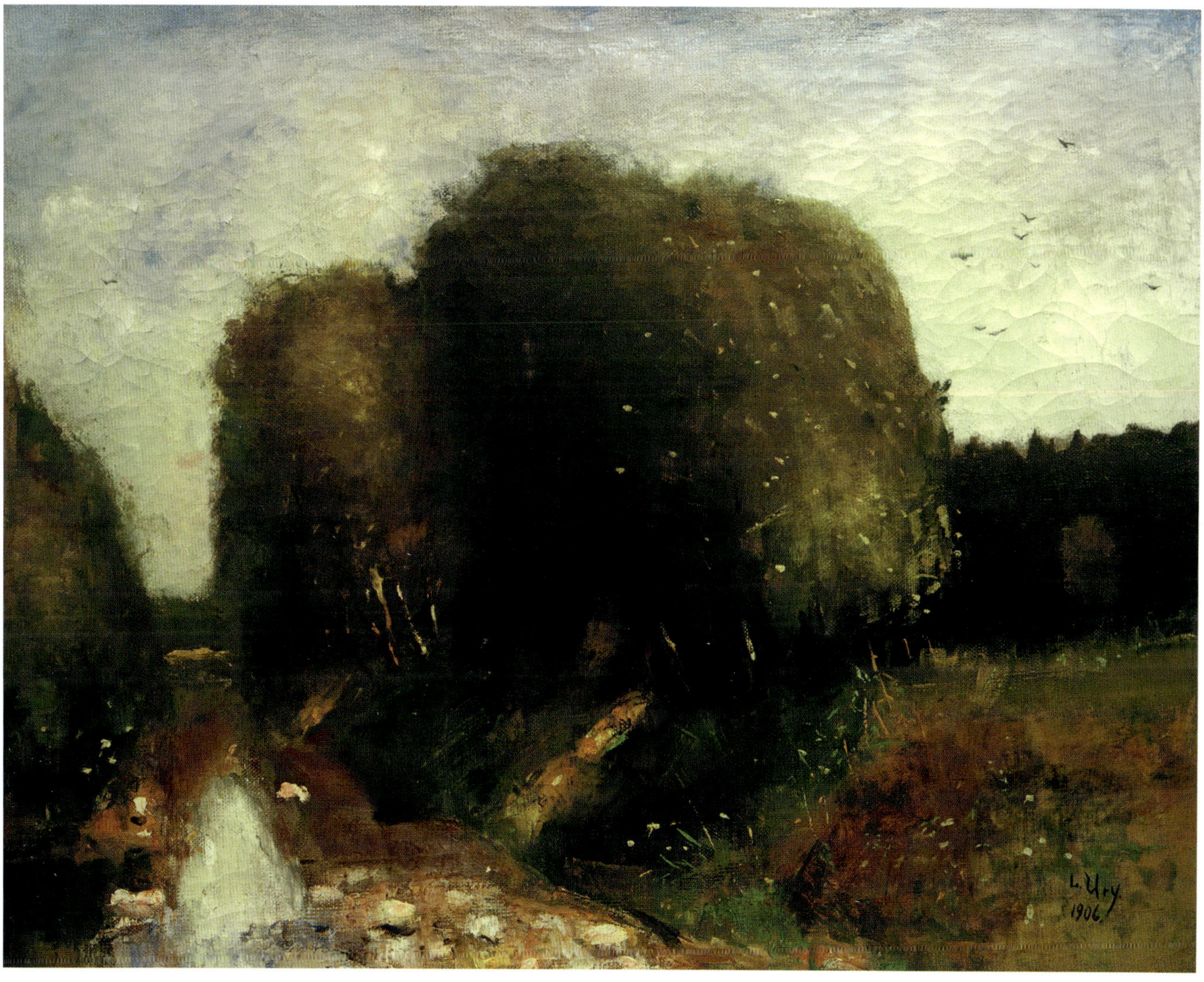

Lesser Ury, Flusslandschaft, 1906
Öl auf Leinwand, 57,5 x 73,5 cm, Privatsammlung

War Ury in Berlin, nahm er Porträtaufträge an, etwa von Otto Brahm, dem Leiter des Deutschen Theaters, dem Theatermann Paul Schlenther oder der heute in Vergessenheit geratenen Schriftstellerin Elsbeth Meyer-Förster. Neben Persönlichkeiten der Theater- und Literaturszene porträtierte er den Politiker Walther Rathenau, dessen Vater ein Ury-Bild gekauft hatte, und immer wieder auch sich selbst.

Gleichzeitig intensivierte Ury seine Arbeit an biblisch-philosophischen Themen, die ihn schon während seiner Zeit in Brüssel beschäftigt hatten. In dichter Folge vollendete er mehrere monumentale Gemälde, darunter »Jerusalem« von 1896, auf dem er die Vertreibung des jüdischen Volkes zu einer Darstellung trauernder, im Gegenlicht auf einer Bank sitzender Juden verdichtete. Auch das 1897 entstandene Gemälde »Jeremias«, das Triptychon »Der Mensch« (1898) oder »Adam und Eva nach der Vertreibung aus dem Paradies« (1899) stehen mit ihrer Thematik, ihrem Großformat und der symbolisch aufgeladenen Bildsprache für einen bis heute weniger beachteten Aspekt in seinem Schaffen.

Bei Max Liebermann war Ury bald in Ungnade gefallen. Stein des Anstoßes war Liebermanns Gemälde »Flachsscheuer in Laren« (1887). Liebermann war zu Ohren gekommen, dass Ury Bekannten gegenüber behauptet hätte, er, Ury, habe die Lichteffekte auf dem Gemälde nachtäglich verbessert. Zwar soll Liebermann mit dem Ausspruch »[…] mir macht das nichts aus, wenn er das so sagt. Wenn er aber hingeht und sagt, ich hätte seine Bilder gemalt, dann gehe ich vor Gericht!« gekontert haben, aber das Verhältnis war zerrüttet. Das hatte Folgen – vor allem für Ury.

Fortan beschäftigte der Konflikt zwischen den beiden Künstlern auch die zeitgenössische Kunstkritik. Es gab öffentliche Auseinandersetzungen zwischen Liebermann-Anhängern und Ury-Befürwortern. Als Max Liebermann 1892 die moderne Künstlergruppe »Vereinigung der Elf« mitbegründete, ließ er Ury unberücksichtigt. Ebenso außen vor sah sich Ury, als sich 1898 die Berliner Secession gründete, die unter Liebermann als Präsident Position gegen den konservativen Verein Berliner Künstler bezog. Für Ury wandelte sich die Situation erst zum Besseren, als Lovis Corinth Max Liebermann als Präsident ablöste. Ab 1915 konnte er an Ausstellungen der Berliner Secession teilnehmen und wurde 1921 sogar zum Ehrenmitglied ernannt.

Neue Straßenszenen

Nach 1910 knüpfte Ury verstärkt an seine Straßen- und Kaffeehausbilder aus den 1880er Jahren an. Mit dem Boulevard Unter den Linden, dem Pariser Platz, der Leipziger Straße oder dem Café Bauer wählte er häufig Motive aus dem alten Stadtzentrum Berlins. Die oft nur anhand von Details zu lokalisierenden Straßenszenen gerannen zu Sinnbildern des modernen Großstadtlebens. Nun stieg die Nachfrage. Was dem Berliner Publikum Ende des 19. Jahrhunderts noch »verrückt« erschien, entwickelte sich in den 1920er Jahren zu gut verkäuflicher Kunst. Was offenbar weniger goutiert wurde, waren die hässlichen Seiten der Großstadt, die verwahrlosten Hinterhöfe und Brachen. Auch von Krieg, Revolution und Elend verrät Urys Bilderkosmos beinahe nichts.

Um die Nachfrage der Sammler zu decken, pflegte Ury eine ökonomische Arbeitsweise. Neben der Umsetzung neuer Bildideen wertete er seine Bilder aus den 1880er Jahren gründlich aus: Er wiederholte besonders beliebte Kompositionen und frischte sie auf, indem er Details, wie etwa die Rocklängen und Silhouetten seiner weiblichen Figuren, modisch anpasste.

Das Potential von bereits gefundenen Bildideen lotete er oft mit anderen Ausdrucksmitteln aus. Ab 1915 entstanden druckgrafische Blätter: Lithografien und vor allem Radierungen. Einzelblätter und die Grafikmappen »Biblische Gestalten«, »Berliner Impressionen« und »Holländische Motive« kamen der Nachfrage des Marktes entgegen und boten auch weniger begüterten Sammlern die Gelegenheit, Werke von Ury zu erwerben.

An die Technik der Druckgrafik hatte ihn sein Freund, der Grafiker Hermann Struck, herangeführt, der im Verlag Paul Cassirer ein Handbuch über die Kunst des Radierens publiziert hatte. Ury widmete Struck beinahe jeden seiner Probeabzüge, und dieser fertigte zwei Porträtgrafiken des Malers an. Das von Struck radierte und von beiden Künstlern signierte Profilbildnis war Ausdruck ihrer Freundschaft.

Tatsächlich war dem oft in Farbe schwelgenden Ury das Arbeiten ohne Farbe – seine Druckgrafik ist durchweg schwarz-weiß – von früh auf geläufig. Auf einigen seiner Zeichnungen erweist sich Ury als äußerst originell im Umgang mit schwarzer Tusche. Außerdem haben sich monochrome Gouachen erhalten, die die Lichtverteilung auf geplanten Ölbildern erproben, in anderen Fällen aber auch eigenständige Kunstwerke darstellen.

Später benutzte Ury zum Zeichnen gerne Kohle. Der Kunsthistoriker und Regisseur Hans Cürlis, der Ury für seinen Film »Schaffende Hände« aus dem Jahr 1925 in seinem Atelier beim Zeichnen einer Straßenflucht filmte, erklärte: »Die kurze fleischige Hand zeichnet eigentlich nicht, sie malt mit Kohle die Stimmung der regenfeuchten Straße, auf der sich die schwarzen Wagen spiegeln. Das Ganze und jede Einzelheit ist farbig gedacht und nur in das leicht Fließende der Kohletechnik übersetzt [...]«[4]

In seinem späteren Schaffen erweiterte Lesser Ury seine Stadtimpressionen um Motive aus anderen Metropolen. Mit beinahe 65 Jahren setzte der Maler eine alte Idee in die Tat um und reiste nach London. Freunde, die ihn einst auf die Ähnlichkeit seiner Gemälde mit Werken des englischen Malers William Turner aufmerksam gemacht hatten, hatten in ihm den Wunsch ausgelöst, die englische Hauptstadt zu besuchen. Um die silbrige Atmosphäre des Londoner Nebels einzufangen, habe er, so seine Aussage, seine vierzig Jahre lang gepflegte Technik ändern müssen. Er malte unter anderem Charing Cross und wiederholt die Themse mit ihren Brücken. Die entstandenen Pastelle und

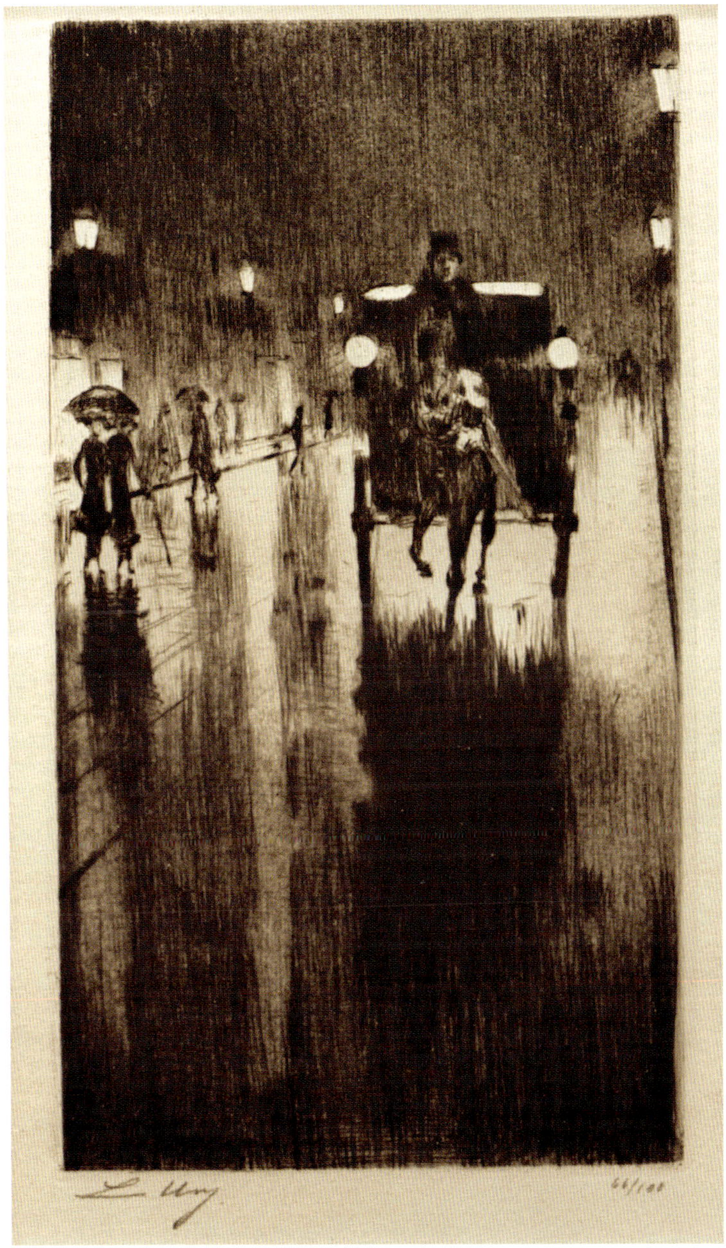

Lesser Ury, Pferdedroschke im Regenwetter, 1924
Radierung, 20,5 x 11,2 cm; auf 36 x 27 cm (Bütten)
Aus: Berliner Impressionen, Euphorion Verlag, Berlin, Privatsammlung

Zeichnungen konnte Ury zusammen mit einigen Berlin-Bildern pünktlich zu seinem 65. Geburtstag in der Galerie »Kunst-Kammer Martin Wasservogel« zeigen. Zwei Jahre später wiederholten Ury und Wasservogel das bewährte Verfahren: Ury reiste noch einmal nach Paris – die Stadt, die ihn als jungen Maler geprägt hatte – zu einem Arbeitsaufenthalt, bei dem er in zwei Wochen 38 Bilder schuf. Wohl die Erfahrung des schwierigen Transports seiner Werke von London nach Berlin im Kopf, malte er jetzt überwiegend kleinformatige Ölgemälde und Pastelle. Sie wurden 1928 in der Ausstellung »Neue Bilder aus zwei Weltstädten Paris und Berlin« in der Galerie Wasservogel präsentiert.

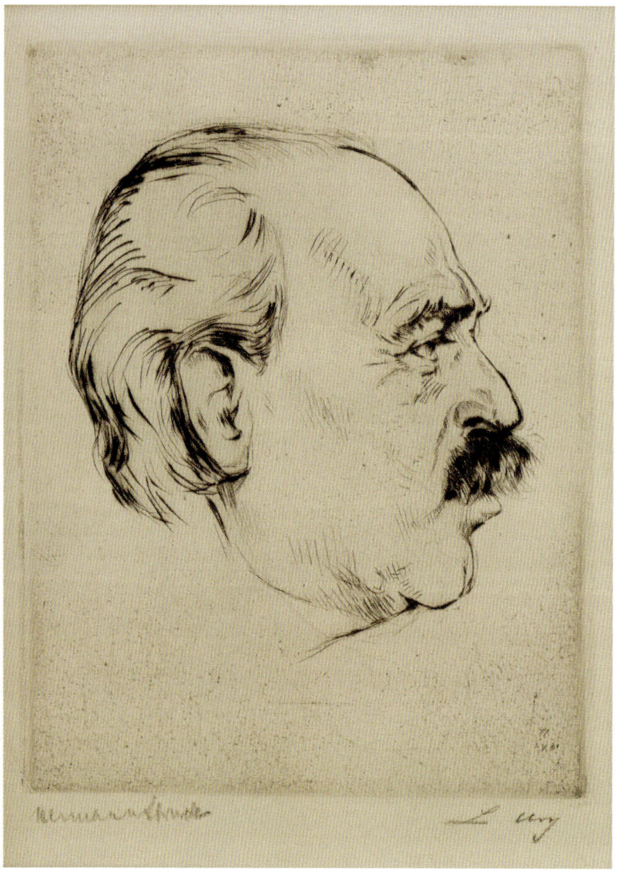

Hermann Struck, Porträt Lesser Ury, 1923
Radierung, 17, 4 x 13,2 cm

Letzte Jahre

Selbstzeugnisse und Berichte von Zeitgenossen lassen Lesser Ury als eine komplizierte, von Misstrauen geprägte und zu cholerischen Anfällen neigende Persönlichkeit erscheinen. Überliefert ist sein Zaudern und Hadern, wenn er sich von Werken trennen sollte. Potentielle Käufer mussten ihm gefallen. Mit zunehmendem Alter nahm sein Verhalten ganz offensichtlich pathologische Züge an. Er hatte Angst, Menschen kennenzulernen, und fühlte sich verfolgt. Fremden gegenüber soll er das Pseudonym »Lehmann« benutzt haben.

In seiner Atelierwohnung am Nollendorfplatz 1 in Berlin-Schöneberg fristete Ury über viele Jahre ein bescheidenes Dasein. Er lebte allein. Meta Streiter, mit der er bis zu seinem Tod eine Liebesbeziehung führte und mit der, so wird vermutet, er einen unehelichen Sohn hatte, besaß eine eigene Wohnung und verdiente sich ihren Unterhalt in einer Schneiderwerkstatt. Ury hatte die wesentlich jüngere Frau, die er Katinka nannte, 1903 über eine Zeitungsanzeige kennengelernt, in der er ein Modell suchte.

Ury galt als sparsam, wenn nicht geizig. Während der Inventarisierung seiner Werke nach seinem Tod kamen in Kartons, Armsesseln und Matratzen nicht geringe Mengen an Bargeld zutage. Auch Börsenpapiere, Juwelen, ein Sparbuch, edle Weine und Champagner wurden gefunden.

Eigentlich liefern Urys Charakter und seine Lebensumstände genau den Stoff, aus dem moderne Künstlermythen gestrickt sind. Trotzdem stellte sich sein künstlerischer Erfolg erst spät ein, sei es bedingt durch Max Liebermanns Ausgrenzung, sei es durch die Defizite des Malers im Umgang mit Menschen und sein Unvermögen zur Selbstvermarktung.

Gegen Ende seines Lebens war Ury durch gesundheitliche Probleme stark beeinträchtigt. Von einem Herzanfall, den er nach seiner Rückkehr aus Paris erlitten hatte, konnte er sich nicht mehr erholen. Doch die Idee einer Retrospektive seines Werks anlässlich seines 70. Geburtstags motivierte ihn. Gefasst hatte den Plan Ludwig Justi, Direktor der Nationalgalerie, der ihm 1923 durch den Ankauf von Gemälden seitens des Museums den Ritterschlag erteilt hatte. Die Eröffnung der Retrospektive sollte am 7. November 1931 stattfinden, Urys Geburtstag. Während der Künstler in diesem Jahr den Ausblick aus seinem Atelierfenster auf den Nollendorfplatz zu verschiedenen Tageszeiten, ein Selbstporträt und »Jude im Gebetsmantel« malte, quälte ihn sein schlechter Gesundheitszustand.

Am 18. Oktober 1931, kurz vor seinem 70. Geburtstag, starb Lesser Ury. Er erhielt ein großes Begräbnis auf dem Friedhof Weißensee, wo ihm die Jüdische Gemeinde Berlin ein Grab in der Ehrenreihe zubilligte. Unter den zahlreichen Trauernden, die dem Maler das letzte Geleit gaben, befanden sich der Direktor der Nationalgalerie Ludwig Justi, Vertreter der Jüdischen Gemeinde, Künstler und Schriftsteller. Am Grab sprachen Eugen Spiro als Vorstand der Berliner Secession und der Kunsthistoriker Arthur Galliner. Der mit Ury befreundete Rabbiner Dr. Joseph Lehmann hielt die eigentliche Trauerrede. Etliche geplante Ehrungen zum 70. Geburtstag wurden in Gedenkfeiern umgewidmet. Die geplante Ausstellung in der Nationalgalerie mit 158 Gemälden und Pastellen eröffnete verspätet.

Kurze Zeit nach Urys Tod erschien im Kulturmagazin *Der Querschnitt* ein Beitrag über den Künstler, in dem er selbst zu Wort kam. Er beteuerte gewohnt trotzig: »[...] Ich habe in den fünfundvierzig Jahren, die ich in Berlin bin, alle Verwandlungen und Richtungen mitangesehen. Ich habe mich darum nicht gekümmert, sondern ‚nur' das gemalt, was ich malen wollte, oder vielmehr mußte.«[5]

1 Zitiert nach Hermann A. Schlögl/Matthias Winzen: Lesser Ury und das Licht, S. 117

2 Zitiert nach Adolph Donath: Lesser Ury. Seine Stellung in der modernen deutschen Malerei, S. 17

3 Lesser Ury an Franz Hermann Meißner, Rom, April 1890, zit. nach: Hermann A. Schlögl/Hannah Katzenstein: Der Teufel hole die Kunst (Zeichensetzung und Rechtschreibung wie im Original.)

4 Hans Cürlis: Schaffende Hände, zit. nach Hermann A. Schlögl/Karl Schwarz: Lesser Ury. Zauber des Lichts, S. 51

5 Zitiert nach Schlögl, in: Hermann A. Schlögl/Matthias Winzen: Lesser Ury und das Licht, S. 125

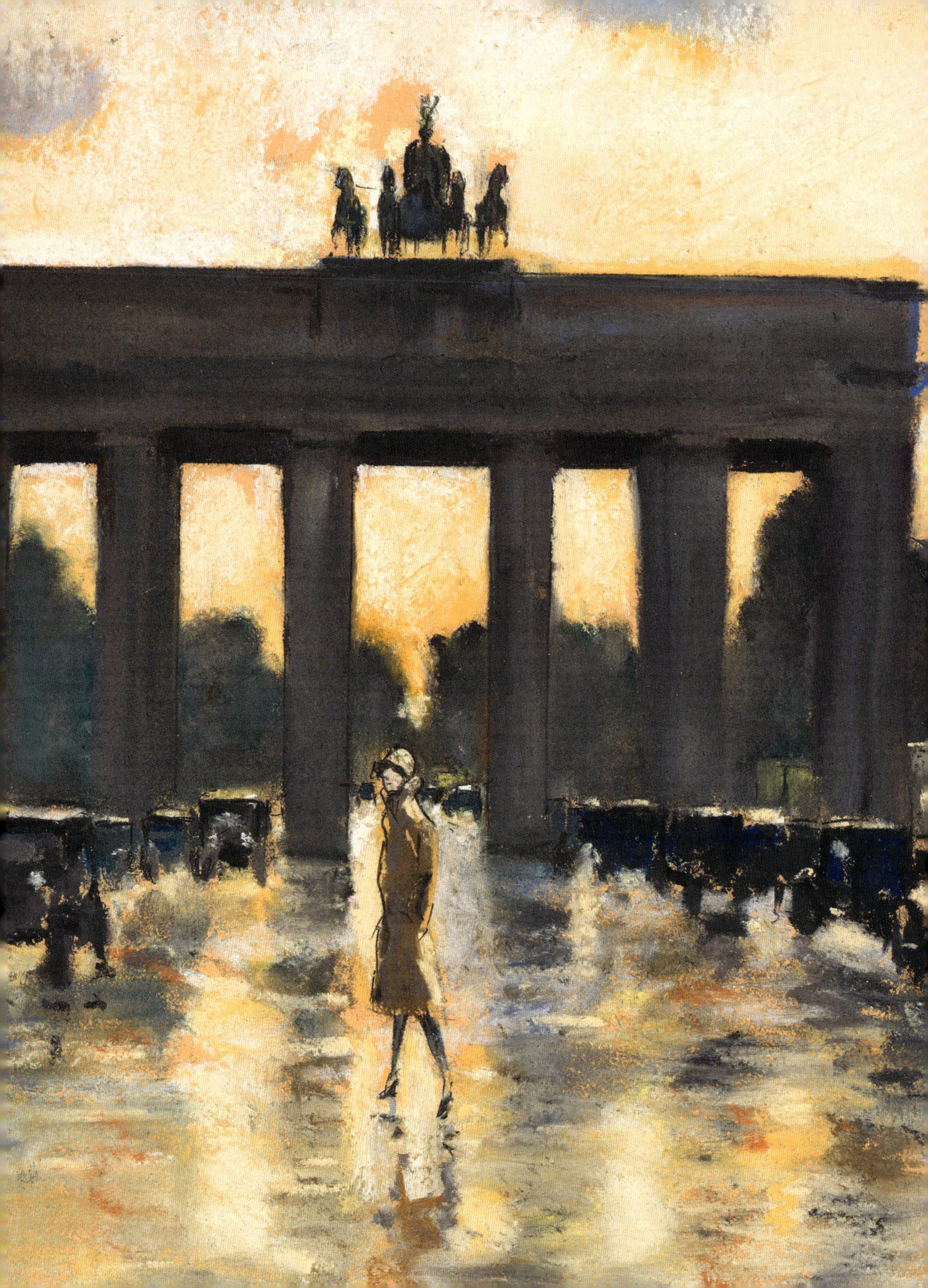

In Berlin

»... ein wildes Chaos, das zu malen eines Urys würdig ist«

(Franz Hermann Meißner)

Den größten Teil seines Lebens verbrachte Lesser Ury in Berlin. Hier erlebte er den Wandel der ehemaligen Residenzstadt der preußischen Könige zur vibrierenden Metropole mit über vier Millionen Einwohnern. Infolge der zunehmenden Industrialisierung ergaben sich gewaltige Umwälzungen in allen Bereichen des alltäglichen Lebens. Motorisierte Fahrzeuge und elektrische Straßenbahnen lösten Droschken und von Pferden gezogene Bahnen und Omnibusse langsam ab. Elektrische Straßenbeleuchtung trat in Konkurrenz zu den Gaslaternen, Lichtreklame bewarb Leibniz-Kekse und Sekt. Im Schein des Kunstlichts waren die Straßen auch nach Sonnenuntergang von Vergnügungssüchtigen bevölkert.

Das großstädtische Berlin bot Lesser Ury bei Tag und bei Nacht eine Fülle an Bildmotiven. Während zweier Paris-Aufenthalte hatte der junge Künstler erleben können, wie sich die Impressionisten die moderne Großstadtlandschaft als Sujet angeeignet hatten. Gleich nachdem Ury sich 1887 endgültig in der Hauptstadt des Kaiserreichs niederließ, entstanden die ersten Berliner Stadtansichten. Neben Orten der stillen Einkehr und Ruhe wie dem Tiergarten, den Spazierwegen am Landwehrkanal oder den Kaffeehäusern richtete der Künstler seine Aufmerksamkeit vor allem auf das quirlige Metropolenleben mit seinen vielen Menschen und dem tosenden Verkehr.

Ury hielt das Treiben an bekannten Orten fest, wie etwa am Bahnhof Friedrichstraße oder am Brandenburger Tor. Zu seinen Lieblingsmotiven wurden jedoch die Ansichten von Berliner Straßenzügen, oft mit Hilfe einer strengen Fluchtpunktperspektive komponiert, die seinen Impressionen etwas Unwirkliches verleihen. Wiederholt erfasste er seine Motive auch aus der Vogelperspektive. Aus den Fenstern seiner letzten Berliner Wohnung, die er gegen Ende seines Lebens nur noch selten verließ, malte er immer wieder den Ausblick auf den Nollendorfplatz.

Ury kam es auf die Wiedergabe einer speziellen Stimmung an, eines bestimmten Augenblicks, den er durch die Darstellung des Lichts und seiner Wirkung auf die Farben der Umgebung einfing – oft effektvoll bei Regenwetter. Besonders eindrücklich sind seine Ansichten des nächtlichen Berlin, die er geradezu zu einem Alleinstellungsmerkmal kultivierte. Auch wenn seine Malweise anfangs überwiegend auf Kritik stieß, wurden seine Berliner Stadtimpressionen die Grundlage seines Erfolgs. Sie waren so nachgefragt, dass sich Ury später einmal darüber beklagte, dass Sammler oft die immer selben Motive verlangten.

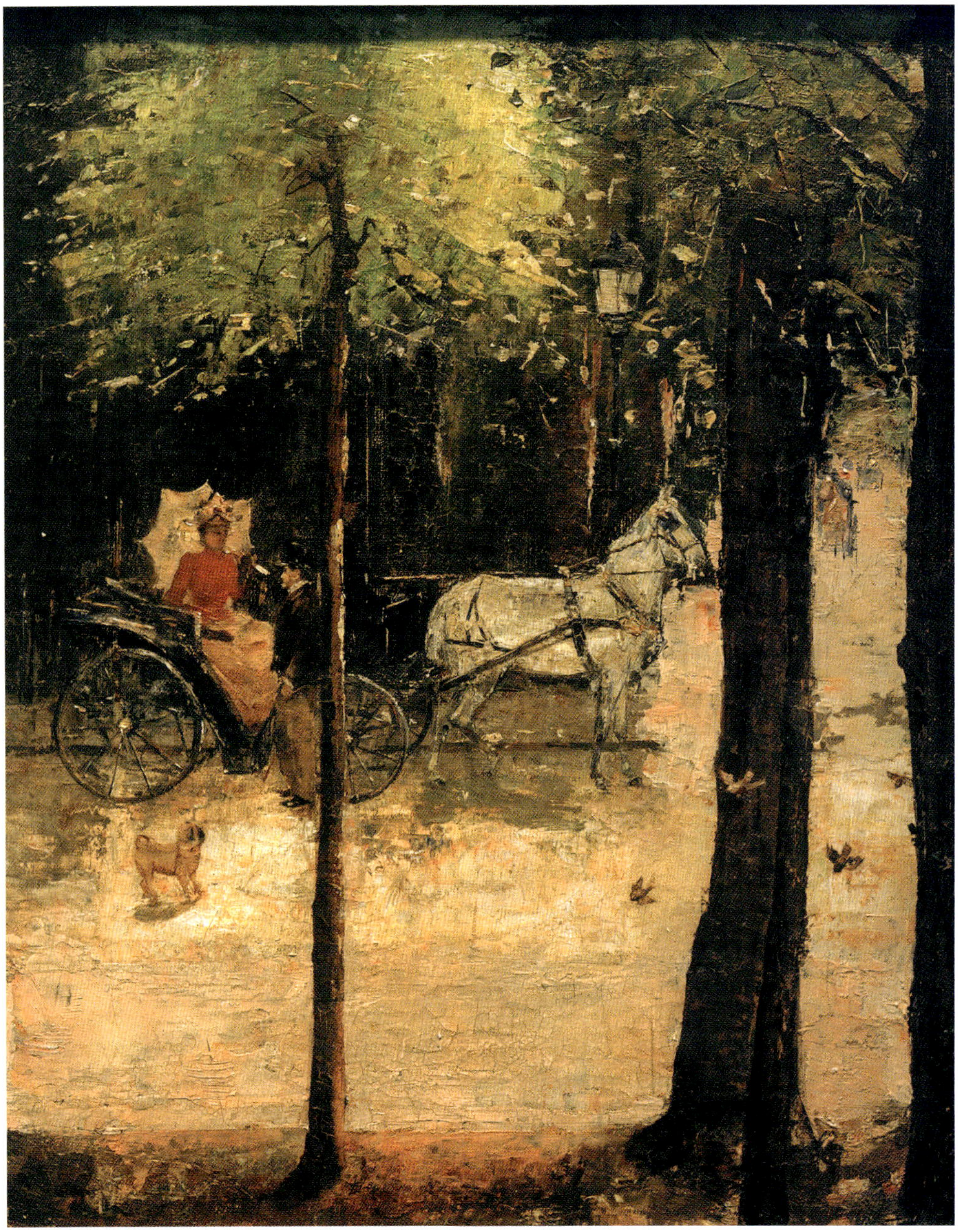

Frühling im Tiergarten (Dame in der Kutsche), 1887
Öl auf Leinwand, 32,2 x 26,1 cm, Privatsammlung

Als stünden wir selbst im Dickicht des Tiergartens verborgen, lässt uns Lesser Ury auf einem seiner ersten Berlin-Bilder die Begegnung zwischen einer eleganten Dame in offener Kutsche und einem Spaziergänger mit Mops beobachten. Mit ihrem roten Oberteil und dem hellen, aufgespannten Sonnenschirm zieht die weibliche Figur unseren Blick unwillkürlich an. Die Blätter andeutenden Farbspritzer und die flatternden Vögel verströmen eine frühlingshafte Atmosphäre, in der die behutsame Kontaktaufnahme zwischen dem Herrn und der Dame stattfindet. Den Eindruck, als stünde der Betrachter auf geheimem Beobachtungsposten, erreicht Ury durch die Positionierung der Bäume am unteren Bildrand. Ihre Stämme zerteilen die Bildfläche in optische Abschnitte. Dieser Kniff vermittelt das Gefühl einer flüchtigen Wahrnehmung, eines zufällig erhaschten Anblicks. Gleichzeitig animiert uns der Künstler, unseren Blick in die Ferne schweifen zu lassen, wo er mit spitzem Pinsel weitere Kutschen andeutet.

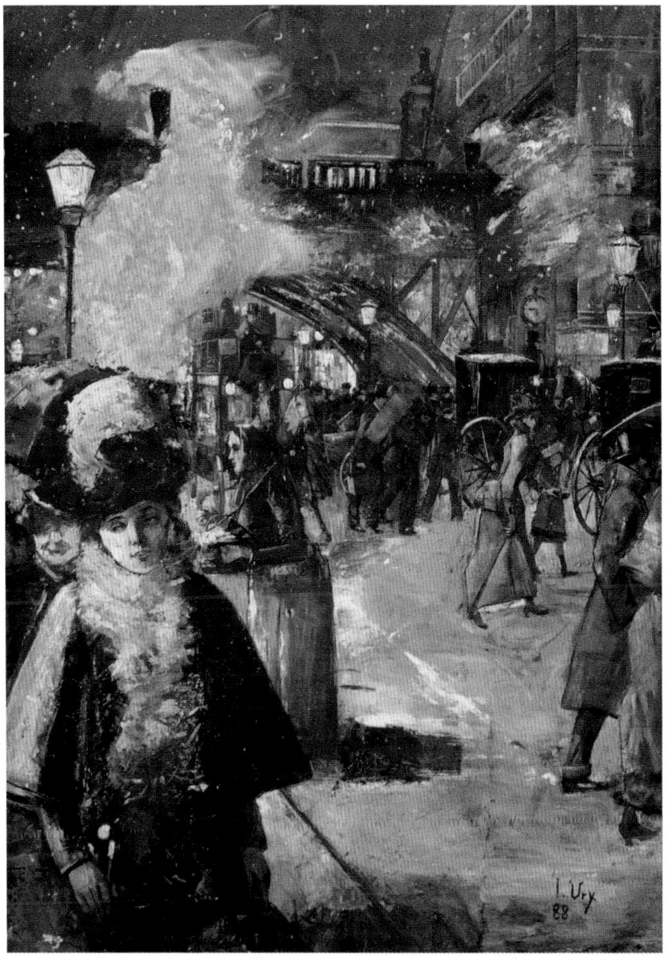

Am Bahnhof Friedrichstraße, 1888
Deckfarben auf Velin, aufgezogen auf Pappe, 65,5 x 46,8 cm, Stiftung Stadtmuseum Berlin, Inv.-Nr. GHZ86/14

Es herrscht geschäftiges Treiben am erst wenige Jahre zuvor eröffneten Bahnhof Friedrichstraße. Reisende, Kofferträger, eine Mutter mit Kind streben auf den Bahnhof zu, eine ärmlich gekleidete Verkäuferin mit Bauchladen bietet ihre Waren an. Unter dem Bogen der Überführung rumpelt ein beladener Pferdeomnibus heran, während am Himmel Schneeflocken zu erkennen sind. Es ist Abend, aber überall leuchten Lichter. Dampf steigt auf. Brillant versteht es Lesser Ury, der Claude Monets berühmte Bilder des Bahnhofs Saint-Lazare gekannt haben könnte, nur mit Grautönen die Dynamik und Betriebsamkeit der nächtlichen Großstadt auszudrücken. Die an den Bildseiten angeschnitten dargestellten Figuren und die Nahaufnahme der Dame links sowie das Spannungsverhältnis zwischen den gedrängten Menschen und der freien Fahrbahn erzeugen den Eindruck eines flüchtigen Augenblicks. Die Bahnhofsuhr im Mittelgrund des Bildes rechts hält ihn fest.

Das Bild wurde 1899 in der Zeitschrift *Das Narrenschiff* als Illustration zu einem Gedicht abgedruckt, das sich offenbar an das »Fräulein« im Vordergrund richtet und vor den Gefahren der Großstadt und ihren Verführungen warnt:

»Ein glattes Pflaster, das Sie da betreten,
Mein Fräulein! Denken Sie daran,
Dass hier ein Jeder fast versteht zu reden,
Wie's in der Heimat kaum ein einziger kann.
Und wessen Fuss hier einmal kam in's Gleiten,
Wer einmal strauchelt' und zu Falle kam –
Doch bitte, blicken Sie zur Seiten;
Das schön geputzte Mädchen auf dem Damm!
Voll, rosig und vom jungen Glück umworben
Kam vor vier Jahren sie, gleich Ihnen, an.
Und heut: Verblüht und bis ins Mark verdorben –
Mein Fräulein, denken Sie daran ...«

(Aus: Das Narrenschiff, 2. Jahrgang, Berlin 1899, Heft Nr. 3 (keine Paginierung). Zitiert nach: Lesser Ury. Zauber des Lichts, S. 194)

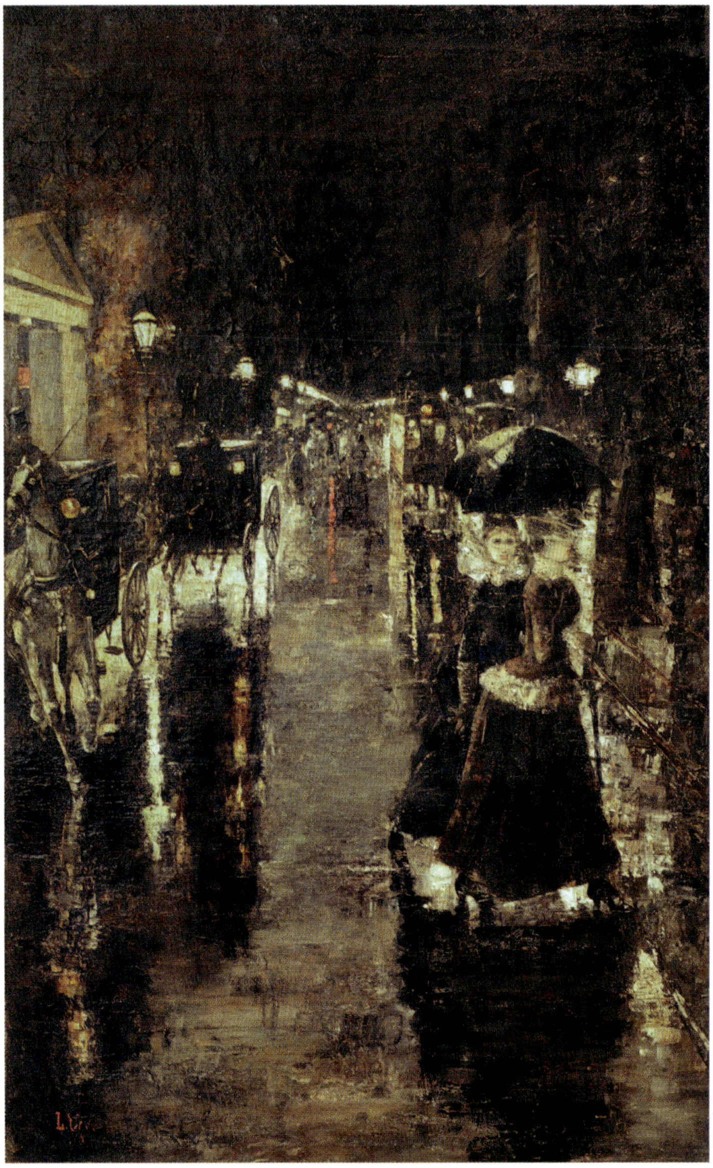

Leipziger Straße (Berliner Straßenszene) (Leipziger Platz) (Potsdamerplatz), 1889
Öl auf Leinwand, 107 x 68 cm, Berlinische Galerie, Berlin, Inv.-Nr. BG-M 1340/78

»[…] Wer bei Anbruch der Nacht auf der Fußgänger-Insel mitten im Potsdamer Platz steht und in die Leipziger Straße hineinsieht, den umtobt nervenerschütternd die ganze Hölle. Von den elektrischen Lampen, den Gaslaternen, den Reflexen aus Läden […] dem Lackanstrich auf den Gefährten und dem Asphalt namentlich, wenn er vom Regen feucht und glatt ist, schließt ein Orkan von Blitzen, – ein Läuten, Schnauben, Rasseln, Rollen, ein Vorübergleiten, Wandeln, Auftauchen und Verschwinden von Menschen mischt sich dahinein, – es ist ein wilder [sic!] Chaos, das zu malen eines Menzels – oder eines Urys würdig ist.« So beschrieb Lesser Urys Freund, der Kunsthistoriker und Schriftsteller Franz Hermann Meißner, die Szenerie in der Leipziger Straße, die als Ost-West-Achse den Leipziger Platz mit dem Spittelmarkt verbindet.

Ury stellt die nächtliche Szenerie mit Hilfe einer breiten Palette sehr dunkler Farbtöne dar, deren düstere Stimmung er durch gemalte grell-weiße, gelbe und rote Lichter und Spiegelungen blitzartig aufbricht. Als das Bild 1890 auf einer Ausstellung in der Galerie Fritz Gurlitt gezeigt wurde, löste der Farbauftrag, den der Maler teils mit einem Spachtel vorgenommen hatte, beim Publikum Ablehnung und Unverständnis aus.

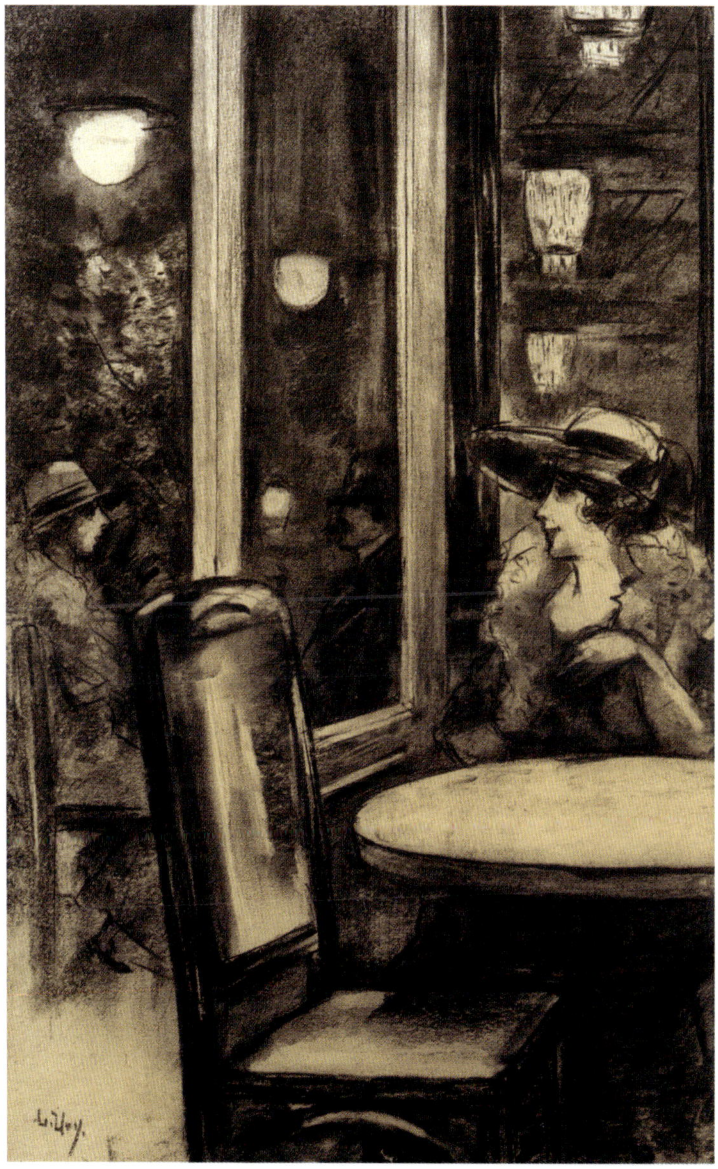

Im Café Bauer (Berlin-Mitte, Unter den Linden), 1895
Kohlezeichnung auf Pappe, 48,2 x 30,2 cm, Privatsammlung

An der Kreuzung der für ihre Vergnügungsstätten berüchtigten Friedrichstraße mit dem Prachtboulevard Unter den Linden befand sich das Café Bauer, gesellschaftlicher Treffpunkt des wilhelminischen Berlin. Günstig gelegen, unweit des neuen Bahnhofs Friedrichstraße, war es, umgeben von Hotelpalästen und Luxusgeschäften, ein prominenter Anziehungspunkt. Neben mehreren Gasträumen verfügte es auch über eine Balkonterrasse. Genau diese räumliche Situation, die Beziehung zwischen Innen- und Außenraum, muss Ury künstlerisch gereizt haben. Der Blick des Betrachters fällt zunächst auf die Dame im Gastraum und wird durch deren Kopfwendung auf die Frau draußen gelenkt. Interessant sind auch die unterschiedlichen Formen der Beleuchtungskörper – das Café Bauer war das erste Kaffeehaus in Berlin mit elektrischem Licht: Um das helle Licht der Lampen darzustellen, sparte der Maler ihre Formen auf dem weißen Bildträger einfach aus.

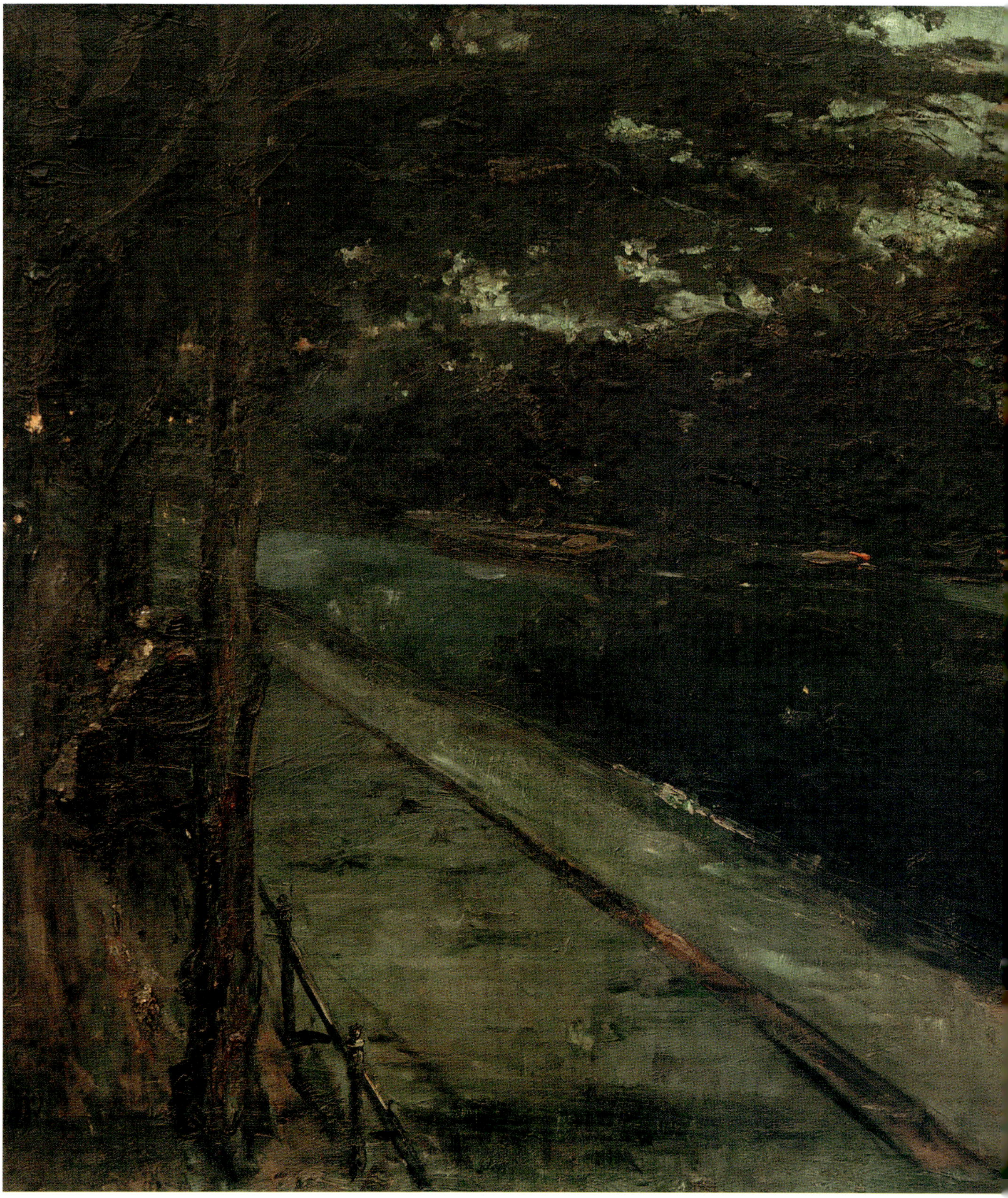

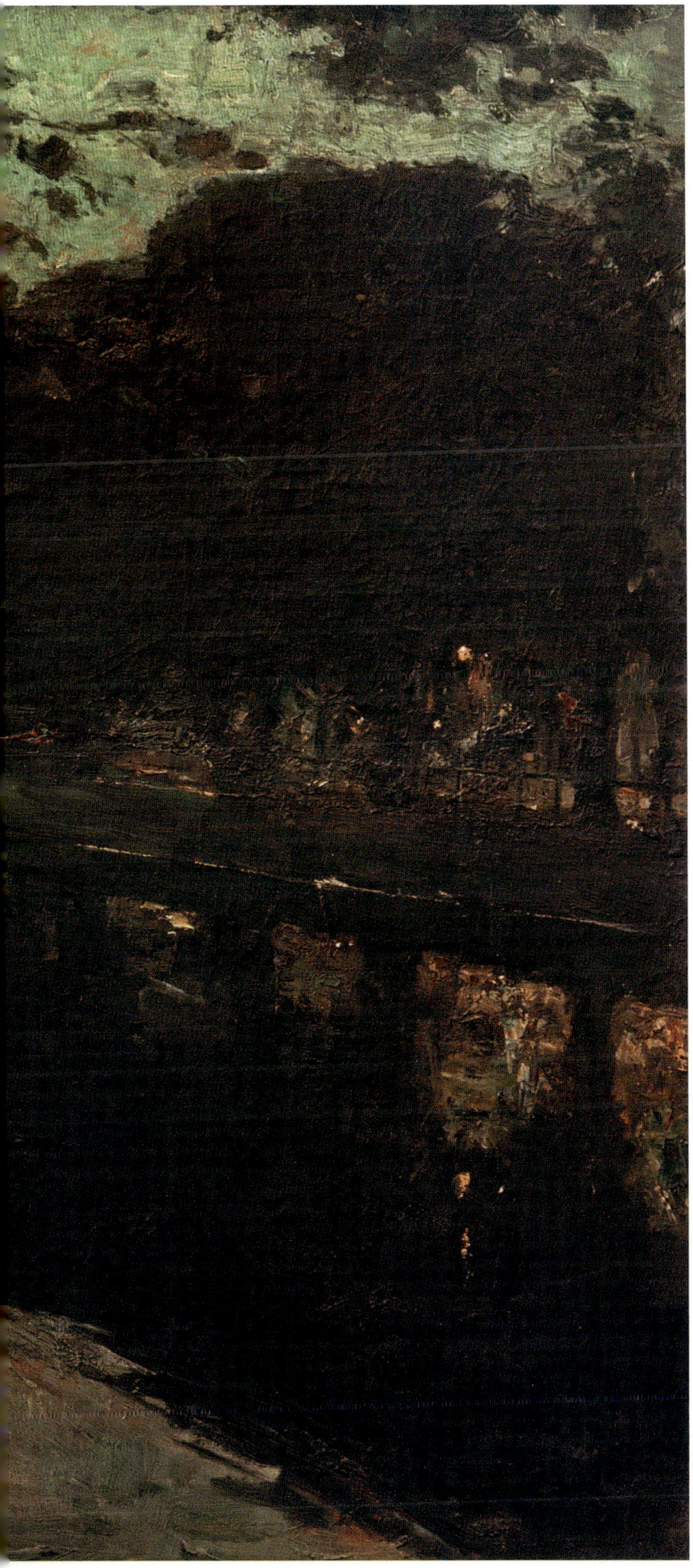

Abend am Landwehrkanal (Landwehrkanal in Berlin), 1889
Öl auf Leinwand, 76,5 x 105,5 cm
Stiftung Stadtmuseum Berlin, Inv.-Nr. GS 98/3 GM

»Abend am Landwehrkanal« bildet einen stillen Gegenentwurf zu Lesser Urys belebten Berliner Straßenszenen mit ihren Passanten und Nachtschwärmern. Der Künstler muss den Kanal, der den Oberlauf der Spree am Osthafen mit der Unterspree am Spree-Eck in Charlottenburg verbindet, gut gekannt haben, da sich mehrere seiner Wohnungen in der Nähe befanden. In dunklen Blautönen gemalt, zieht sich der Kanal, flankiert von Uferpromenaden, als breite Diagonale über das Bildformat. Die rückwärtig beleuchtete Baumreihe rechts filtert das künstliche Großstadtlicht, das sich mystisch auf der Wasseroberfläche spiegelt und mit dem grünlichen Mondschein kontrastiert. Erst nach einer Weile nehmen wir die drei Personen wahr, die links auf der Bank sitzen.

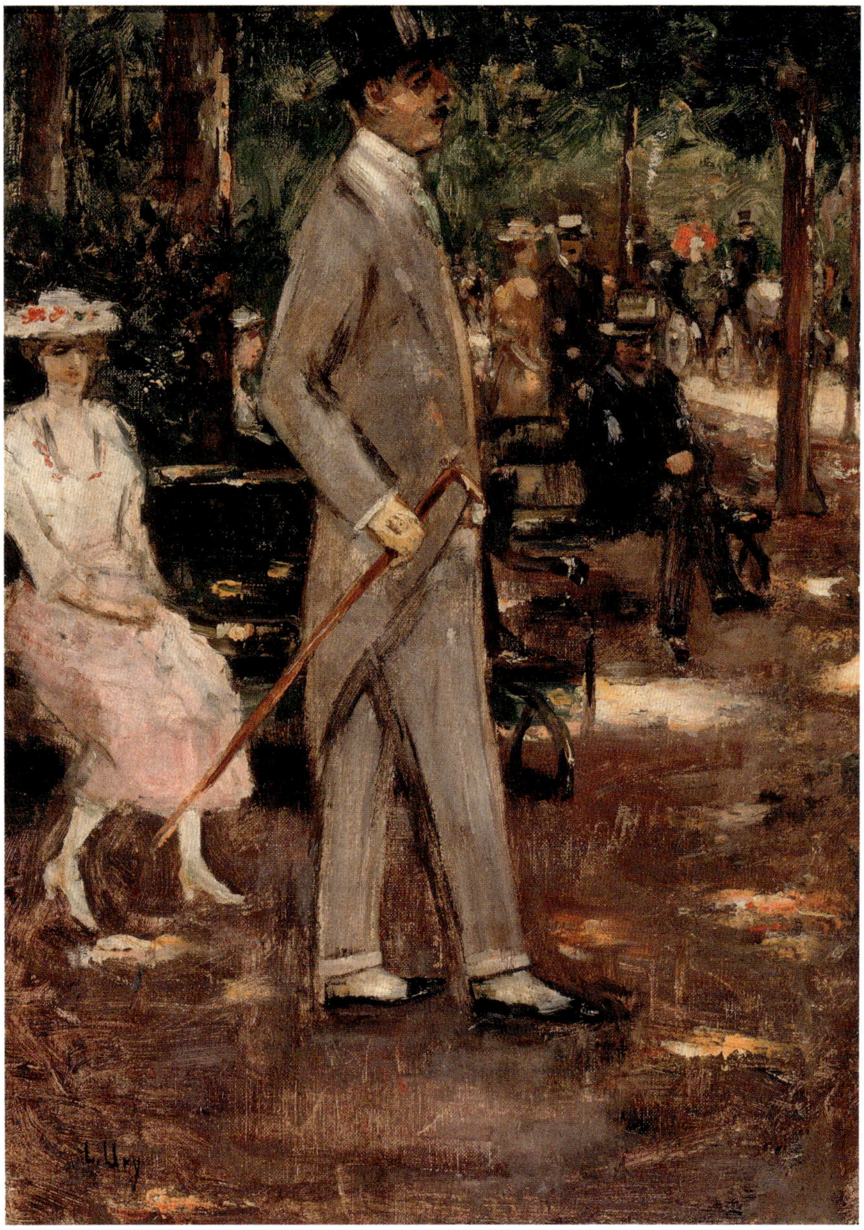

Ohne Titel (Parkszene oder Mann in grauem Anzug), 1913/18
Öl auf Leinwand, 52,1 x 38,7 cm, Jewish Museum, New York, Inv.-Nr. 1990-10

Das Licht, das seinen Weg durch die Laubkronen der Bäume findet, malt weiße Inseln auf den hellen Spazierweg. Das Bild evoziert die Atmosphäre eines Sommertags in einem Park, bei dem es sich um den Berliner Tiergarten handeln könnte. Auf vielen seiner Bilder gibt Lesser Ury die Umgebung ausschnittartig wieder, als seien die Motive im Vorbeigehen erhaschte Augenblicke. Das Gemälde zeigt einen vorüberschreitenden Herrn, der sich weder dem Betrachter zuwendet noch der sommerlich gekleideten Dame links einen Blick schenkt. Von den übrigen männlichen Parkbesuchern, die mit Strohhüten und schwarzen Anzügen im Hintergrund zu erkennen sind, hebt sich der Flaneur durch seine Kleidung ab. Er trägt einen höchst festlichen Tagesanzug, einen silbergrauen Cutaway mit farblich passender Hose, den dazugehörigen schwarzen Zylinder und farblich passende Schuhe mit modischen, hellen Gamaschen. Der hölzerne Gehstock, den er lässig in seiner Hand hält, ist Symbol für das Spazierengehen schlechthin, jenem bürgerlichen Zeitvertreib, dem dieser wohlsituierte Herr hier frönt.

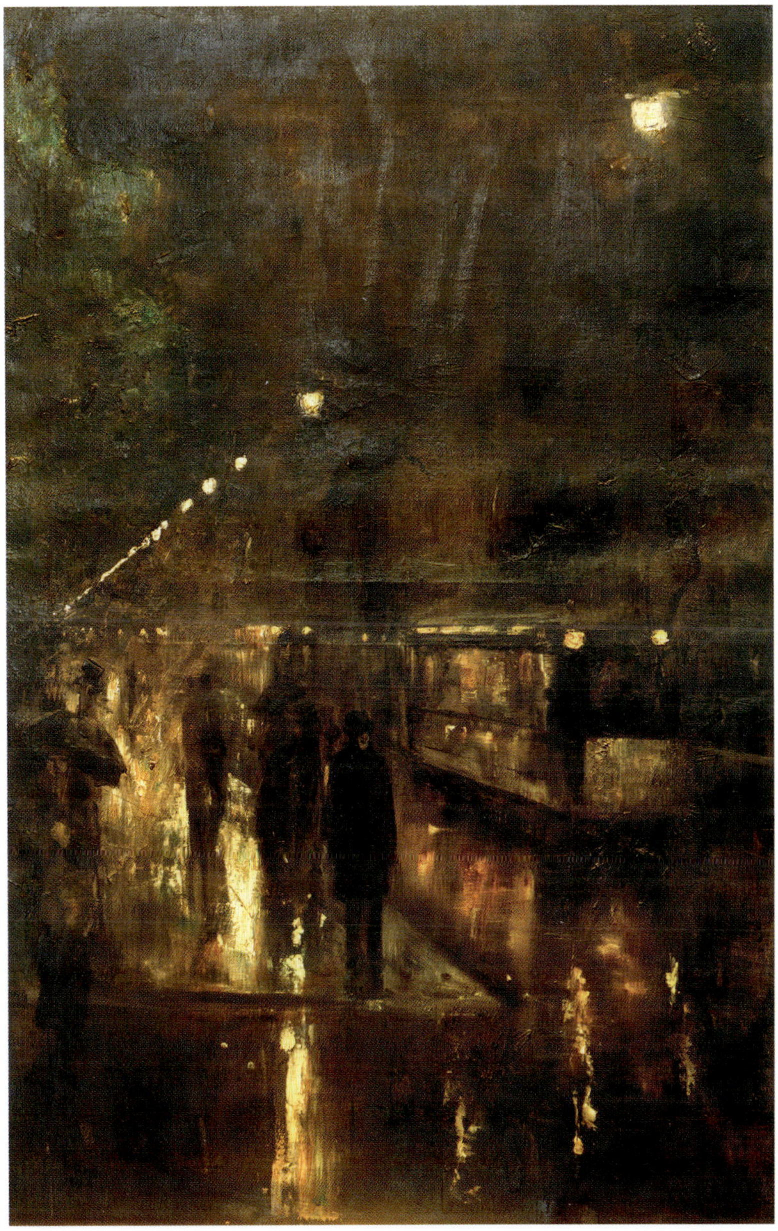

Nächtliches Berlin (Nollendorfplatz), 1919
Öl auf Leinwand, 119 x 78,5 cm, Kunstsammlung der Hypovereinsbank – Member of UniCredit

Als der Nollendorfplatz 1880 als Schmuckplatz angelegt wurde, befand er sich zweihundert Meter außerhalb des Berliner Stadtgebiets genau an der Grenze der Gemeinden Charlottenburg und Schöneberg. Mit dem Bau des Hochbahnhofs um die Jahrhundertwende entwickelte er sich zu einem wichtigen Verkehrsknotenpunkt und mit der Eröffnung des Neuen Schauspielhauses, das mit seiner luxuriösen Ausstattung ein großbürgerliches Publikum anlockte, auch zum zentralen Ort eines Ausgehviertels. Lesser Ury verzichtet hier auf die Darstellung wiedererkennbarer Gebäude. Stattdessen schafft er die Impression einer regnerischen Berliner Nacht, in der sich das unterschiedlich temperierte Licht von Straßenbeleuchtung und Tram auf dem regennassen Asphalt geheimnisvoll spiegelt. Indem der Künstler die Bildfläche horizontal in der Mitte teilt und jede Hälfte wiederum mit – gedachten – Diagonalen zerschneidet, erzielt er eine künstlich wirkende geometrische Komposition, die den Realismus der Szene unterläuft.

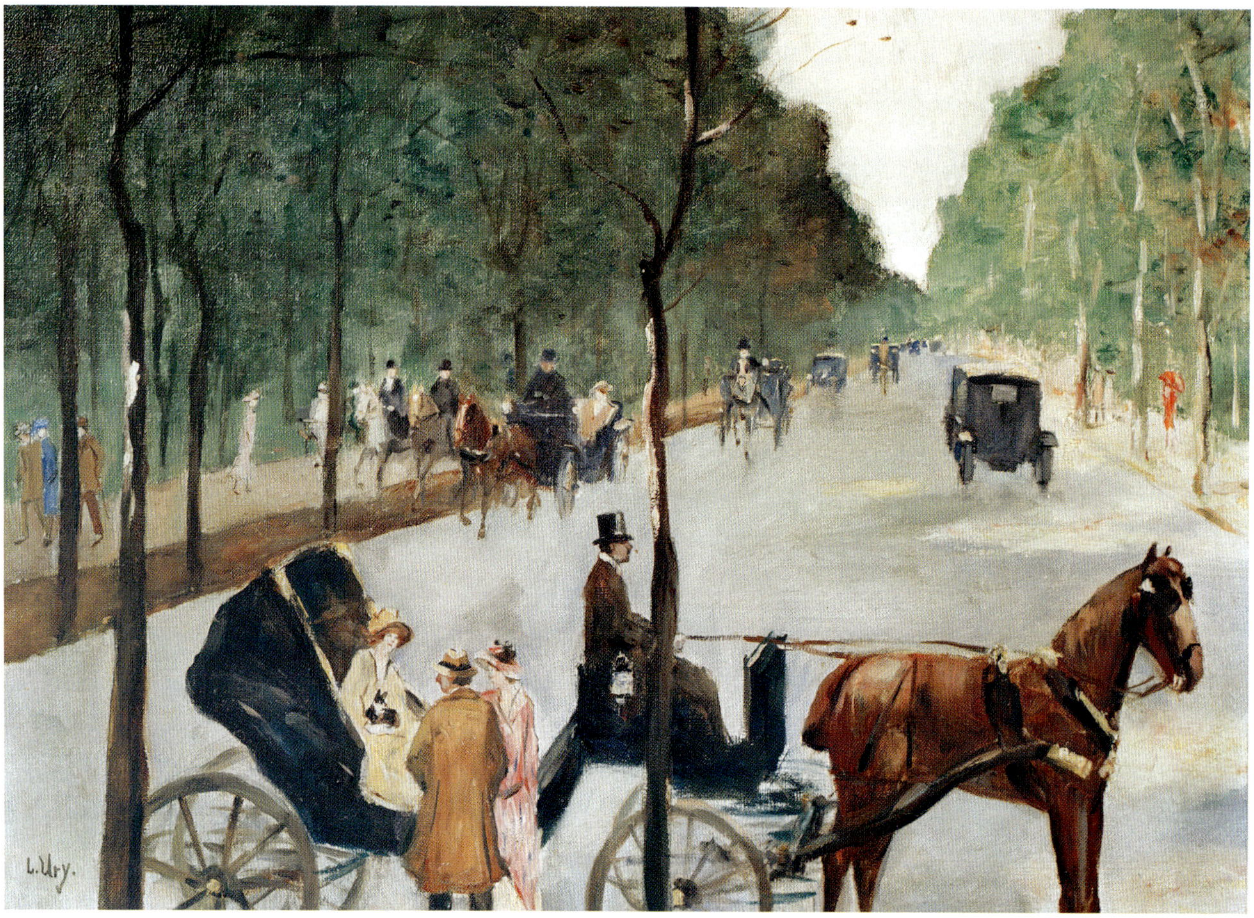

Allee im Tiergarten mit Kutschen, um 1920
Öl auf Leinwand, 51 x 71 cm (Zuletzt Kunsthandel)

Der ursprünglich als kurfürstliches Jagdrevier genutzte Tiergarten hatte sich über die Jahrhunderte zu einer öffentlichen Parkanlage im Stil englischer Landschaftsgärten entwickelt. Schmuckanlagen wie der Rosengarten oder die Luiseninsel erfreuten die Flaneure, etliche Alleen luden zu Ausritten, Kutschfahrten oder Ausfahrten mit dem Automobil ein. Durch die Charlottenburger Chaussee, die Vorgängerin der Straße des 17. Juni, ratterte sogar eine elektrische Straßenbahn. Mit dem Blick durch die Bäume im Vordergrund griff Lesser Ury auf ein bereits zu Anfang seiner Berliner Zeit erprobtes Motiv zurück (vgl. S. 18). Im Unterschied zu der frühen Bildfindung platziert er hier die Kutsche an den unteren Bildrand und lenkt unseren Blick auf den Mittelgrund, wo Reiter, Spaziergänger und Automobile zu sehen sind.

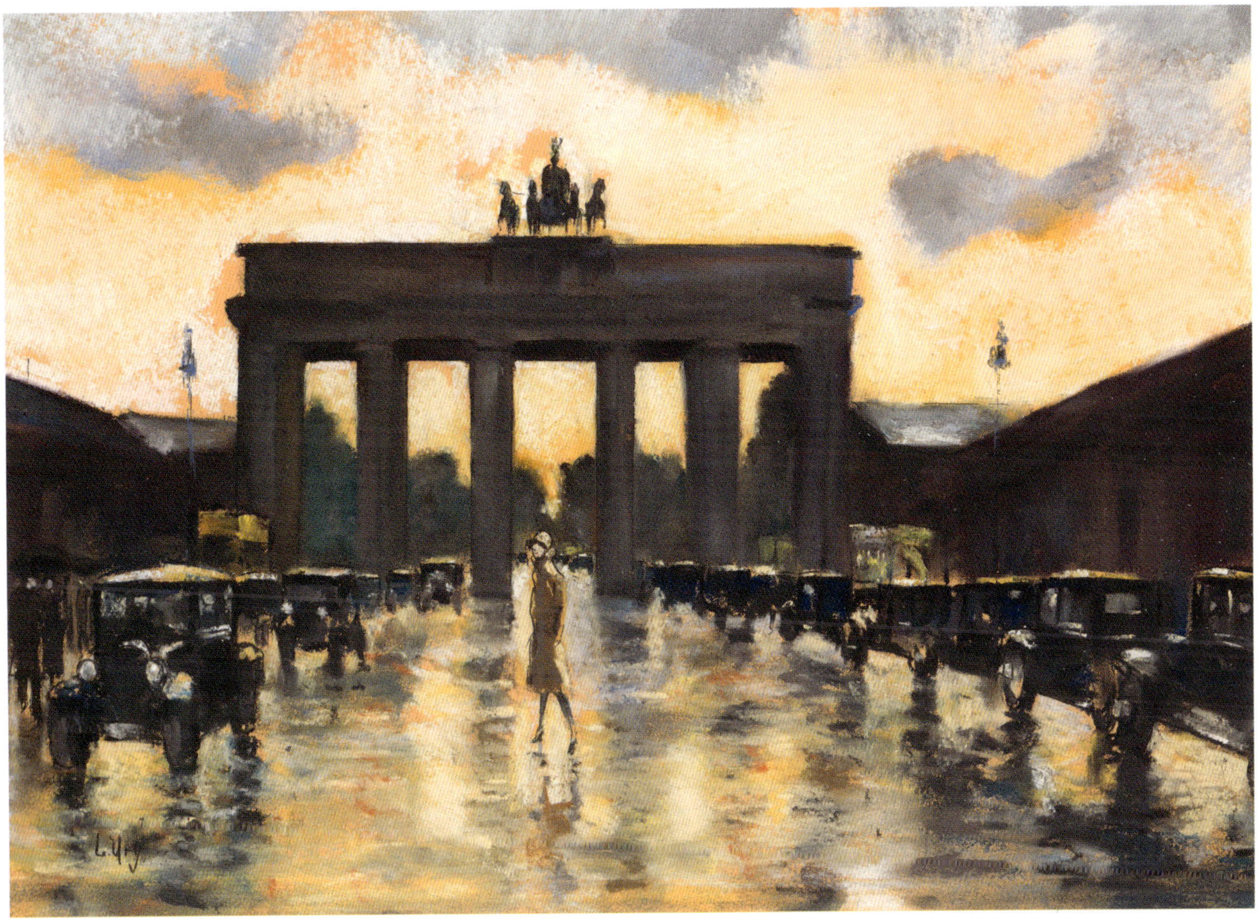

Brandenburger Tor vom Pariser Platz aus gesehen, 1928
Pastell, 35 x 50 cm, Privatsammlung

Seit dem Sieg Preußens über Napoleon und der Rückführung der von Napoleon erbeuteten Quadriga gilt das Brandenburger Tor als Nationaldenkmal. Während der Novemberrevolution 1918 und in den 1920er Jahren wurde es zum Schauplatz revolutionärer Auseinandersetzungen, Kundgebungen und Trauerzüge. Von all dem erzählt Lesser Urys Bild nichts. Der Maler setzt das von einer Gloriole aus goldgelbem Licht umgebene Tor ins Zentrum der perspektivisch angelegten Komposition. Der regennasse Pariser Platz reflektiert die Säulen und verstärkt die monumentale Wirkung des Tors. Autokolonnen links und rechts säumen die Straße und lenken den Blick in die Ferne, wo hinter dem dunkel im Gegenlicht stehenden Tor der Tiergarten zu erkennen ist. Die unterhalb der Quadriga vor der mittleren Durchfahrt den Platz querende Fußgängerin in modisch kurzem Mantel und Käppi ist jedoch der eigentliche Eyecatcher der Komposition.

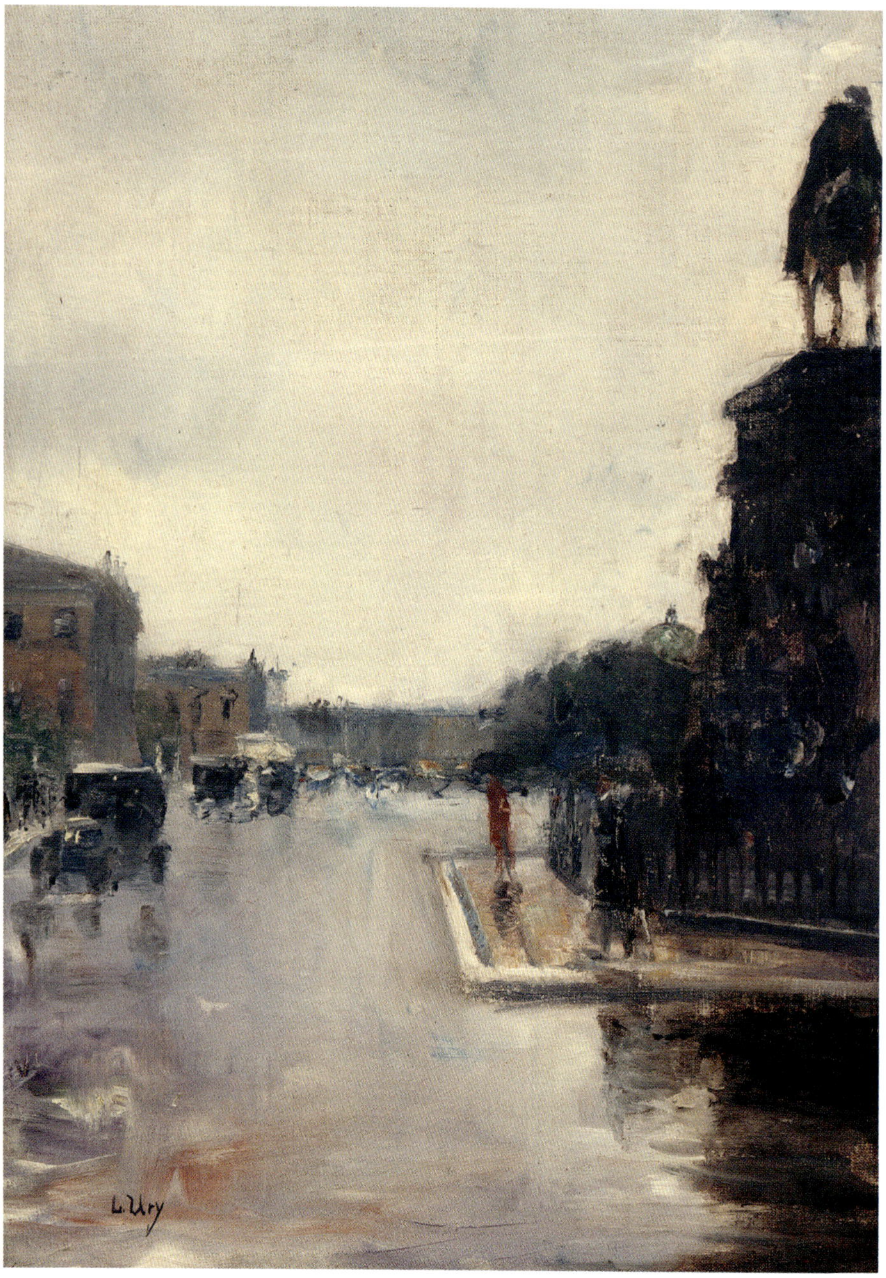

Unter den Linden mit Blick auf die Universität und das Reiterstandbild Friedrichs II., 1920er Jahre
Öl auf Leinwand, 51 x 35,5 cm, Kunsthalle Kiel, Inv.-Nr. 1122,
(Dauerleihgabe Karl-Walter Breitling und Charlotte Breitling Stiftung, 2011)

Nicht die eigentlichen Highlights des Prachtboulevards Unter den Linden wählte Lesser Ury als Motiv für dieses Gemälde. Der Künstler entschied sich für einen Bildausschnitt, der das berühmte Reiterstandbild Friedrichs des Großen am rechten Bildrand zwar gerade noch erfasst, den Sockel jedoch stark anschneidet. Von einem Standort mitten auf der Fahrbahn, seitlich hinter der von Christian Daniel Rauch geschaffenen Skulptur, deren Ross dem Betrachter frech das Hinterteil zuwendet, geht der Blick entlang den »Linden« in Richtung Osten, wo Ury hinten rechts die Kuppel des Berliner Stadtschlosses aufblitzen lässt. Das Universitätsgebäude ist an den linken Bildrand gedrängt, dahinter erahnt man im Dunst des feuchten Wetters das Zeughaus. Alles wirkt wie ein im Vorübergehen festgehaltener Schnappschuss.

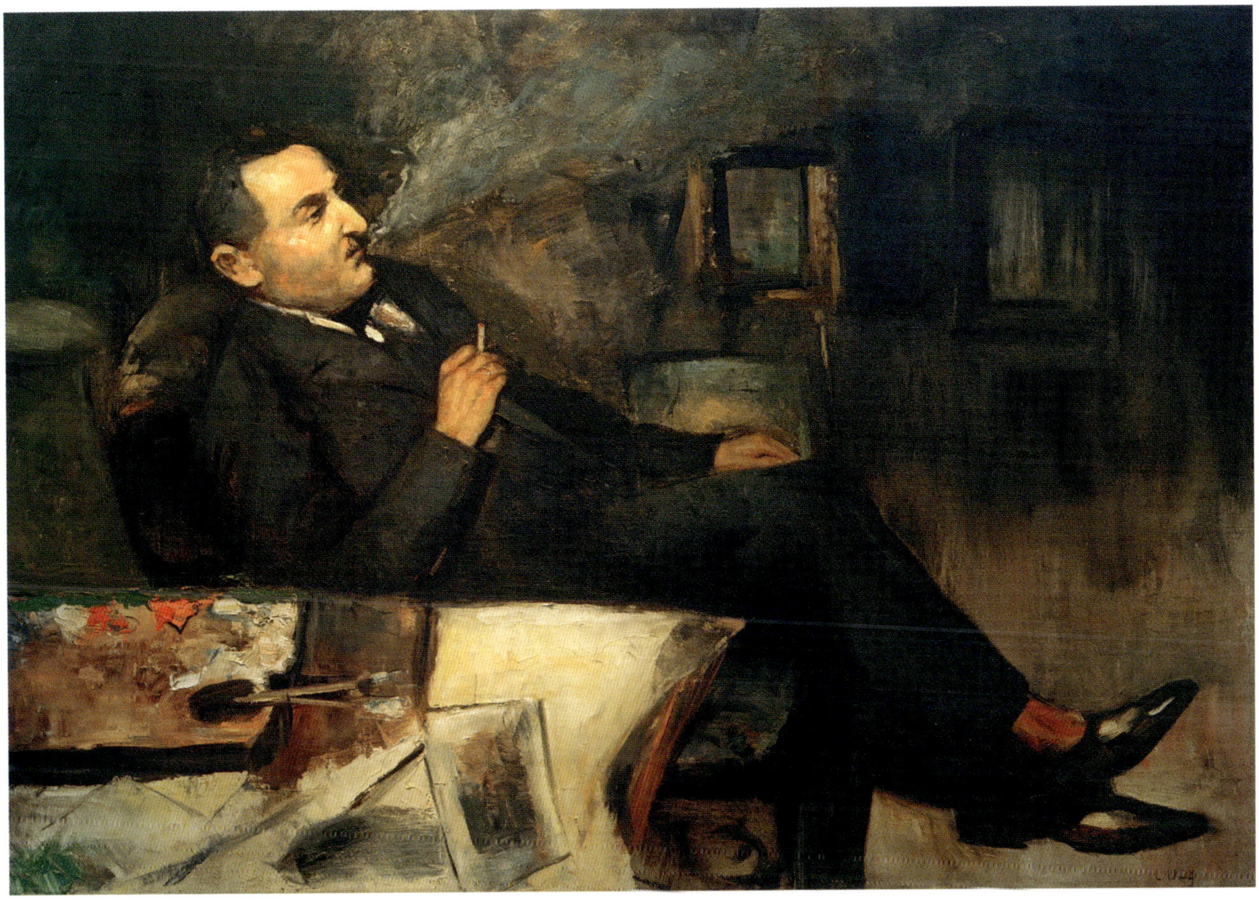

Lesser Ury rauchend im Atelier (Selbstbildnis), um 1912
Öl auf Leinwand, 71 x 100,5 cm, Privatsammlung

Selbstbildnisse von Künstlern haben eine lange Tradition. Seit der Renaissance malten sie sich nicht mehr nur als Handwerker, sondern nutzten das Medium zur Darstellung ihres sozialen Status, der eigenen Gelehrsamkeit und ihres Könnens. Lesser Ury wählte für sein Selbstbildnis im Atelier am Nollendorfplatz 1 ein für Porträts ungewöhnliches Querformat. Er benötigte es, weil er sich nicht stehend bei der Arbeit porträtierte, sondern entspannt in einem Sessel ruhend als Raucher. Als Kulisse dient die nur verschwommen dargestellte Atelierwand, an der mehrere gerahmte Gemälde als Ausweis seiner Produktivität angedeutet sind. Im Vordergrund schiebt sich die Ecke eines Tisches zwischen Künstler und Betrachter, auf dem neben mehreren Papieren auch die wichtigsten Werkzeuge eines Malers, Pinsel und Palette, ausgebreitet sind. Der Künstler selbst, gekleidet in Anzug und extravagante rote Strümpfe, bläst den Rauch seiner Zigarette selbstvergessen in die Luft. Die kreative Pause scheint das Thema dieses Selbstporträts zu sein.

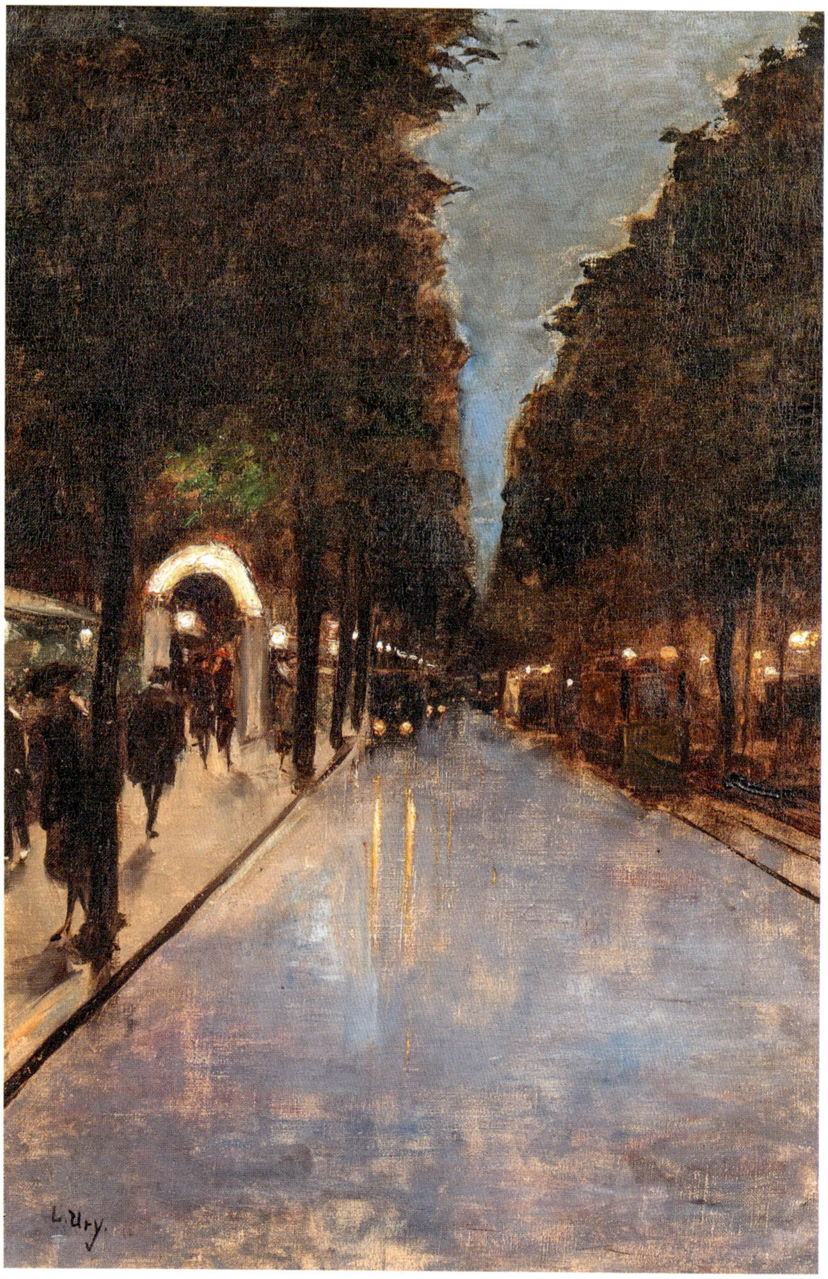

In den Zelten bei Nacht, 1915
Öl auf Leinwand, 71 x 51,5 cm, Privatsammlung

Als überquerte der Betrachter gerade selbst die Fahrbahn, so setzt Lesser Ury die einst im Tiergarten gelegene Straße »In den Zelten« ins Bild. Er lässt sie in Violett, Grau und Beige vibrieren, indem er die Leinwand nur ungleichmäßig mit Farbe bedeckt und die länglichen Reflexe der Autoscheinwerfer auf dem glänzenden Asphalt als kräftige gelbe Striche setzt.

Obwohl der Himmelsausschnitt noch Licht abstrahlt, scheint es bereits zu vorangeschrittener Stunde zu sein. Das Geschehen ist auf die linke Bildhälfte konzentriert, wo der leuchtende Torbogen eines Nachtlokals einige Nachtschwärmer anlockt. Der Name »In den Zelten« leitet sich von den provisorischen Zelten ab, in denen früher Erfrischungen angeboten wurden und die bald durch permanente Ausflugslokale ersetzt wurden. Der Verfasser des *Führers durch das lasterhafte Berlin*, Curt Moreck, bezeichnete die Lokale In den Zelten 1931 abwertend als altmodisches »Überbleibsel aus der wilhelminischen Ära«.

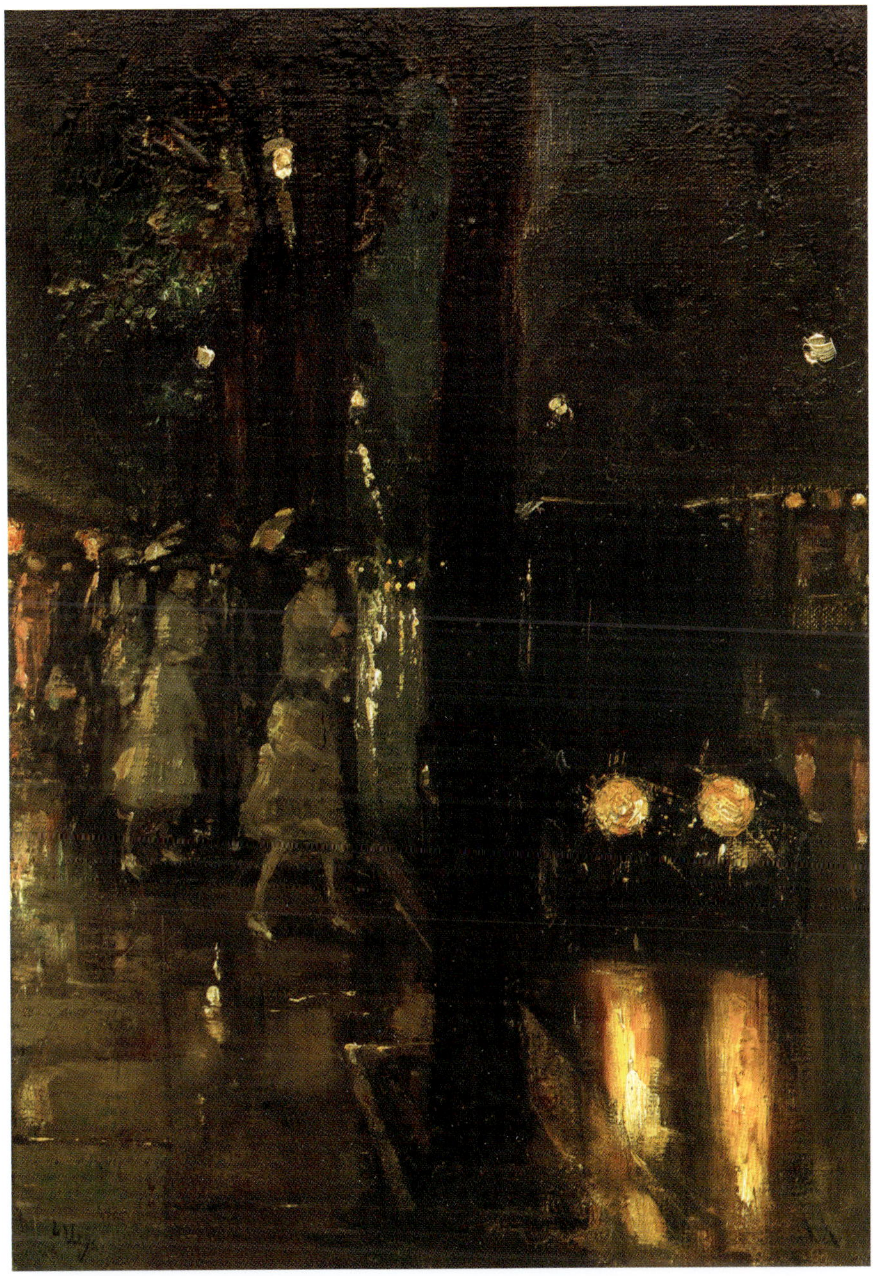

Nächtliche Szene am Kurfürstendamm mit Blick in Richtung Kaiser-Wilhelm-Gedächtniskirche, 1925
Öl auf Leinwand, 51,5 x 36 cm, Stiftung Stadtmuseum Berlin, Inv.-Nr. GEM 72/24

Die runden, warm leuchtenden Scheinwerfer des Automobils in der rechten Bildhälfte sind zu den silbrig-weiß strahlenden Kleidern der Damen links in Kontrast gesetzt. Teils allein, teils mit männlichen Begleitern streben sie zum Kurfürstendamm. Weit entfernt, genau zwischen zwei Baumstämmen, zeichnet sich die Silhouette der Kaiser-Wilhelm-Gedächtniskirche ab. Der Kurfürstendamm, den sich Reichskanzler Otto von Bismarck nach dem Vorbild der Champs-Élysées wünschte, entwickelte sich mit seinen Cafés und Kinos in den 1920er Jahren zu einem Anziehungspunkt und löste Friedrichstraße und Leipziger Straße als erste Adressen des Amüsierbetriebs ab.

Nollendorfplatz bei Nacht, 1925
Öl auf Leinwand, 72,5 x 54,5 cm
Nationalgalerie Berlin, Inv.-Nr. SMB, A II 496

Im Jahr 1901 zog Lesser Ury von der Lützowstraße 82 in das im Zweiten Weltkrieg zerstörte Haus am Nollendorfplatz 1 im heutigen Bezirk Tempelhof-Schöneberg. Dort lebte er drei Jahrzehnte lang bis zu seinem Tod 1931 in einer großen Atelierwohnung im obersten Obergeschoss. Sie bestand neben einer Schlafkammer und einem kleinen Bildermagazin aus einem geräumigen Atelier mit großem Fenster auf der Nordseite und einem weiteren größeren Raum mit Fenster zum Nollendorfplatz. Von den Fenstern seiner Wohnung malte Ury wiederholt seinen Ausblick auf das nächtliche Berlin. Im oberen Bildbereich ist hier die Bahnsteighalle des Hochbahnhofs Nollendorfplatz zu erkennen. Unter ihr hindurch verläuft die Straße in Richtung Winterfeldtplatz. Während sich hinter den hohen Bäumen am linken Bildrand der Verlauf der Bülowstraße verbirgt, deutet die Spur der bräunlichen Pinselstriche rechts die Kleiststraße an.

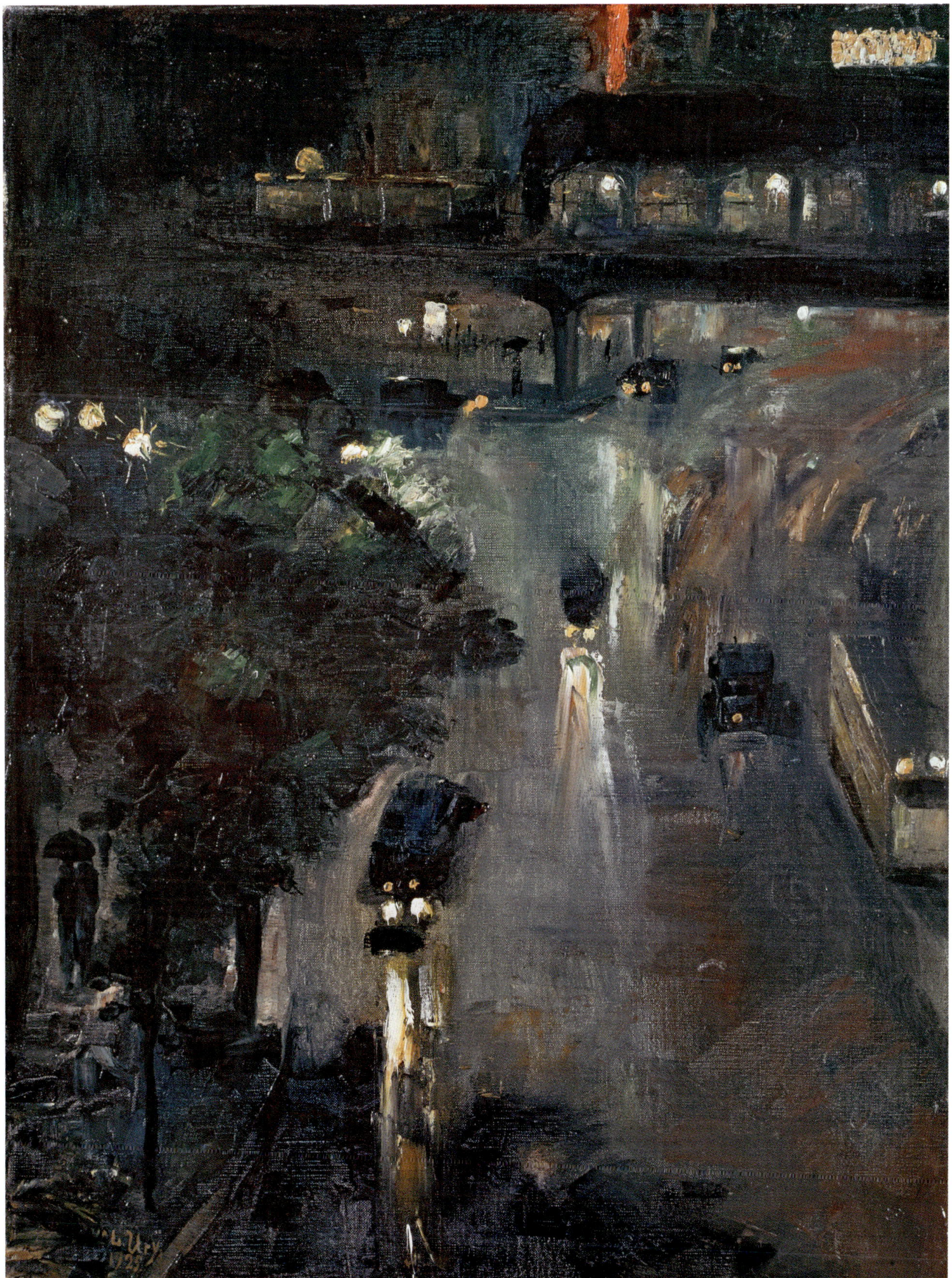

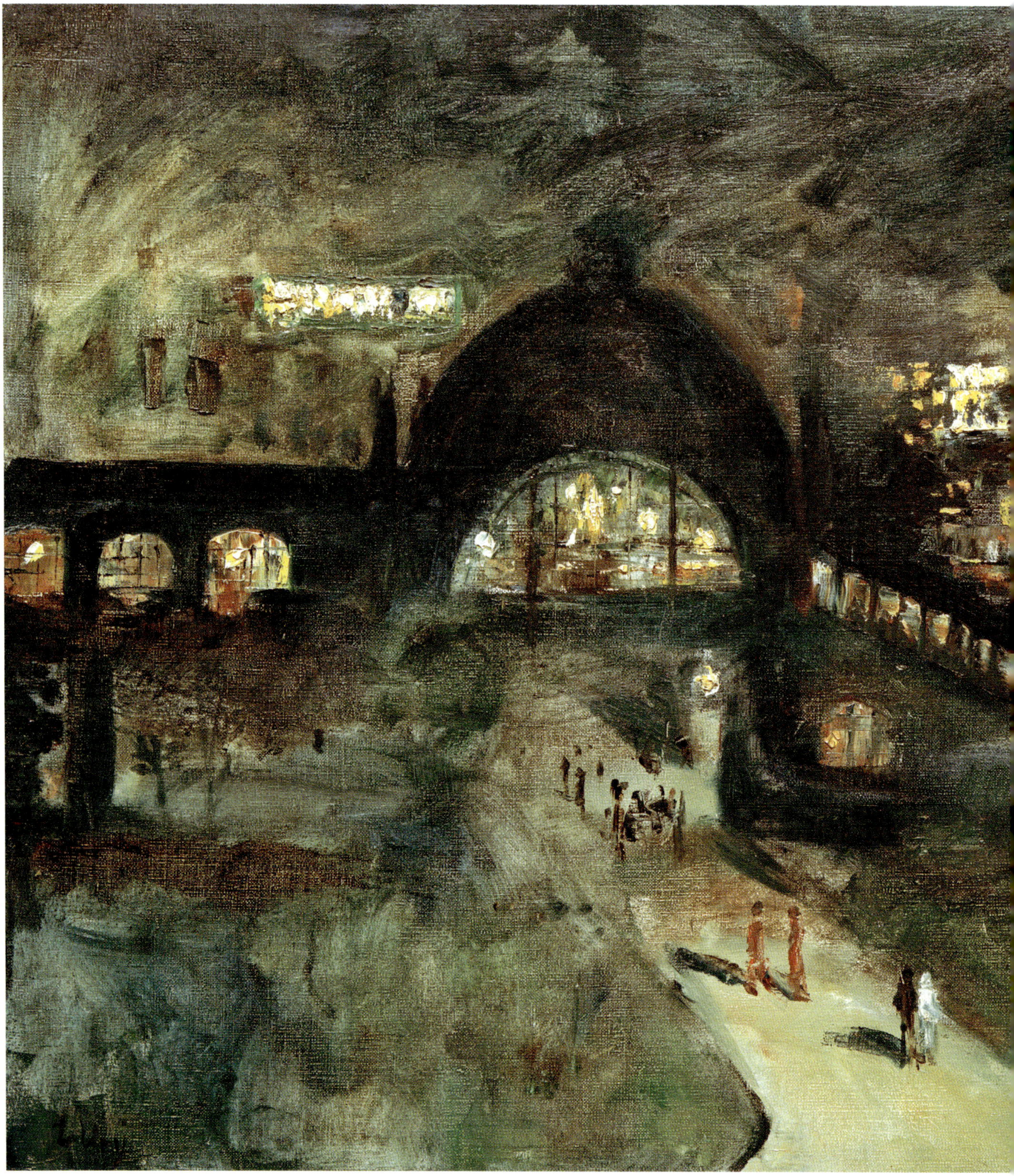

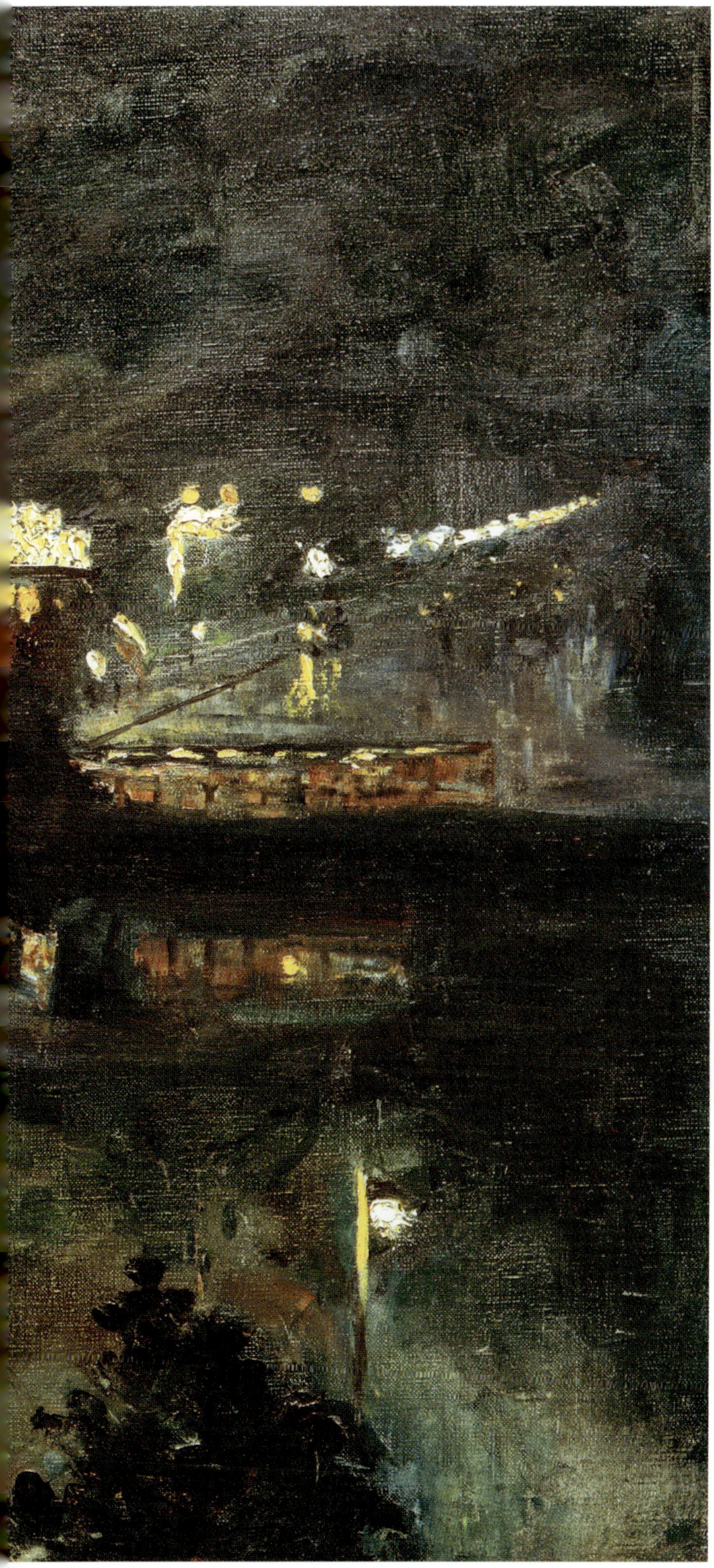

Bahnhof Nollendorfplatz bei Nacht, 1925
Öl auf Leinwand, 72,5 x 102,5 cm
Stiftung Stadtmuseum Berlin, Inv.-Nr. GS98/46

Rund ein Jahr nachdem Lesser Ury in das Haus Nollendorfplatz 1 gezogen war, eröffnete der Hochbahnhof am Nollendorfplatz, der architektonisch den Abschluss der in Ost-West-Richtung verlaufenden Hochbahntrasse bildete. Das nach einem Entwurf der Architektengemeinschaft Cremer & Wolffenstein 1900/1901 realisierte Bahnhofsgebäude wurde im Zweiten Weltkrieg stark beschädigt.

Aus der Vogelperspektive hielt Ury das charakteristische Bahnhofsgebäude als dunkle Silhouette vor dem von Kunstlicht aufgehellten Nachthimmel fest. Die von einer Laterne bekrönte Kuppel und die aus dem Vierungsbau herausgerückten Steinpfeiler sind gut zu erkennen. Rechts im Bild führen die Bahnhofstreppen von den Bahnsteigen hinunter auf das Straßenniveau. Während grelles, auf den Straßenabschnitt im Vordergrund fallendes Licht eine helle Fläche definiert, zaubert Ury im Hintergrund sowie in dem halbkreisförmigen Glasfenster ein Feuerwerk aus funkelnden Punkten und Flecken.

Im Tiergarten, 1889
Fotoübermalung
13,4 x 21,3 cm auf Karton aufgezogen, 22,8 x 29,7 cm
Privatsammlung

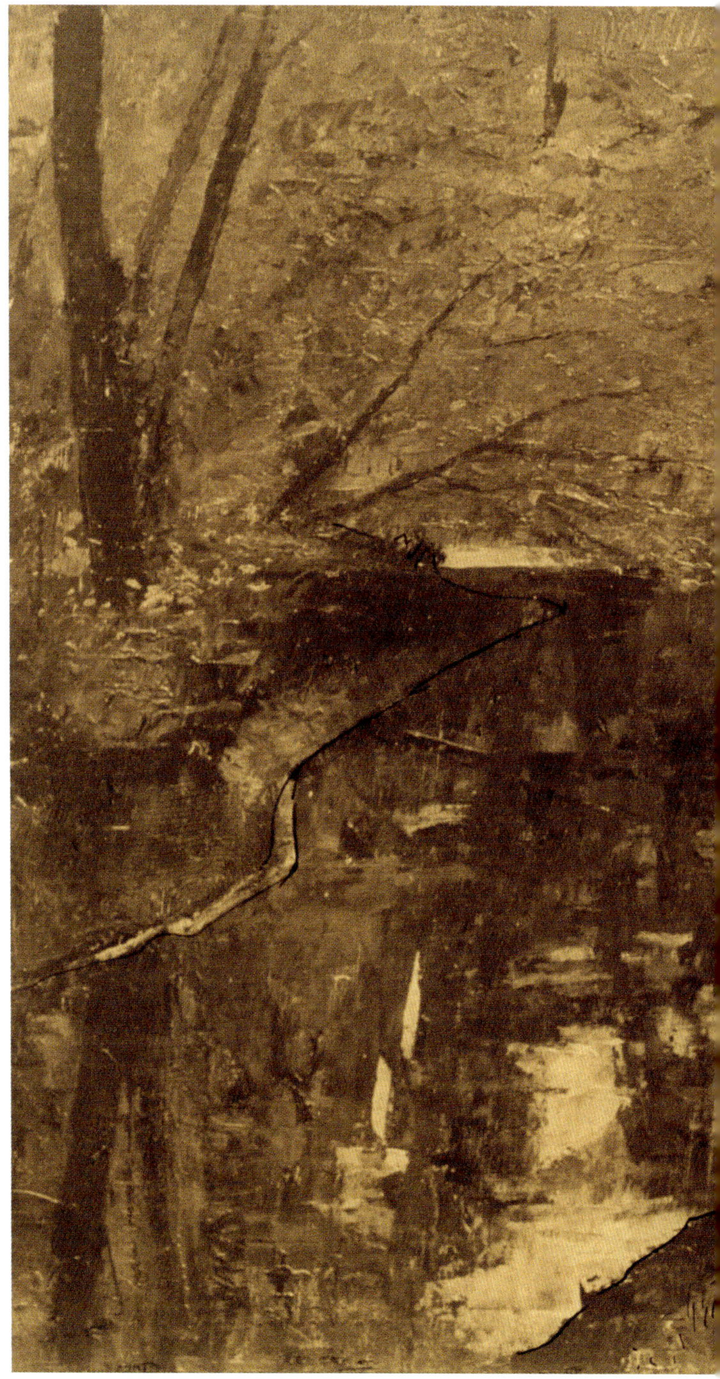

Die Technik der Fotografie sah Lesser Ury nicht als Konkurrenz zur Malerei. Abzüge von Fotos seiner eigenen Gemälde, die er bei Berliner Fotografen in Auftrag gab, benutzte er als Studienmaterial. Die hier abgebildete Fotografie zeigt sein Gemälde »Am Neuen See (Tiergarten in Berlin)« von 1889. Mit spitzem Zeichengerät und schwarzer Tinte oder Tusche bearbeitete der Künstler die Aufnahme, indem er die seitlichen Begrenzungen des Gewässers umriss und mit immer wieder absetzendem Strich die Konturen der Bäume und des Spaziergängers rechts nachzog.

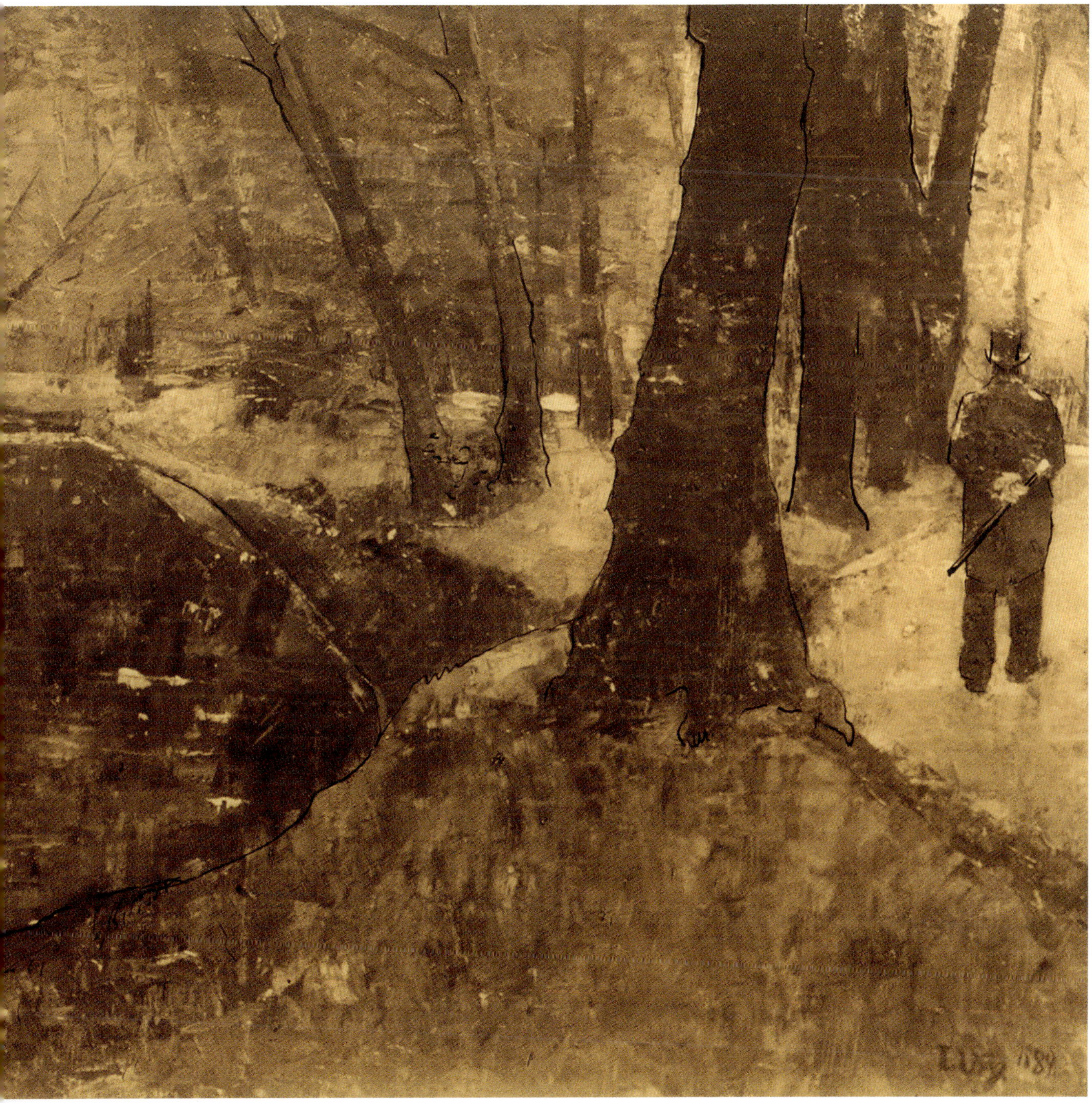

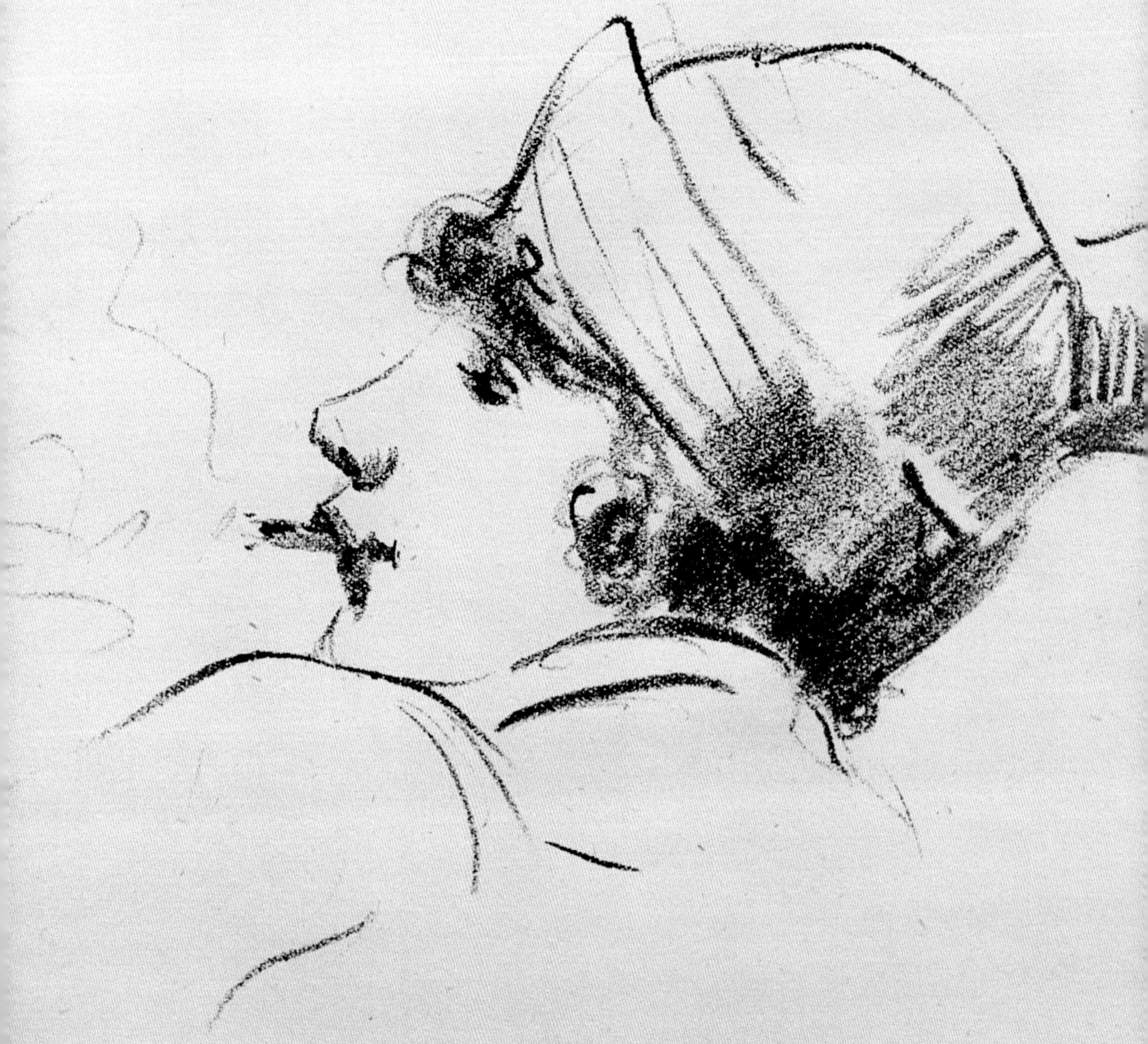

Frauenbilder

»Schöne Berlinerin, Du hast bekanntlich alle Vorzüge. Du bist tags berufstätig und abends tanzbereit.«

(Franz Hessel, »An die Berlinerin«, Vogue, *März 1929)*

Die historischen Umbrüche, die Lesser Ury im Laufe seines Lebens erlebte, betrafen auch die gesellschaftliche Stellung der Frau. Lagen die Erwartungen, die an die bürgerliche Frau gestellt wurden, während des Kaiserreichs traditionell im familiär-häuslichen Bereich, in dem die Dame des Hauses für das Heim und die Kindererziehung Sorge trug, nahm ihre Präsenz im öffentlichen Leben allmählich zu. Nach und nach erhielten Frauen Zugang zu Gymnasien und Universitäten und mit Gründung der Weimarer Republik endlich auch das Wahlrecht. Durch den Ersten Weltkrieg befördert, erfüllten sie neue Aufgaben in Gesellschaft und Arbeitswelt, während sich nach und nach die Moralvorstellungen lockerten und beispielsweise Café- oder Restaurantbesuche auch ohne männliche Begleitung möglich wurden.

Lesser Urys Bilder reflektieren diese Veränderung. Die bürgerlichen Interieurs, in die der Maler sein weibliches Personal beim Lesen, Schreiben oder Musizieren platzierte, werden nach und nach durch die Gasträume der Kaffeehäuser abgelöst. Hier wird ebenfalls gelesen und geschrieben, aber auch geraucht und getrunken – oft ganz allein. Andere Szenen zeigen Frauen ohne männliche Begleitung auf nächtlicher Straße. Jenseits der bürgerlichen Welt spiegeln Urys Bilder auch die Lebenswirklichkeit von Frauen aus einfacheren Verhältnissen, zum Beispiel beim Kochen oder an der Nähmaschine.

Die neue Freiheit drückte sich auch in der Mode aus: Trugen die Damen auf Urys Gemälden Ende der 1880er Jahre noch ausladende Hüte, lange Röcke und Korsett, rutschten die Säume immer höher, die Taillen lockerten sich. Sportliche Silhouetten und Bubikopf wurden Ausdruck emanzipierter Weiblichkeit.

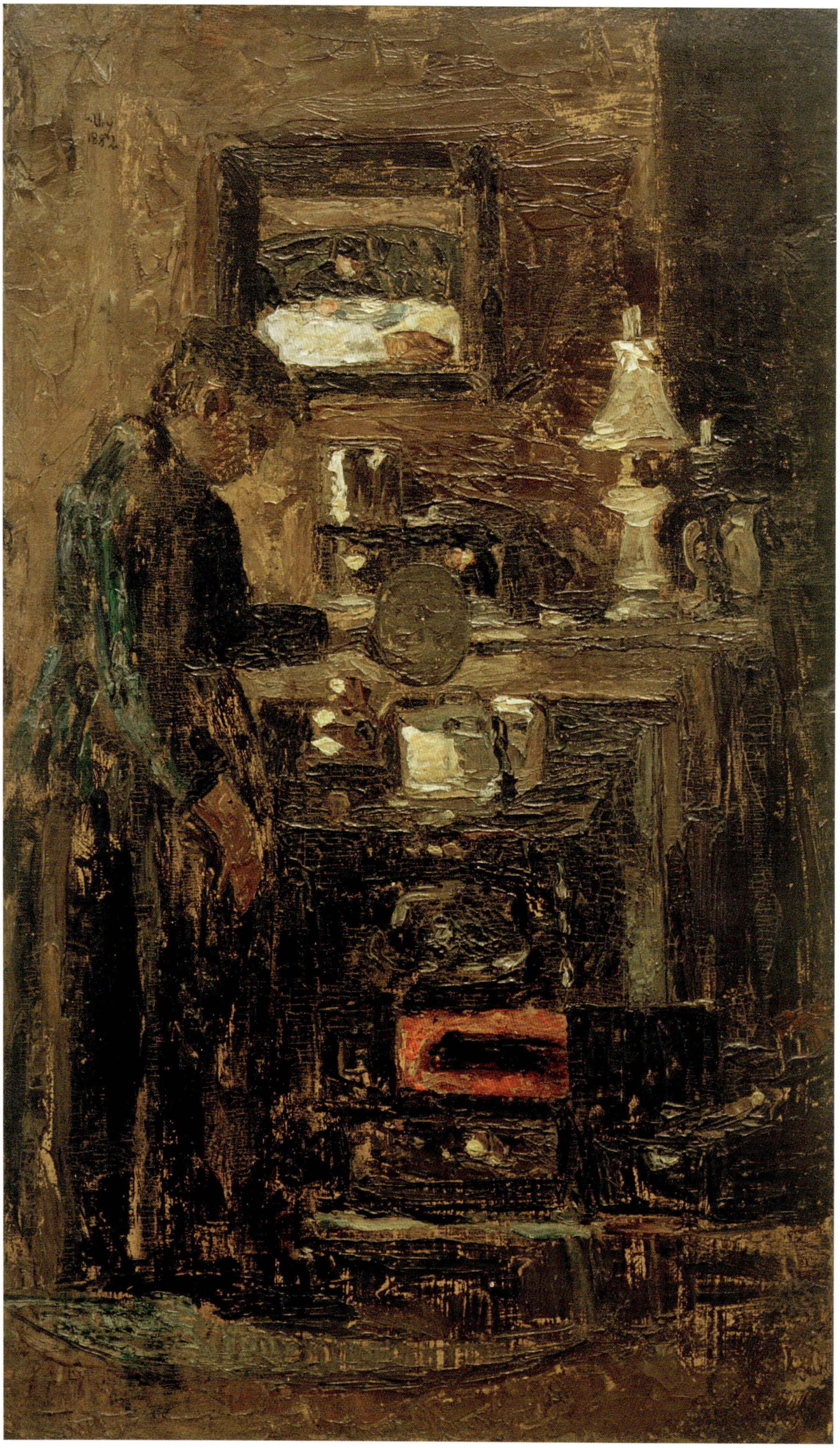

Frau am Küchenherd, 1882
Öl, Pappe auf Leinwand auf Holz, 70 x 40 cm
Privatsammlung

Auf nur grob grundierter Pappe entwarf Lesser Ury mit rohen Pinselstrichen dieses Interieur, das uns einen Einblick in die Lebenswirklichkeit einfacher Verhältnisse der frühen 1880er Jahre bietet. Die feuerrote Glut des Küchenherds, dessen Klappe weit geöffnet ist, zieht den Blick an. Gerade wurde ein dunkles Holzscheit nachgelegt, nun hebt die Köchin den Deckel eines Topfes und blickt prüfend auf den Inhalt. Durch die weißen Akzente entlang der senkrechten Bildachse dirigiert der Maler unseren Blick hinauf zum Wandspiegel. Er reflektiert, was wir eigentlich nicht sehen können, nämlich den am gedeckten Tisch wartenden Esser.

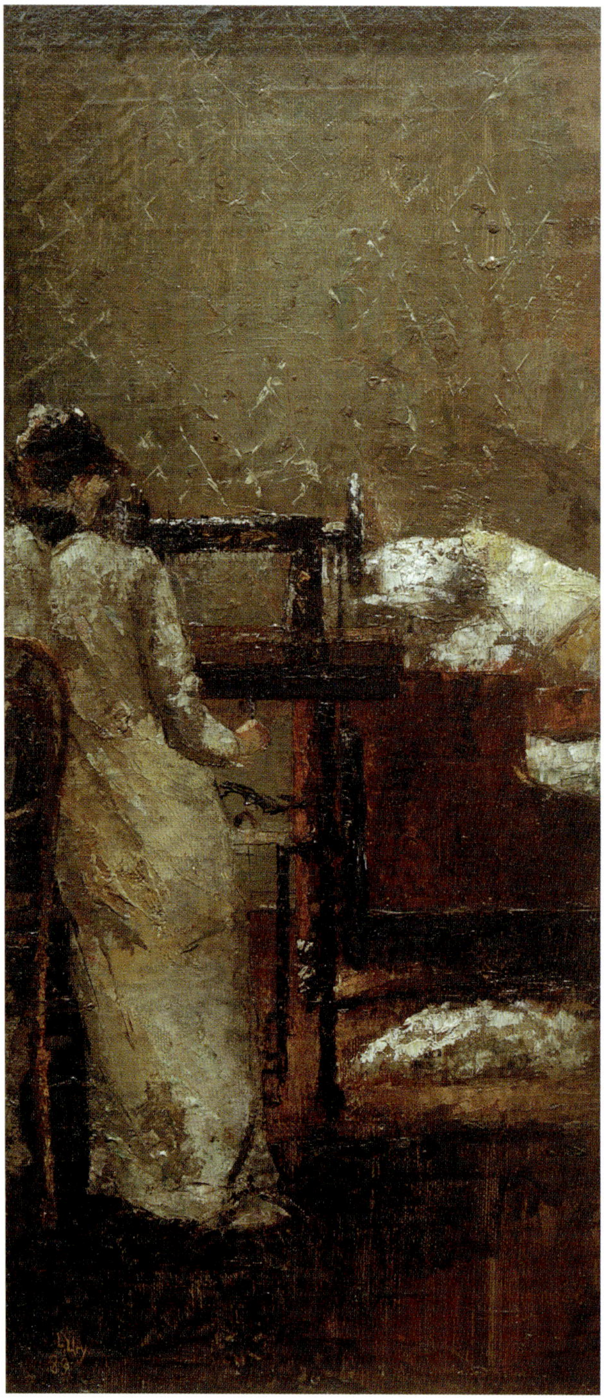

Frau an der Nähmaschine, 1883
Öl auf Leinwand, 40,5 x 18 cm, Privatsammlung

Auf dem extremen Hochformat gewährt uns Ury den Blick auf die vom linken Bildrand angeschnittene Rückenfigur einer sitzenden Näherin, als schauten wir heimlich durch einen Türspalt. Nähende oder stickende Mädchen waren ein beliebtes Motiv bei den deutschen Impressionisten. Traditionell wurden Näharbeiten von Frauen und häufig daheim und gewerbsmäßig im Auftrag gefertigt, im Zuge der Industrialisierung auch mit der Nähmaschine. Lesser Ury war die Tätigkeit des Nähens durch seine Mutter Fanny geläufig, die Eigentümerin eines »Weisswaren-Confection und Wäschegeschäfts« in Berlin war.

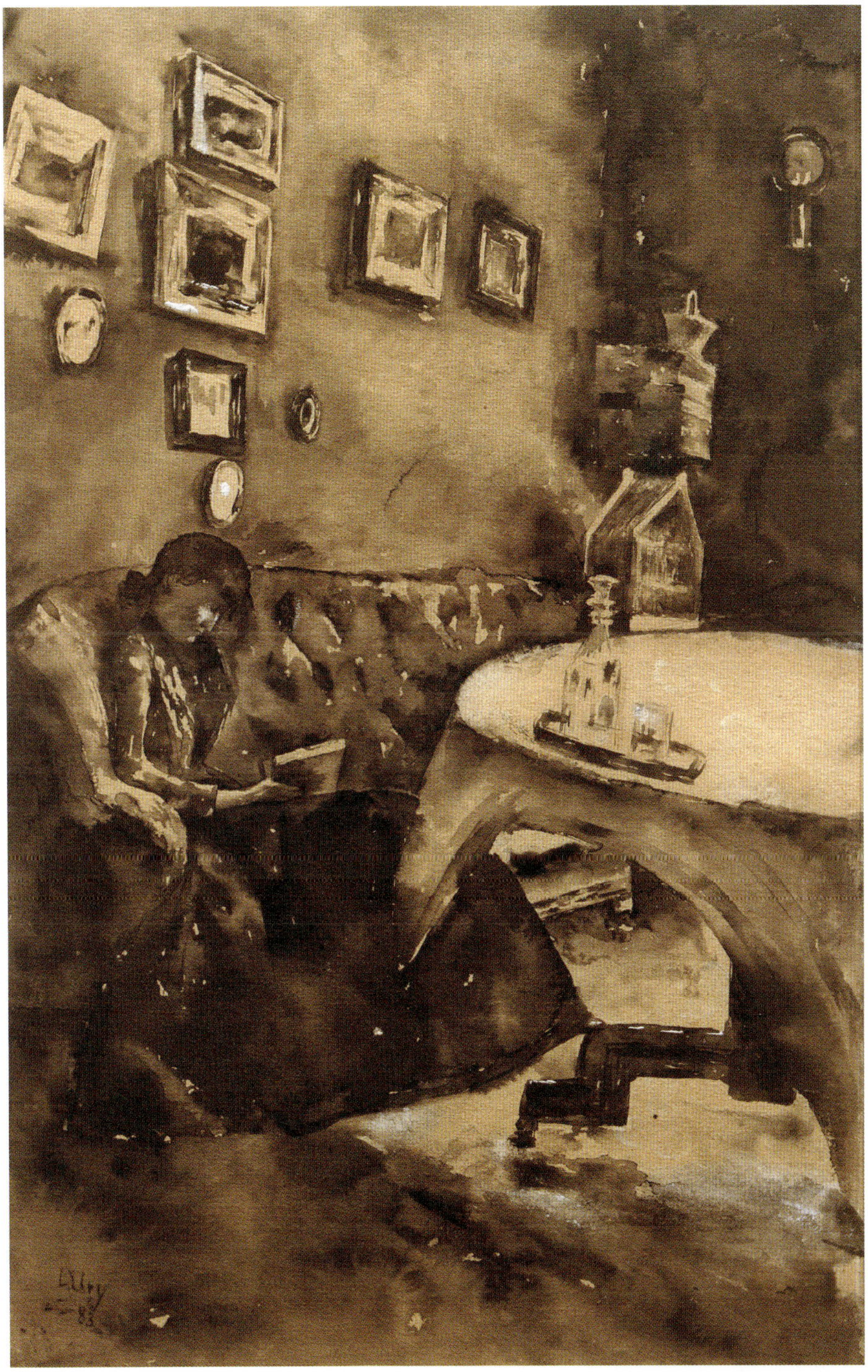

Interieur mit lesender Dame, 1883
Bleistift, Tusche und Deckweiß, 29,2 x 19,3 cm
Museum Georg Schäfer, Schweinfurt, Inv.-Nr. MGS 2200A

Mehrfach hat Lesser Ury lesende Frauen dargestellt, oft an öffentlichen Orten. Die Protagonistin auf dieser frühen Zeichnung hingegen hat sich in einen stillen Winkel ihres bürgerlichen Wohnzimmers zurückgezogen, das mit Bildern, Wanduhr und Vogelbauer anheimelnd eingerichtet ist. Die Leserin ist in die Ecke ihres Chesterfield-Sofas versunken, mit dem sie optisch beinahe verschmilzt. Als Vertreterin des Bürgertums nicht auf Erwerbsarbeit angewiesen, verfügt sie über ausreichend Muße zur Romanlektüre.

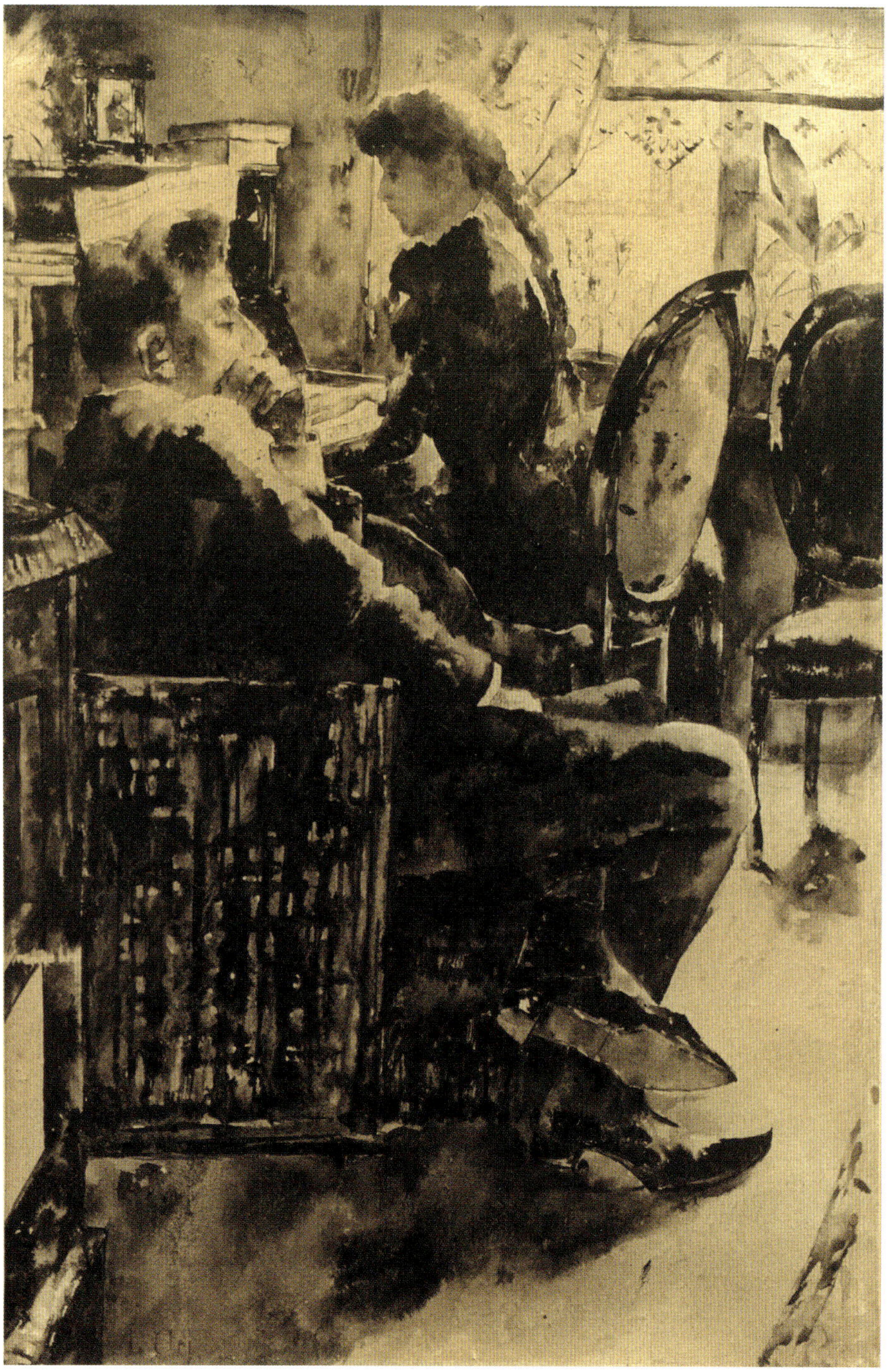

Harmonie, vor 1900
Tuschzeichnung, 19,8 x 13,2 cm, Privatsammlung

Im Zentrum dieser Zeichnung ist ein Herr dargestellt. Er ruht bequem in einem Sessel, hat die Hand ans Kinn gelegt und scheint selbstvergessen den Tönen zu lauschen, die die Dame auf dem Klavier im Hintergrund anschlägt. Das Ambiente strahlt durch die dicht beieinanderstehenden Möbel und das mit Gardinen verhängte Fenster Behaglichkeit aus. Das »Harmonie« betitelte Blatt beschwört den Einklang zwischen den Geschlechtern und impliziert die traditionelle Vorstellung, die Frau habe sich um das Wohlergehen des Mannes in Haus und Familie zu sorgen.

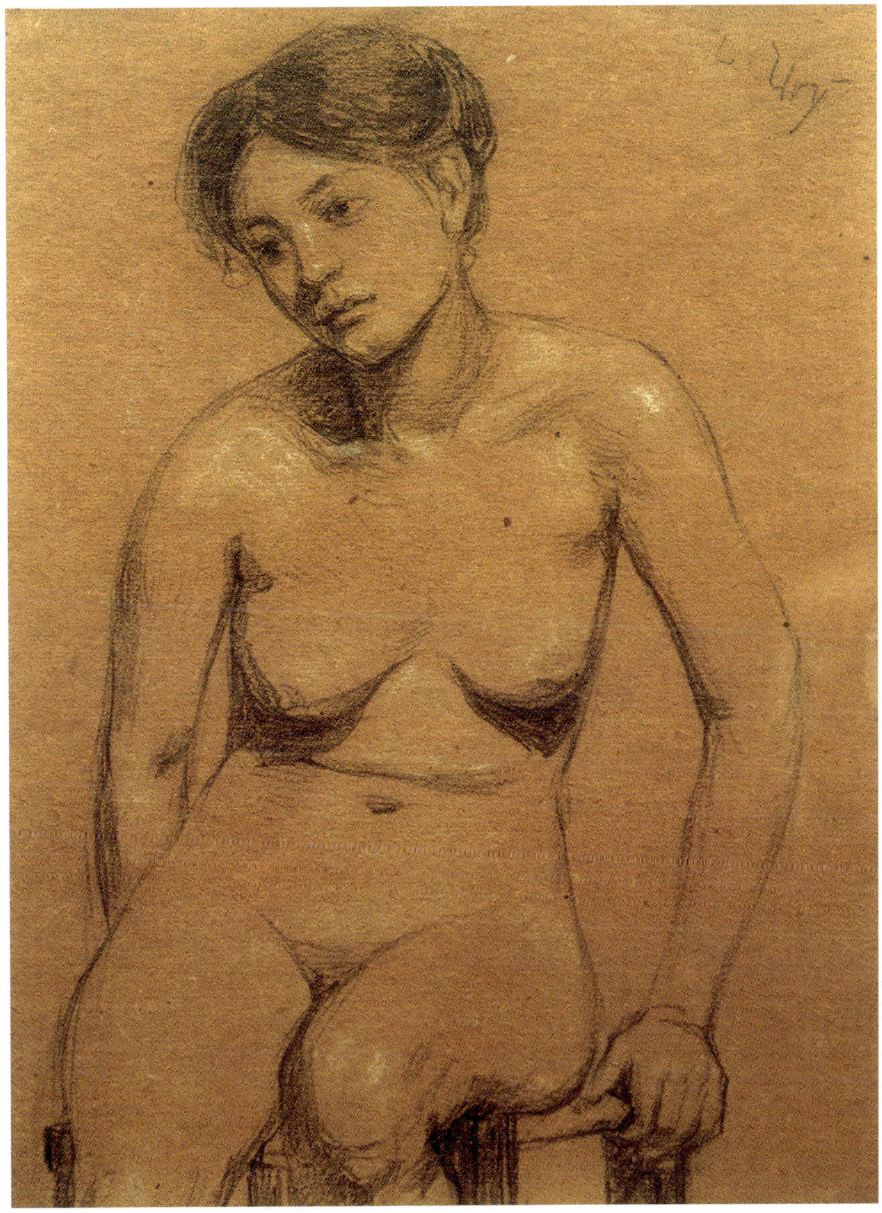

Mädchenakt, undatiert

Bleistiftzeichnung, weiß gehöht, auf dunklem, rohem Papier, 21,7 x 16,2 cm, Privatsammlung

Mit zarten Konturlinien, wenigen verschatteten Partien und Weißhöhungen hielt Ury, der in der Aktklasse an der Brüsseler Académie Royale des Beaux-Arts eine Auszeichnung erhalten hatte, den nackten Frauenkörper fest. Dass es sich hier um sein Modell, die Näherin Meta Streiter, handelt, ist allein schon aufgrund der dunklen Haarfarbe der auf dem Blatt Dargestellten unwahrscheinlich. Ury hatte die von ihm Katinka genannte junge Frau, die nicht nur zu seinem Modell, sondern auch zu seiner Lebensgefährtin wurde, 1903 per Zeitungsannonce gefunden. Dort hatte er ausdrücklich nach einem blonden Modell gesucht.

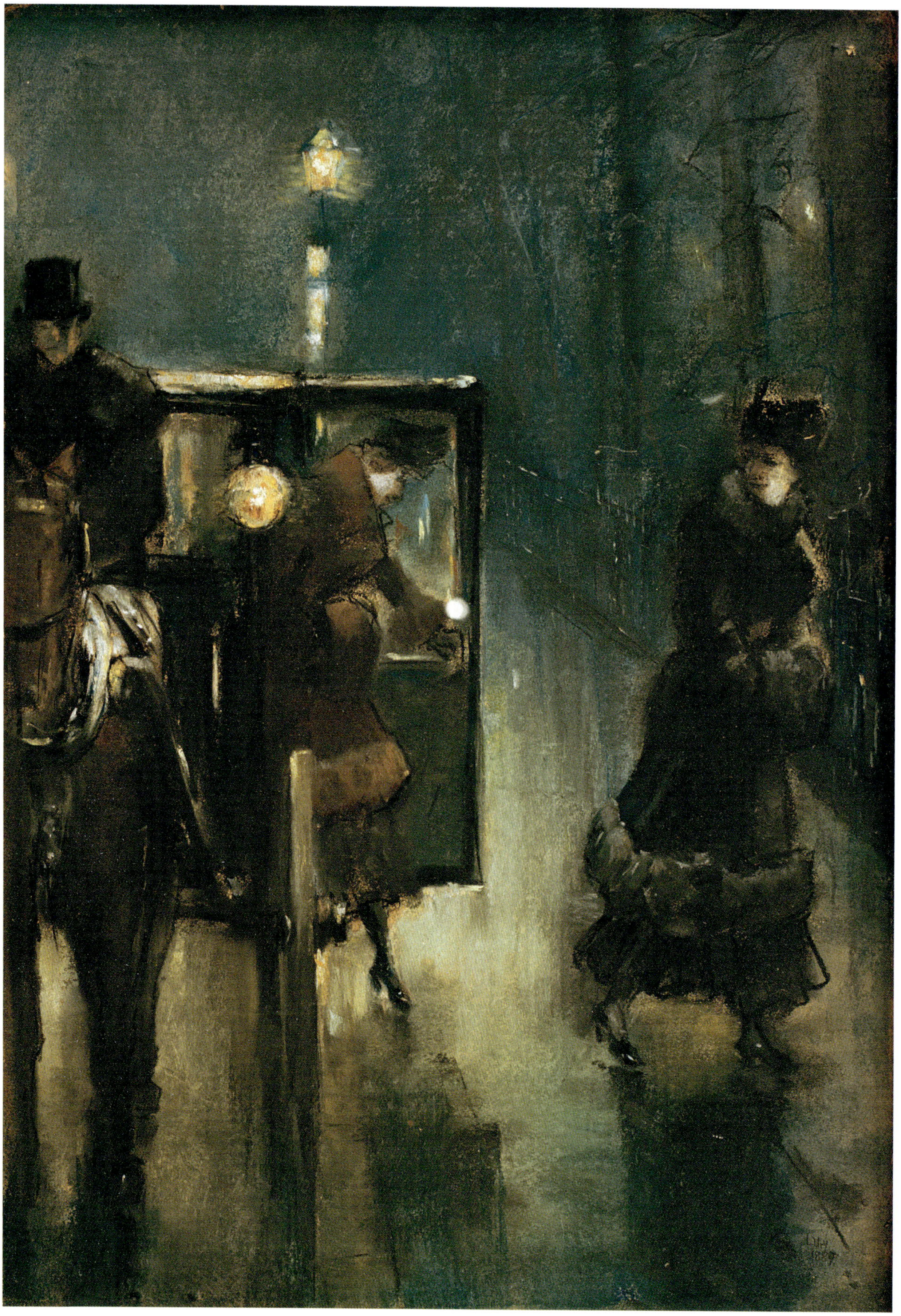

Nächtliche Straßenszene, Berlin (Bellevuestraße?), 1889
Pastell auf brauner Pappe, 50,7 x 35,8 cm
(Zuletzt Kunsthandel)

Erst wenige Jahre, bevor dieses Blatt entstand, hatte sich Ury endgültig in Berlin niedergelassen. Beeindruckend gelingt es dem Maler, mit Pastellkreiden in blauen, grünen, gelblichen und schwarzen Farbtönen die Stimmung dieser diesigen Winternacht einzufangen. Wiederholt thematisierte Ury, wie auch mit der hier dargestellten Szene, die Präsenz von Frauen ohne männliche Begleitung auf nächtlicher Straße, Umstände, die für das damalige Verständnis ein zweifelhaftes Licht auf die »moralische Unbescholtenheit« der Frauen geworfen haben müssen. Der Künstler enthält sich eines Werturteils.

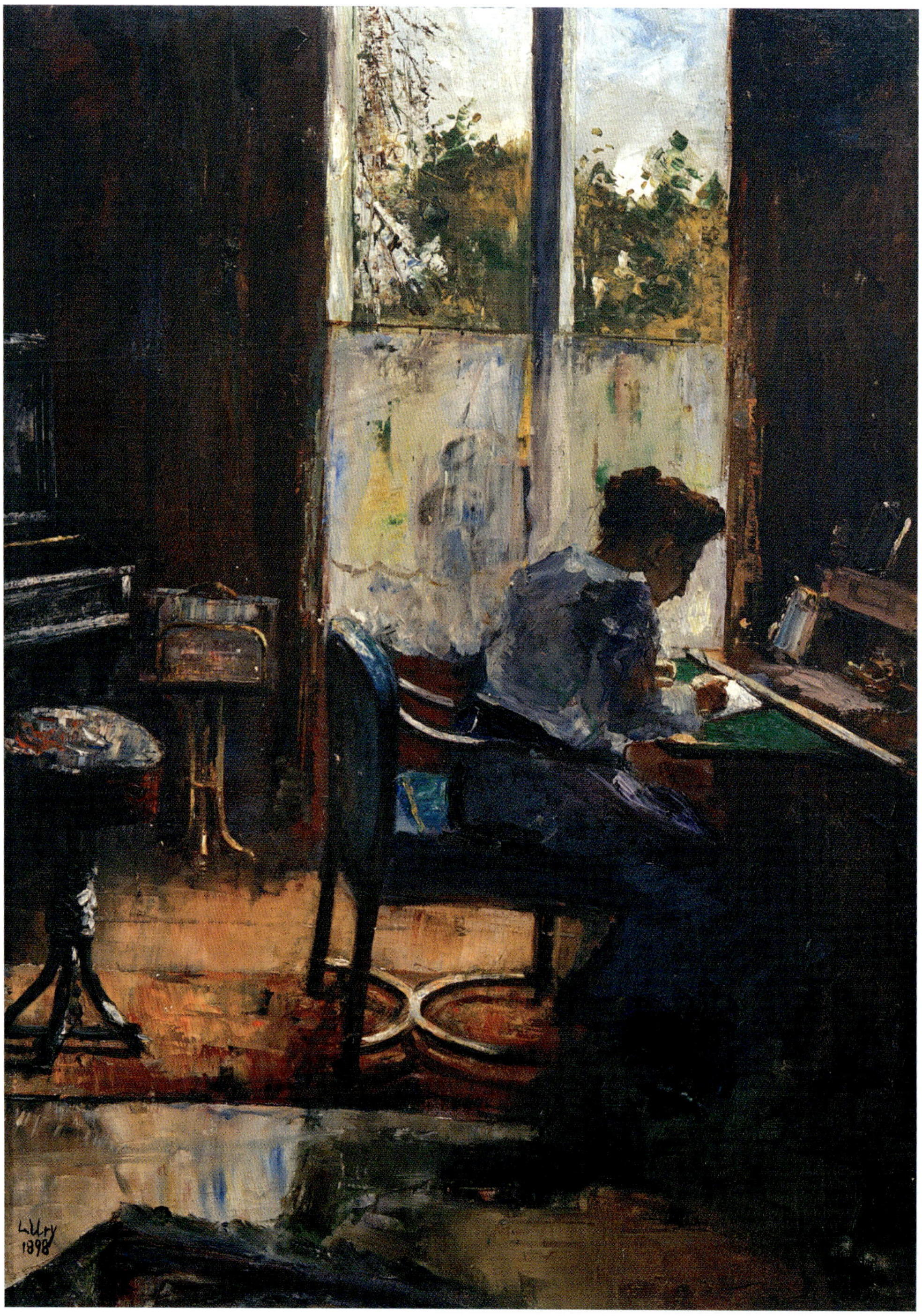

Frau am Schreibtisch, 1898
Öl auf Leinwand, 71 x 51,5 cm, Nationalgalerie Berlin, Inv.-Nr. A III 464

Das Interieur, nach Walter Benjamin das »Etui des Privatmannes«, zeigt, was man besitzt. Neben den geschmackvollen Möbeln, dem Musikinstrument und dem Zeitungsständer wird auf diesem Gemälde auch die Dame des Hauses mit einbezogen. Mit der Fokussierung auf nur eine Person und der ruhigen Stimmung wirkt das Bild wie ein Gegensatz zu Urys belebten Straßenansichten des modernen Berlin. Doch hier wie dort ging es dem Maler um das Festhalten eines zufälligen Augenblicks.

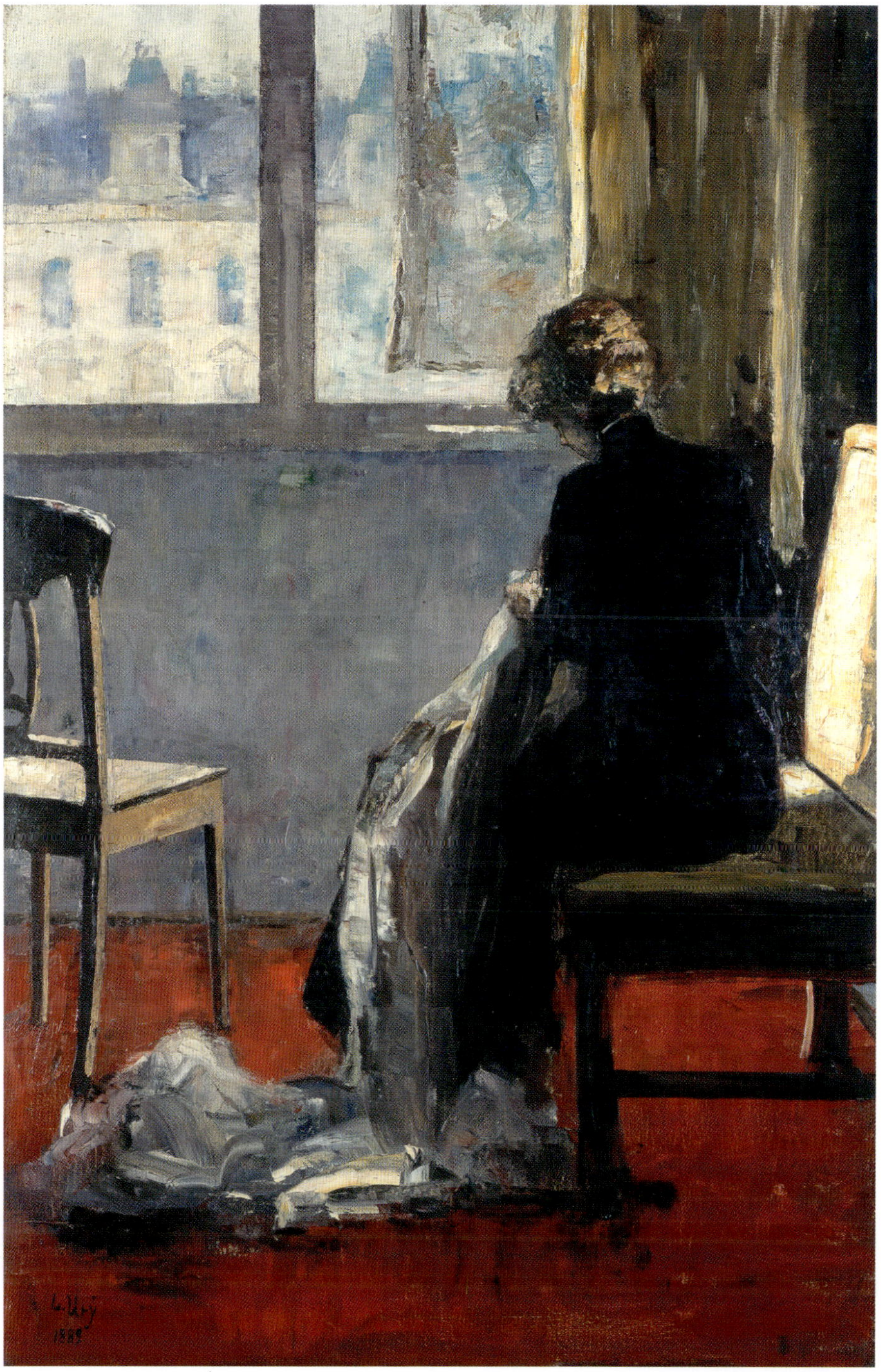

Der rote Teppich, um 1890/99
Öl auf Leinwand, 100 x 66 cm, Israel Museum, Jerusalem, Inv.-Nr. B50.11.0016

Mit zahlreichen Bildern von handarbeitenden Frauen knüpften die Maler des 19. Jahrhunderts an Genreszenen der holländischen Meister des 17. Jahrhunderts an. Im damaligen »Goldenen Zeitalter« dürfte das Nähen, ähnlich wie das Spinnen, Ausdruck von Fleiß und Anstand gewesen sein. Lesser Ury interpretiert das alte Motiv neu, indem er sein Augenmerk vor allem auf die Licht- und Farbwirkung legt. Wichtiger als die nähende Frau scheint ihm der helle Raum zu sein, den er maßgeblich durch das Aufeinandertreffen von rotem Teppich und zartblauer Wandfläche konstruiert.

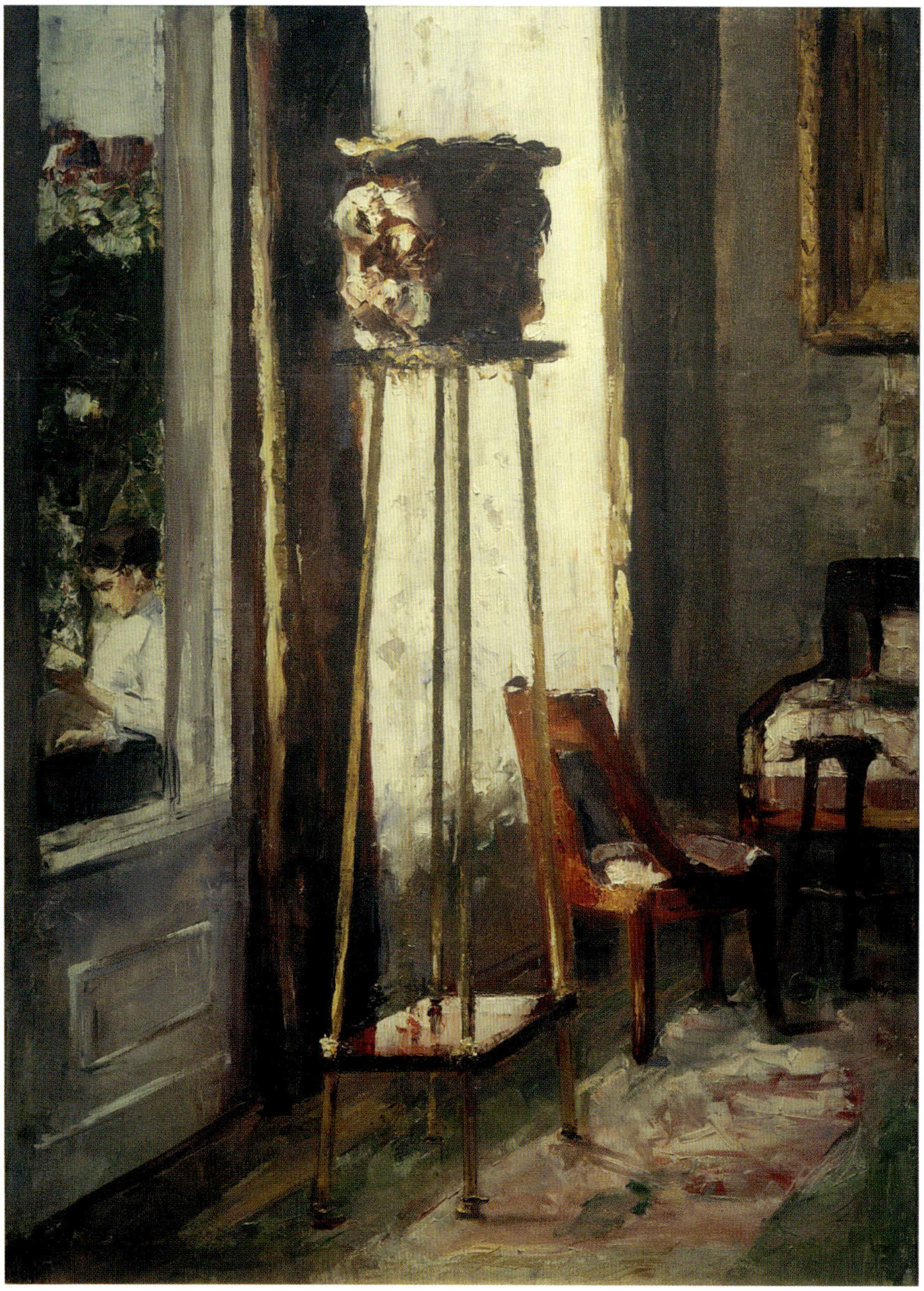

Interieur (Interieurszene und lesende Frau auf der Terrasse), 1894
Öl auf Leinwand, 72 x 51,5 cm, Privatsammlung

Die gemalte Wiedergabe eines Raums hatte sich in der niederländischen Malerei des 16. und 17. Jahrhunderts als Gattung etabliert und erfuhr im 19. Jahrhundert eine Blütezeit. Der Einblick in die bürgerliche Wohnungsidylle entwickelte sich zu einem Lieblingsmotiv der deutschen Impressionisten. Typisch für Ury ist der wie zufällig gewählt wirkende Bildausschnitt, der einen banalen Blumenständer mit Blumentopf in den Fokus nimmt: Dieser gerät durch seine Positionierung und Abmessung zum bildbeherrschenden Element in diesem »Interieur«. Erst nachdem unser Blick das geschmackvoll ausgestattete Zimmer erforscht hat, gleitet er durch die verglaste Tür nach draußen und wir erblicken die lesende Dame im Garten. Es soll sich bei ihr um Urys Schwägerin handeln.

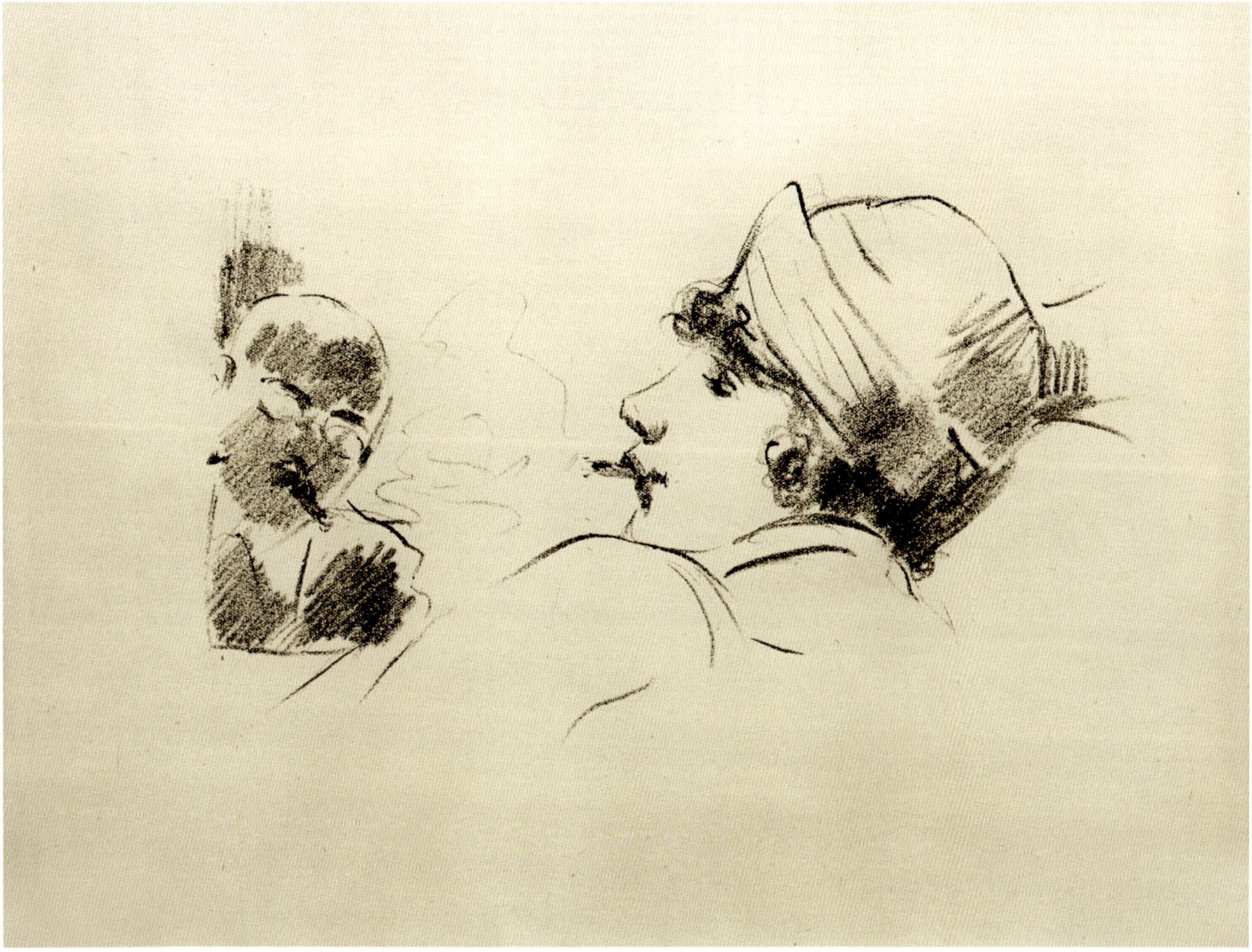

Rauchende Dame, 1919
Lithografie, 14,5 x 24,5 cm; auf 25,6 x 35,1 cm (Bütten)
Verlag Fritz Gurlitt, Berlin, Privatsammlung

Mit wenigen Strichen deutet Lesser Ury die lässige Pose der rauchenden Dame mit Bubikopf an, die selbstbewusst einen großen Teil des Querformats für sich in Anspruch nimmt. Ihr gegenüber ist als Konterpart das Brustbild eines ebenfalls rauchenden Herrn platziert. Das Rauchen in der Öffentlichkeit war lange eine Männerdomäne, griff in den 1920er Jahren jedoch auch in der Damenwelt um sich. In Intellektuellen- und Künstlerkreisen gehörte es gar zum guten Ton, sich mit Zigarette ablichten oder malen zu lassen, wobei die Zigarette auch erotische Signale aussenden konnte. Die Raucherin hier, mit dem zwischen die Lippen geklemmten Zigarettenstummel, wirkt allerdings nicht wie ein Vamp, sondern wie eine emanzipierte Frau, die sich nicht um Konventionen schert.

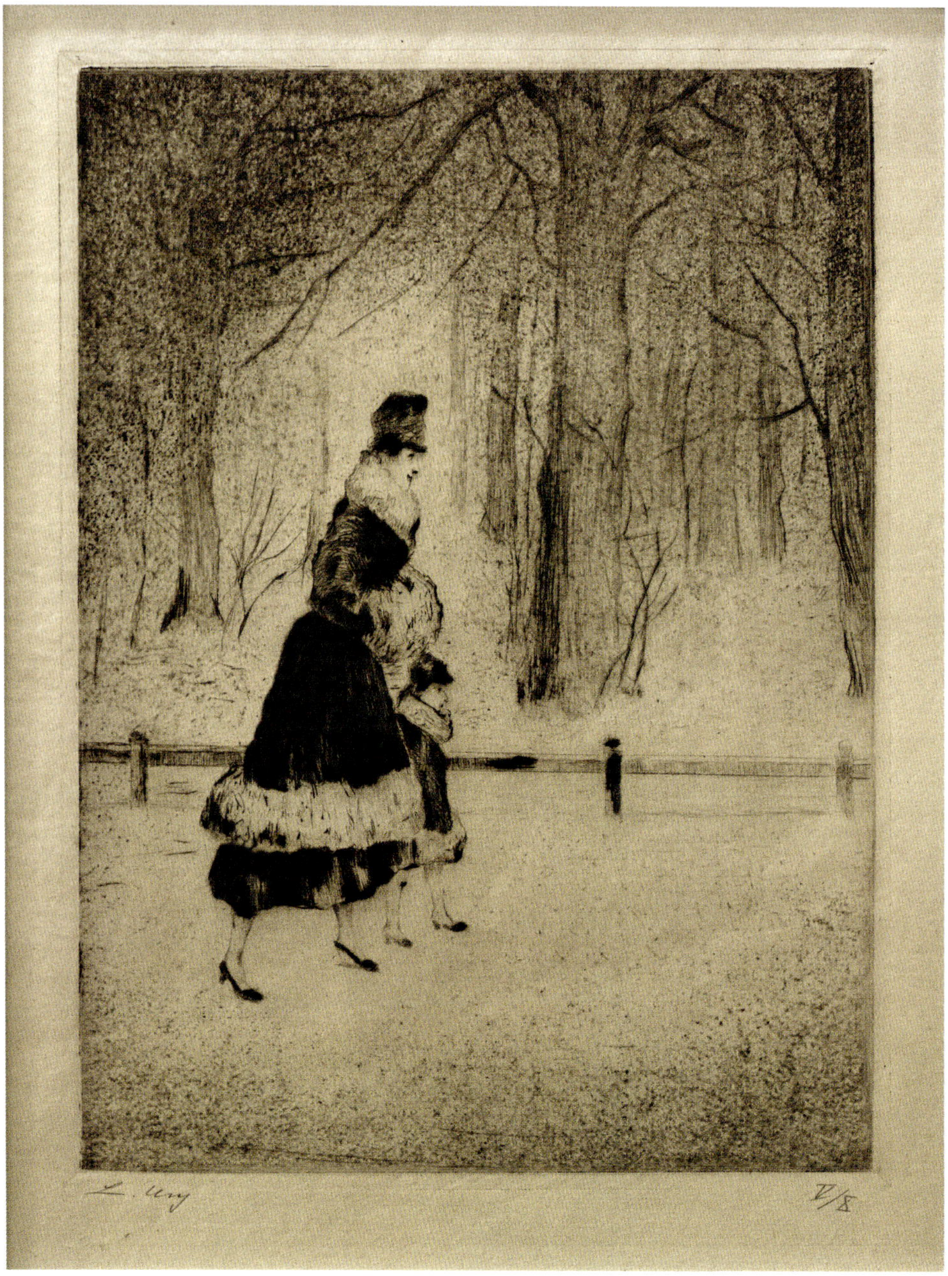

Dame mit Kind im Tiergarten, um 1920
Radierung, 23,4 x 17,8 cm; auf 31 x 27 cm (Bütten)
Verlag Fritz Gurlitt, Berlin, Privatsammlung

Mütter mit Kindern stellte Lesser Ury nur selten dar. Auf dieser Radierung steht nicht das innige Verhältnis zwischen einer Mutter und ihrer Tochter im Zentrum – Ury behandelt das Mädchen wie ein lebendes Accessoire. Das ähnlich wie die Mutter gekleidete Kind wirkt wie ihre Kopie im Miniaturformat. Wie austauschbar die Kinderfigur ist, zeigt das Blatt »Mädchen mit Hund«. Hier erscheint eine ganz ähnliche weibliche Erwachsene – dieses Mal jedoch in Begleitung eines Hundes. Beide Blätter verdeutlichen Urys ökonomische Arbeitsweise: Einmal gefundene Figuren werden in unterschiedliche Umgebungen integriert. Darüber hinaus veranschaulichen beide Blätter die andersartige Wirkung, die Ury durch die Anwendung verschiedener Druckverfahren – Radierung und Lithografie – erzeugte.

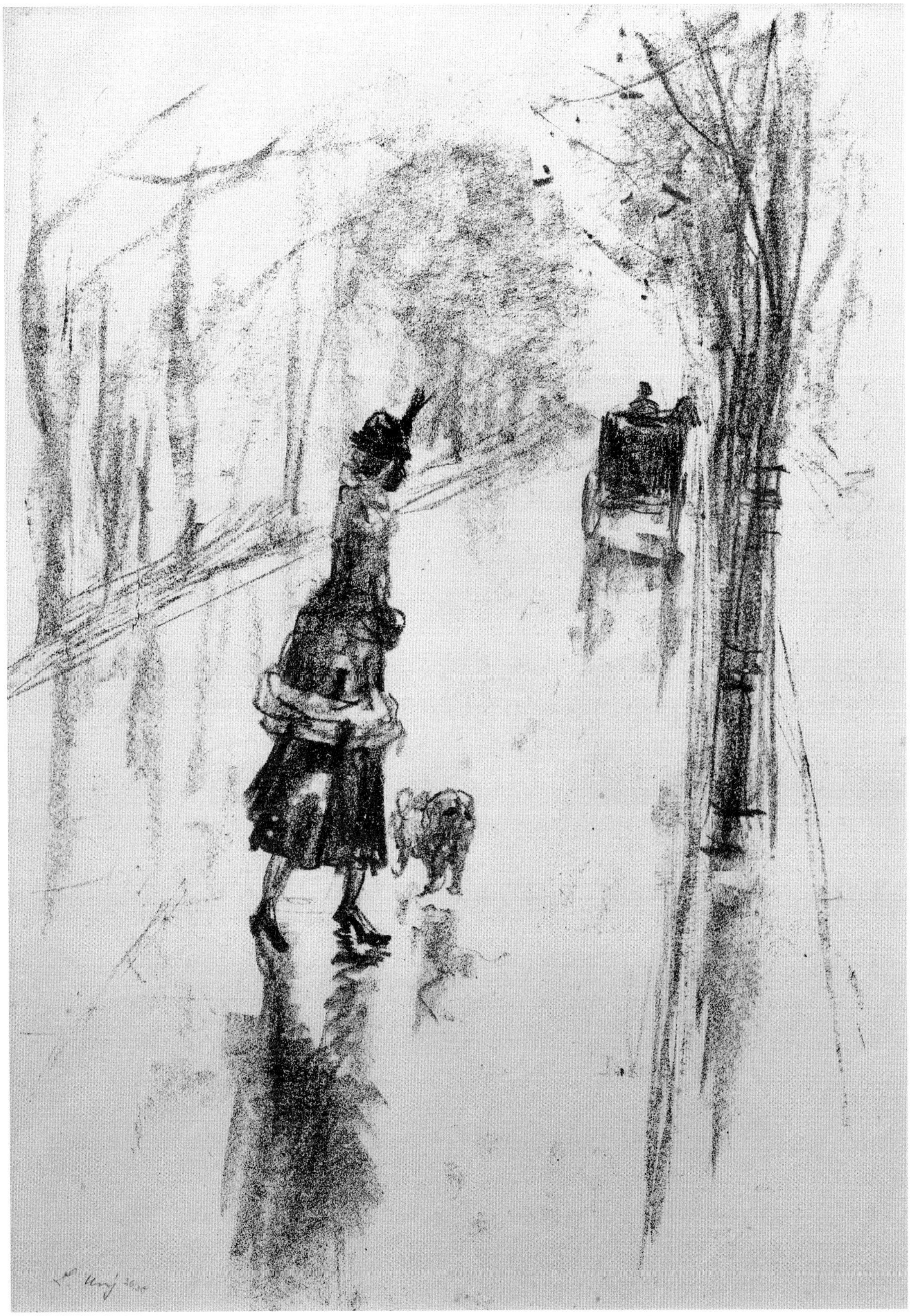

Mädchen mit Hund, um 1920
Lithografie, 38,8 x 26,6 cm; auf 42 x 29,3 cm (Bütten)
Verlag Fritz Gurlitt, Berlin, Privatsammlung

Dame im Café mit aufgestütztem Arm vor leerem Glas, 1919
Radierung, 20,3 x 14,1 cm; auf 32,7 x 20,3 cm
(Zuletzt Kunsthandel)

Ans Fenster gerückt, am Ende einer langen Bank, sitzt die Frau allein vor einem Glas mit Strohhalm. Mit ihren gekreuzten Armen und Beinen, dem in sich gekehrten Blick und dem winzigen Tisch vor sich wirkt die Dame nicht, als bemühe sie sich um Kontaktaufnahme. In ihrer Einsamkeit und Selbstbezogenheit – die weißen Flächen um sie herum isolieren sie auch kompositionell – strahlt die Figur eine anrührende Melancholie aus.

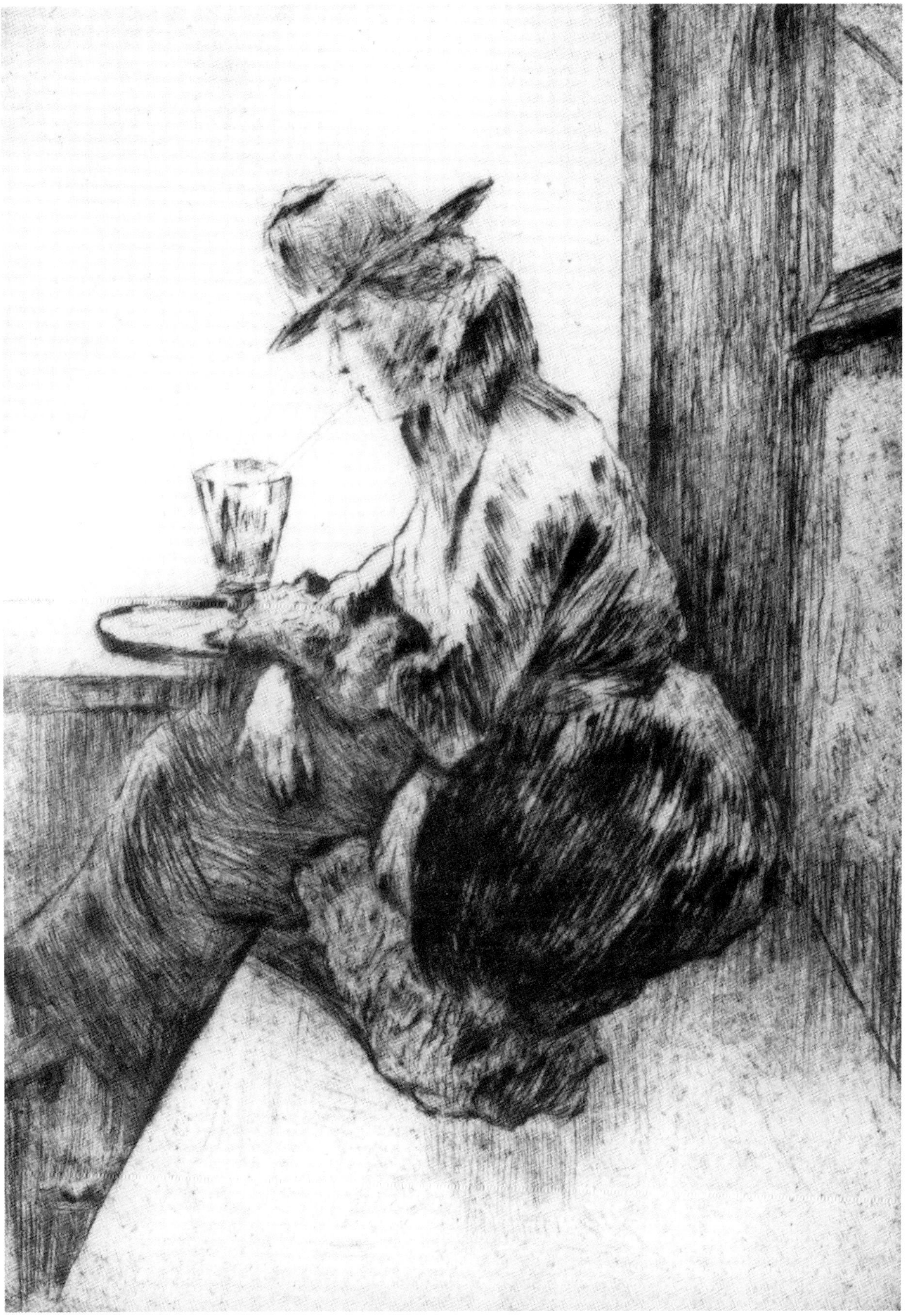

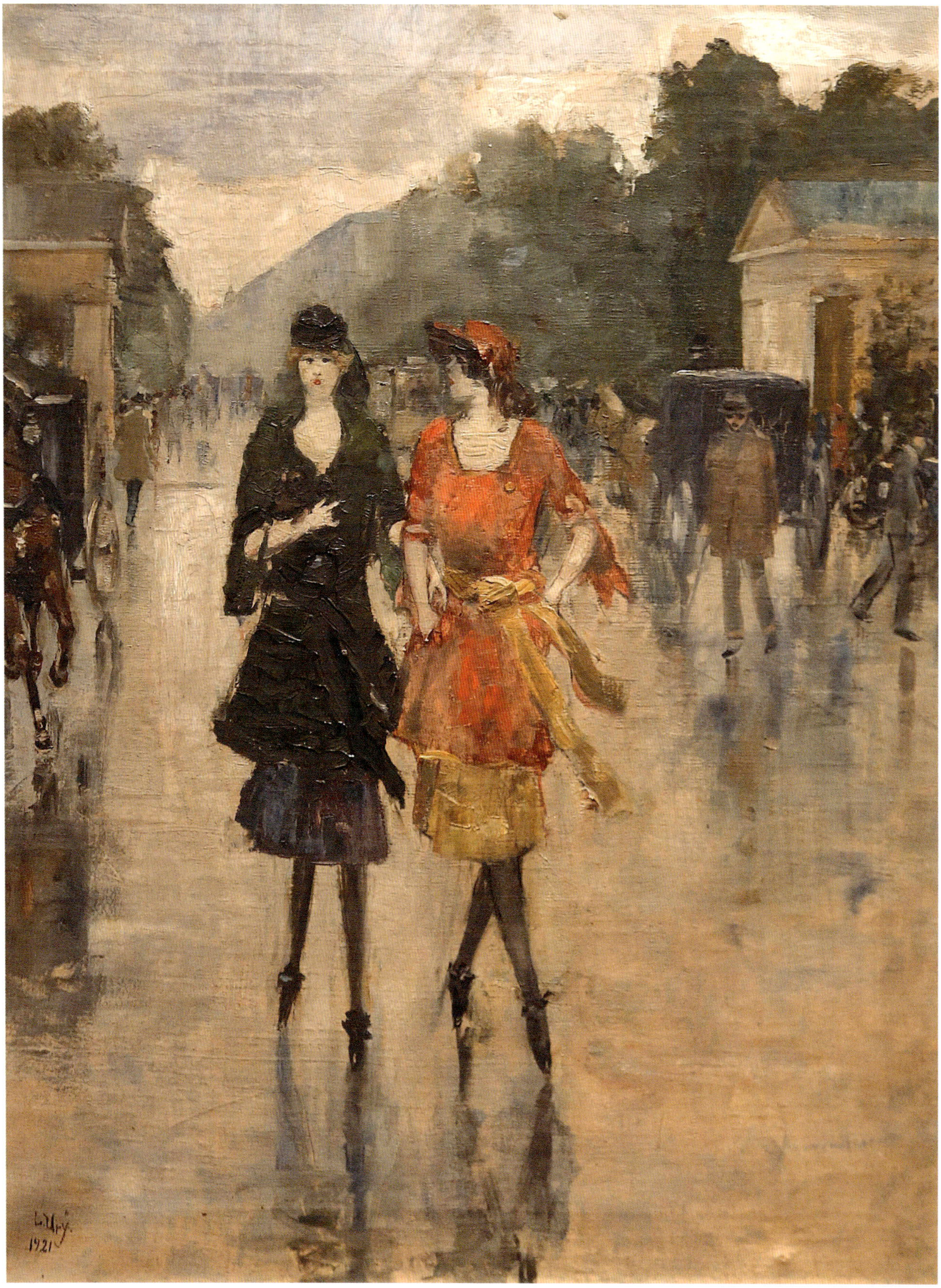

Berlin. Straßenszene, 1921
Öl auf Leinwand, 63,2 x 48,1 cm
Ben Uri Collection, London

Wie Fotomodelle präsentieren sich die beiden Frauen auf dem Potsdamer Platz, einem der wichtigsten Verkehrsknotenpunkte des modernen Berlin. Die heute nicht mehr existierenden, von Karl Friedrich Schinkel entworfenen Torhäuser des Potsdamer Tores sind links und rechts im Mittelgrund des Bildes gut zu erkennen. Die Frauen haben die Korsetts und dunklen, bodenlangen Roben der kaiserzeitlichen Mode längst abgelegt und tragen kurze, ausgeschnittene Kleider. Ob es sich bei den teils auffällig bunt gekleideten Frauen um Prostituierte handelt wie auf dem berühmten Gemälde »Potsdamer Platz« von Ernst Ludwig Kirchner (1914), bleibt offen.

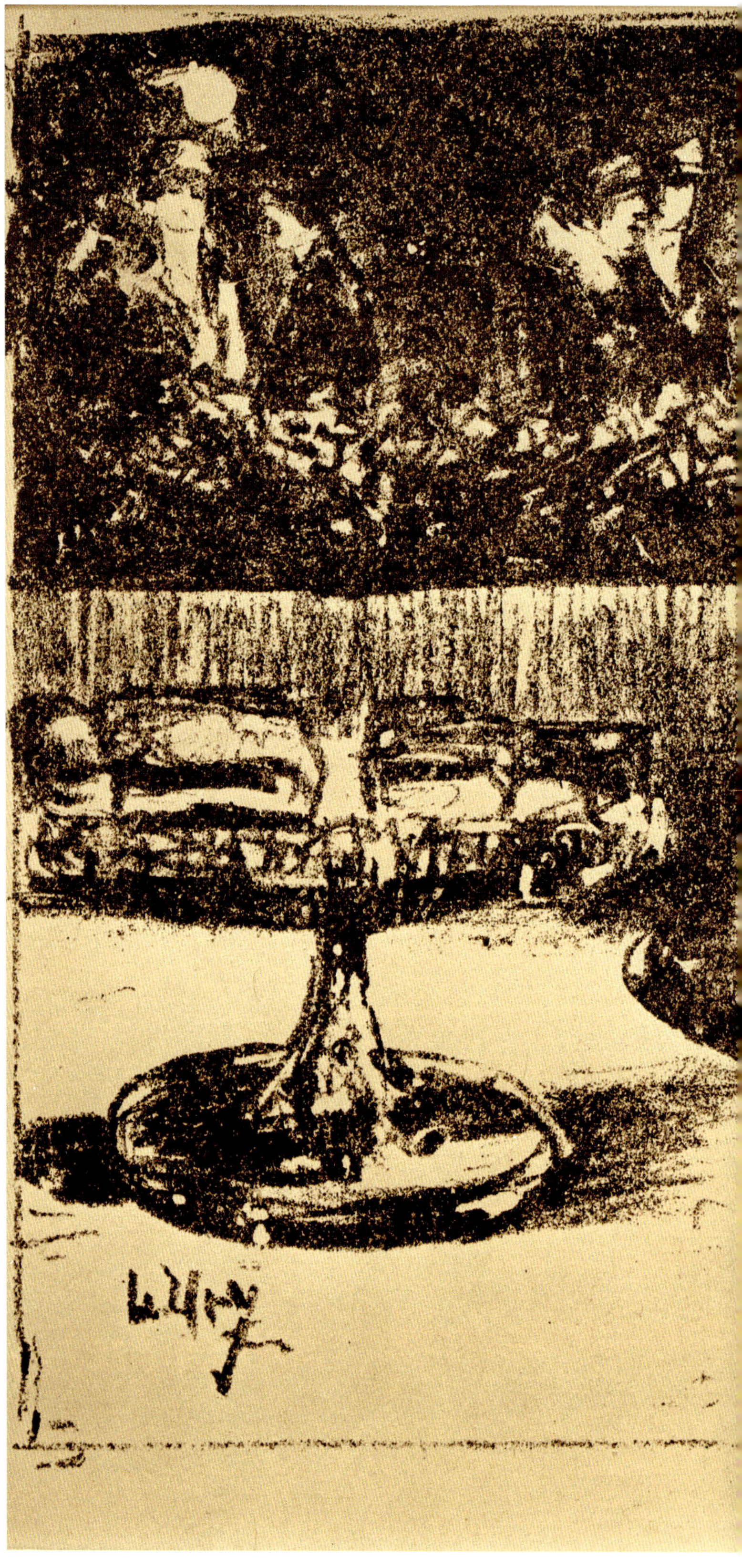

Im Kaffeehaus: Dame am Tisch auf der Veranda, 1928
Lithografie, 13,4 x 19,9 cm; auf 17 x 22 cm (Maschinenjapan)
Aus: »Vier Zeilen – Presse-Ball 1928«; Herrenspende auf dem Presseball 1928
Privatbesitz

Lesser Urys Lithografie zeigt eine fröhliche Dame, die – offenbar zu nächtlicher Stunde – an einer Kaffeetafel mit Kuchen-Etagere im überdachten Außenbereich eines Cafés sitzt. Die scheinbar spontan erfasste Szene war Teil der »Herrenspende« des Presseballs von 1928. Das Geschenk der Ballausrichter an die Herren zur Erinnerung an das gesellschaftliche Ereignis beinhaltete neben Urys Lithografie 12 weitere druckgrafische Blätter in einer Flügelmappe unter anderem von George Grosz und Ludwig Meidner. Außerdem enthielt sie ein Heft mit 26 Faksimile-Vierzeilern namhafter Autoren wie Alfred Döblin, Joachim Ringelnatz oder Arthur Schnitzler.

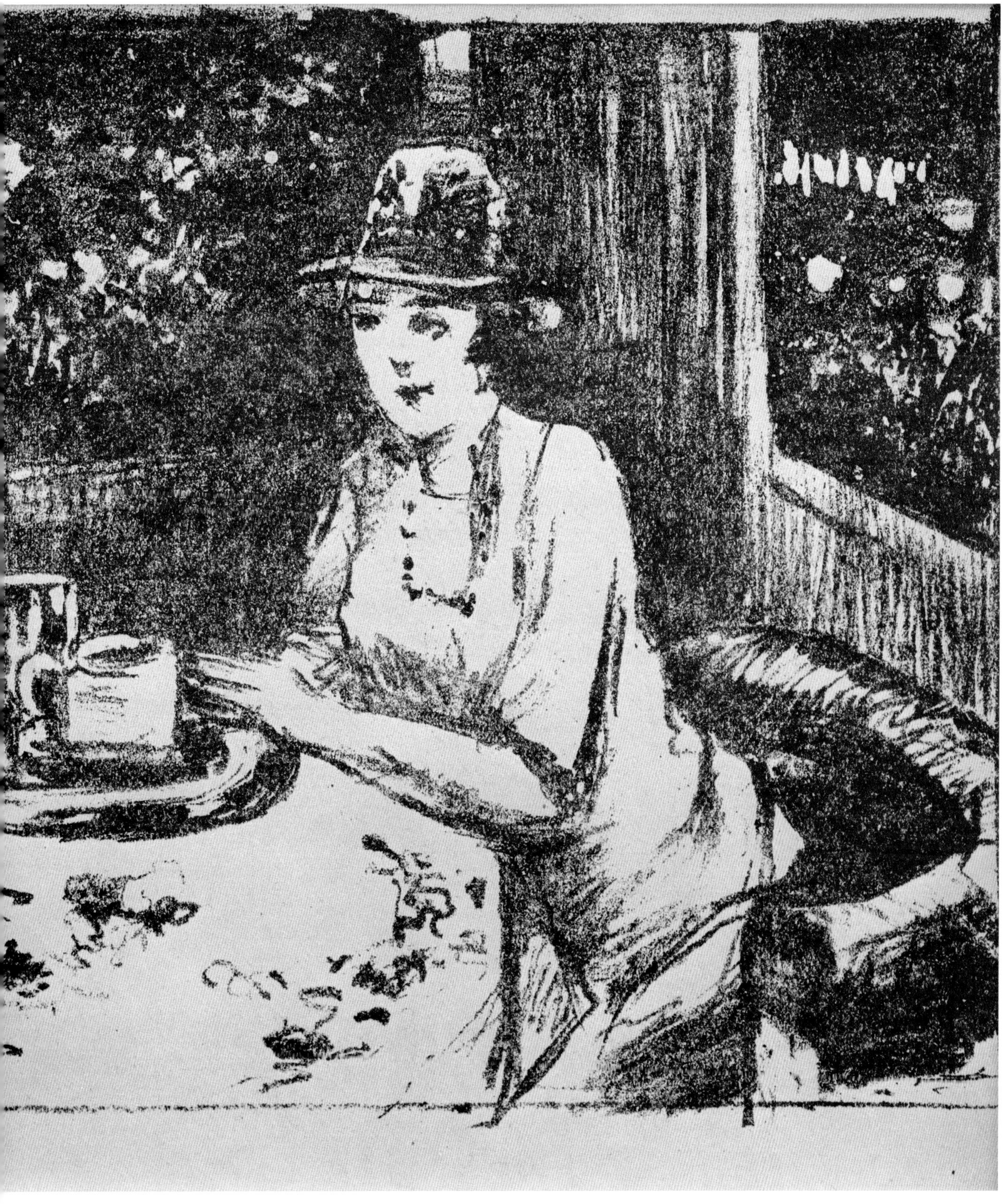

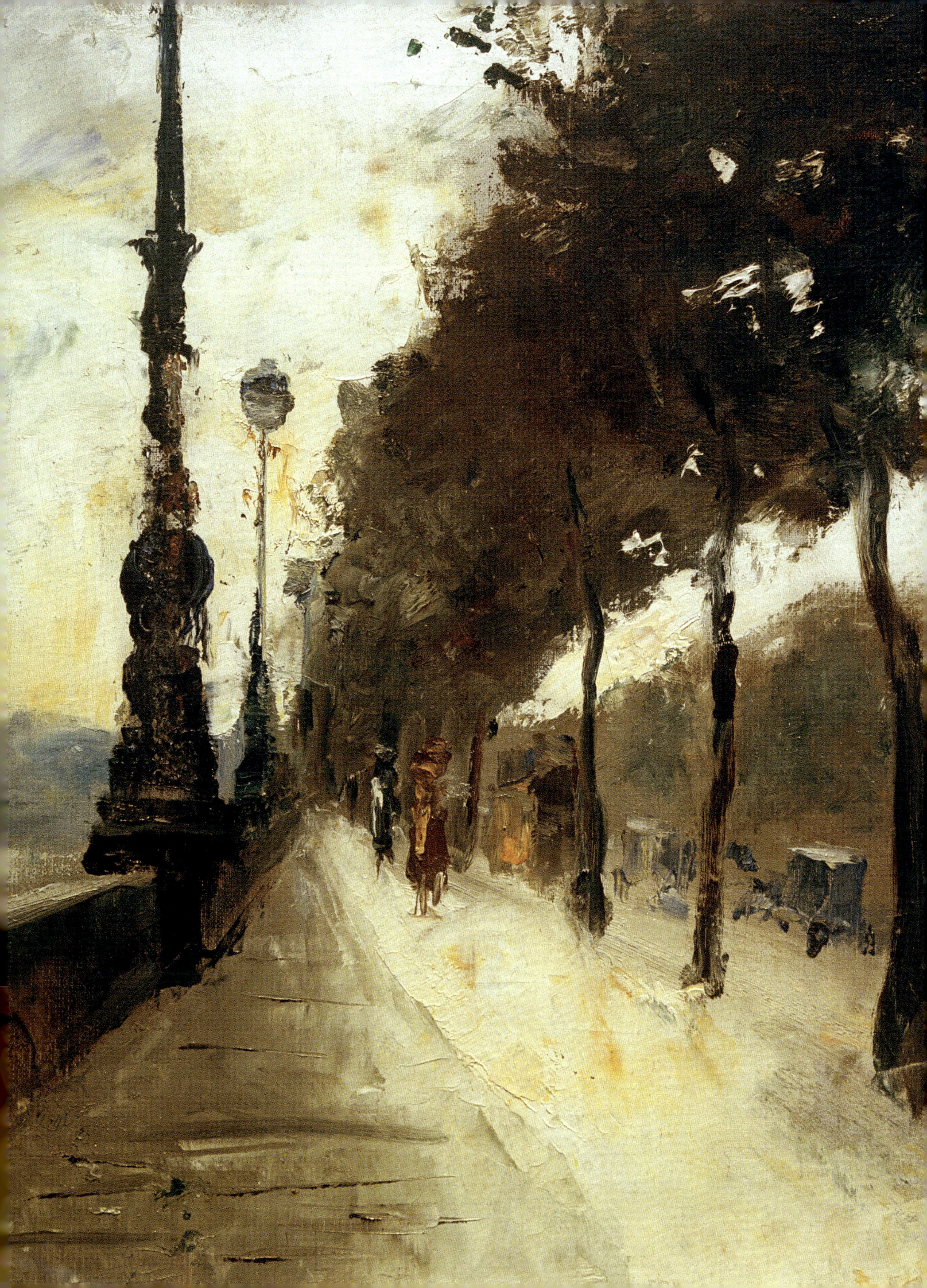

Unterwegs

»London ist die stimmungsvollste Stadt, die ich bis heute gesehen habe.«

(Lesser Ury)

Lesser Ury war Zeit seines Lebens viel auf Reisen. Bereits die Jahre seiner Ausbildung zum Künstler verbrachte er an unterschiedlichen Orten. Auf der Suche nach geeigneten Lehrern zog es ihn von Berlin in Richtung Westen, wo er sich nacheinander an drei verschiedenen Kunsthochschulen einschrieb – in Düsseldorf, Brüssel und München. Neben kürzeren Aufenthalten in Kassel, Stuttgart und Karlsruhe verbrachte Ury zweimal eine längere Zeit in Paris, dem Hotspot der damaligen Avantgarde, wo er bei Jules-Joseph Lefebvre studierte und das Großstadtleben mit seinen Cafés kennenlernte. Anschließend ließ er sich für rund ein Jahr in Volluvet, einem Dorf bei Brüssel, nieder. Hier studierte er die Natur und das Leben der arbeitenden Landbevölkerung, Erfahrungen, die in erste Landschaftsbilder einflossen.

Auch nachdem Ury 1887 nach Berlin zurückgekehrt war, unternahm er immer wieder längere Reisen oder Fahrten in die Mark Brandenburg. Neben Stadtansichten wurden Landschaftsbilder zu einem weiteren Schwerpunkt seines Schaffens. In den meist menschenleeren Kompositionen lotete er die Möglichkeiten der Wiedergabe von natürlichem Licht aus, oft in Verbindung mit Gewässern, in denen es sich spiegelt. Auch Bäume wurden zu wichtigen Bildelementen. Dabei erwies sich die farbintensive Pastellmalerei als eine geeignete Technik.

Vor allem in den 1890er Jahren, seit einem Studienaufenthalt in Rom, unternahm Ury nahezu jährlich mindestens eine Reise. Einer seiner Sehnsuchtsorte war der Gardasee, den er mehrfach besuchte. In Deutschland entdeckte er mit Hamburg und Schleswig-Holstein den Norden. Dabei suchte er nach den stillen, einfachen Orten. »Je ärmer das Dorf ist, desto besser«, schrieb er dem in Seehaupt bei Kiel lebenden Maler Hans Olde, den er um eine Empfehlung für einen Ort gebeten hatte, in dem er ungestört malen könne. Darüber hinaus wurde Thüringen eine mehrfach von Ury angesteuerte Region von hohem landschaftlichem Reiz. Aufenthalte in Holland beendeten seine Reisetätigkeit für einige Jahre. Nach dem Ersten Weltkrieg, den Revolutionsjahren und dem Krisenjahr 1923 führte seine erste Reise dann an den Rhein.

Ury war fast 65 Jahre alt, als er die Gelegenheit erhielt, London zu besuchen. Ein Vergleich seiner Bilder mit dem Werk William Turners (1775–1851) hatte ihn neugierig gemacht. Ein Beitrag, den er in der Zeitschrift *Der Kunstwanderer* veröffentlichte, verrät, was ihn besonders interessierte: Er sei gekommen, um »Stimmungen zu malen«. Mit der frischen Ausbeute aus London und einigen Berlin-Bildern eröffnete im November 1926 der Kunsthändler Martin Wasservogel seine »Kunst-Kammer« in der Leipziger Straße 26. Auch die Stadtansichten, die Ury im März 1928 in Paris malte, stellte Wasservogel postwendend aus. Der Aufenthalt in Paris, an der Stätte erster künstlerischer Erfahrungen, war Urys letzte Reise. Kurz nach seiner Rückkehr erlitt er einen Herzanfall, dessen Folgen ihn an weiteren Unternehmungen hinderten.

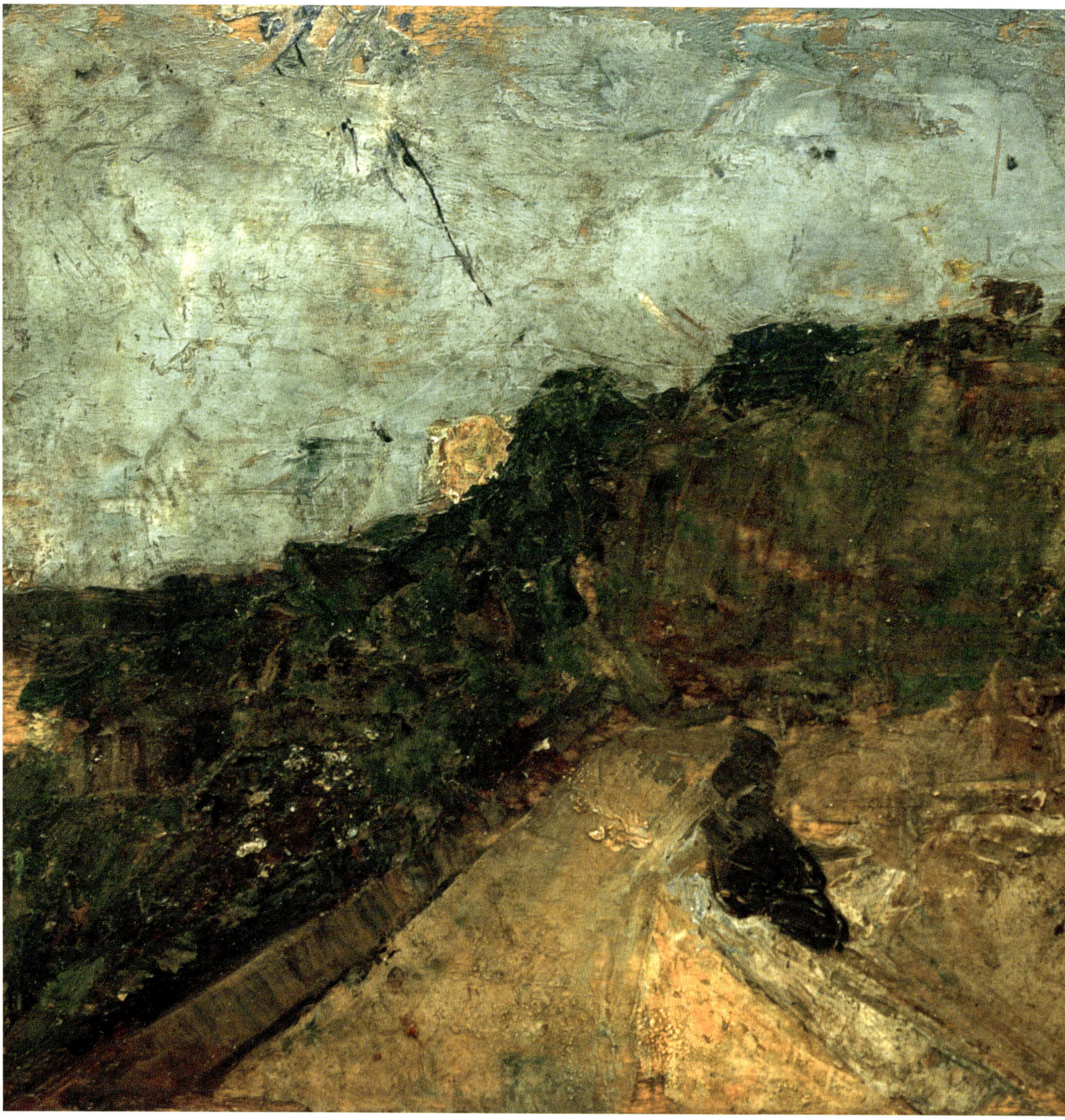

1890 erhielt Lesser Ury den Michael-Beer-Preis der Königlichen Akademie der Künste. Die Auszeichnung beinhaltete eine Zuwendung von 2.250 Mark und ermöglichte jüdischen Nachwuchskünstlern für ein Jahr einen Aufenthalt in Italien. Ury hielt sich vor allem in Rom auf. Am Zielort klassischer Bildungsreisen gab er sich weniger dem akademischen Studium der Antike hin, sondern spürte in erster Linie dem Licht des Südens nach und beobachtete seine Wirkung auf die Farben der Umgebung. Auf dem hier abgebildeten Gemälde fing er offenbar spontan den Eindruck der lichtsatten römischen Landschaft in warmen Ocker-, Braun- und Grüntönen ein. Den titelgebenden »Höhenweg«, die Vegetation, das Gebäude rechts sowie die schwarze Staffagefigur reduzierte er in ihren Formen auf das Nötigste.

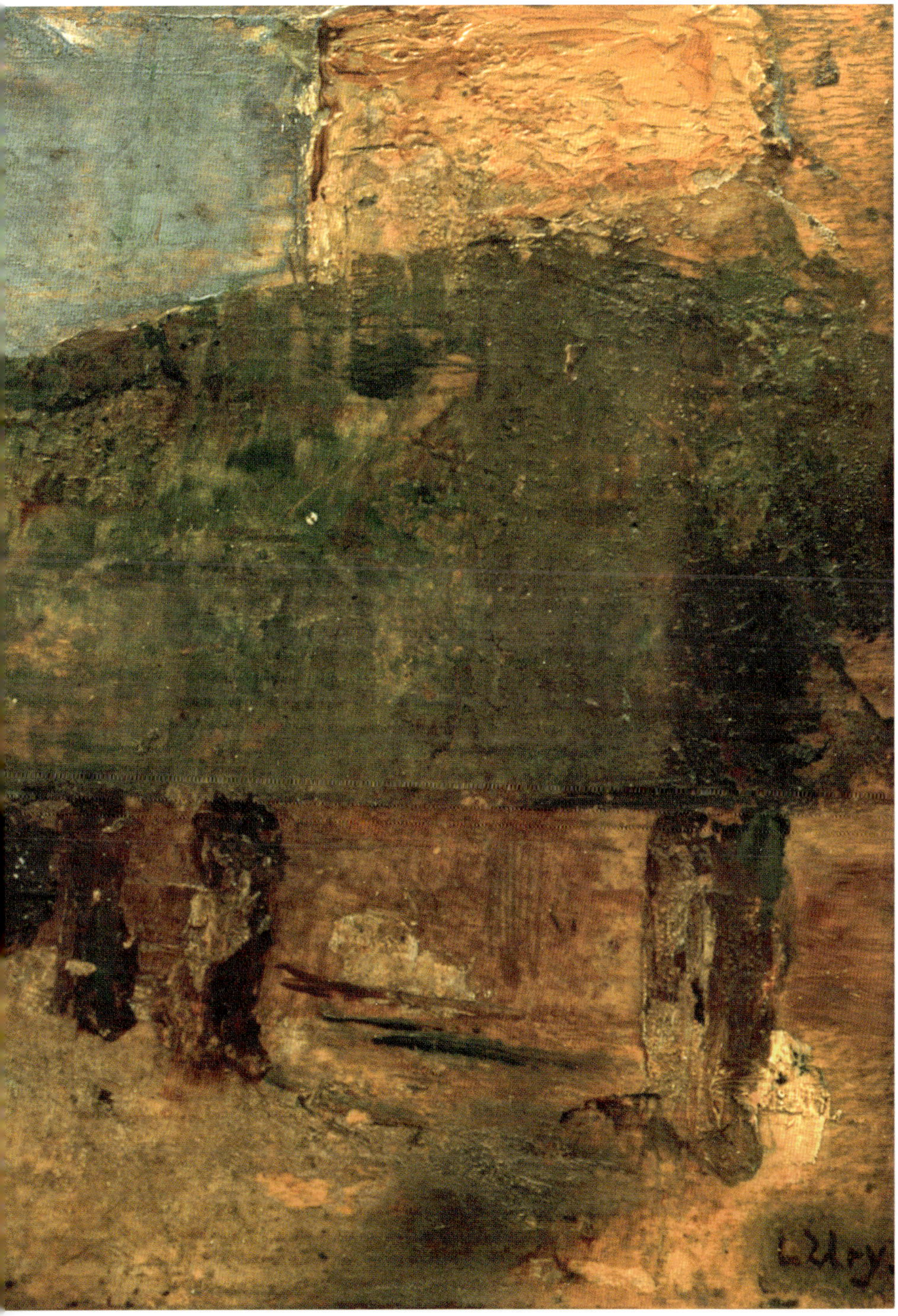

Höhenweg in Rom (Italienische Landschaft), 1890
Öl auf Holz, 13,2 x 22,1 cm, Privatsammlung

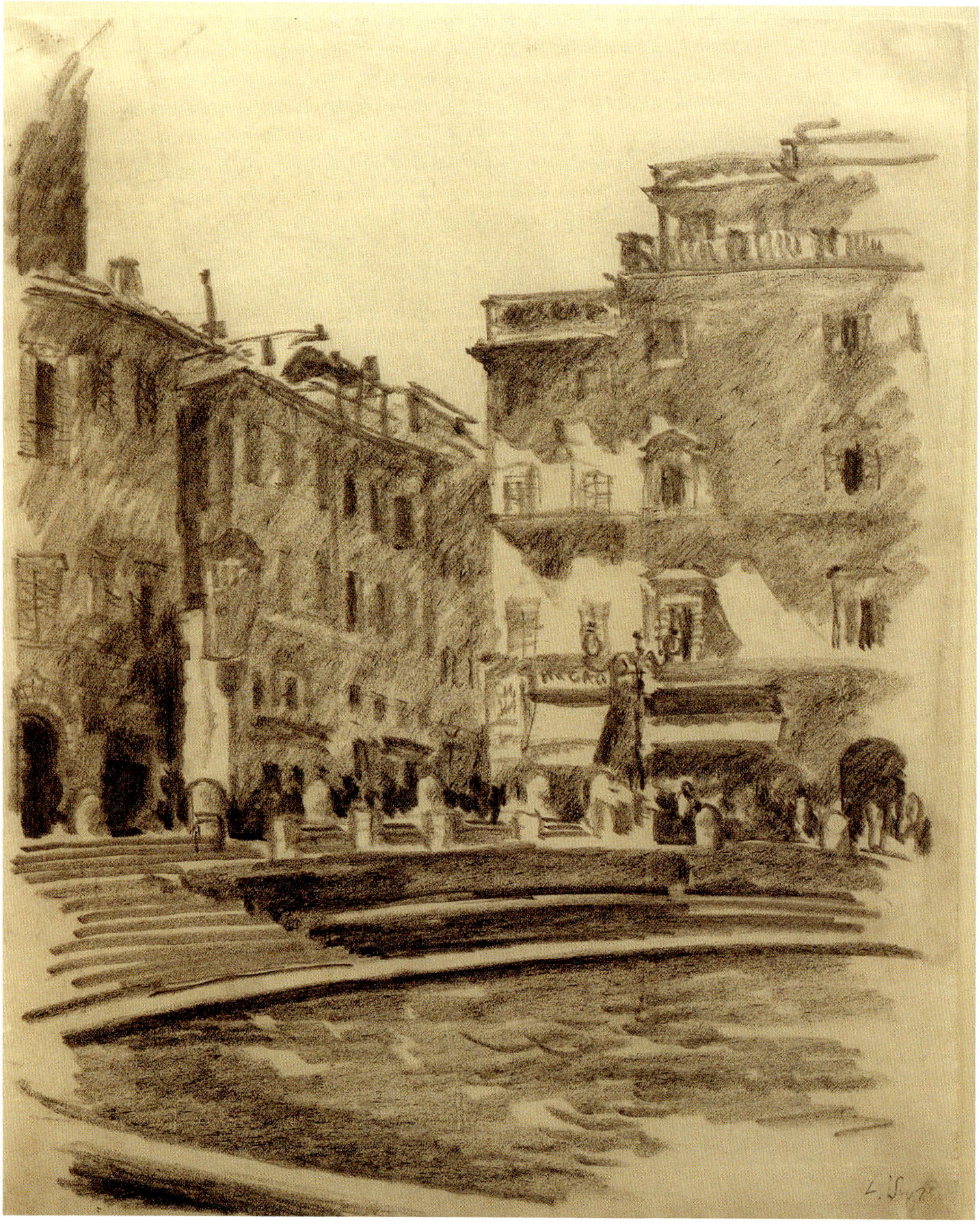

Rom, Piazza di Trevi, 1890
Kohlezeichnung, 40 x 31 cm, Privatsammlung

Bereits im Spätherbst des Jahres 1890 zog es Ury aus Rom, wo ein Stipendium seinen Aufenthalt finanziert hatte, wieder zurück nach Berlin. Zuvor hatte er die Gelegenheit genutzt, die Schönheiten der ewigen Stadt zu studieren. Mit schwarzem Kohlestift skizzierte er die menschenleere südwestliche Ecke der Piazza di Trevi mit Blick in Richtung Via delle Muratte. Den berühmten Trevi-Brunnen, ein Meisterwerk des Barock, mit seinen spektakulären Brunnenfiguren und dem fallenden Wasser sparte er komplett aus. Nur von dem großen Brunnenbecken mit den charakteristischen Treppen und der zweifachen Brunnenbegrenzung ist ein kleines Segment am unteren Bildrand zu erkennen. Urys Augenmerk lag auf der Art und Weise, wie sich das Sonnenlicht auf die Fassaden der umgebenden Häuser und auf das Wasser im Brunnenbecken verteilte. Als weiße Flächen sparte er sie in seiner weichen Kohlezeichnung aus.

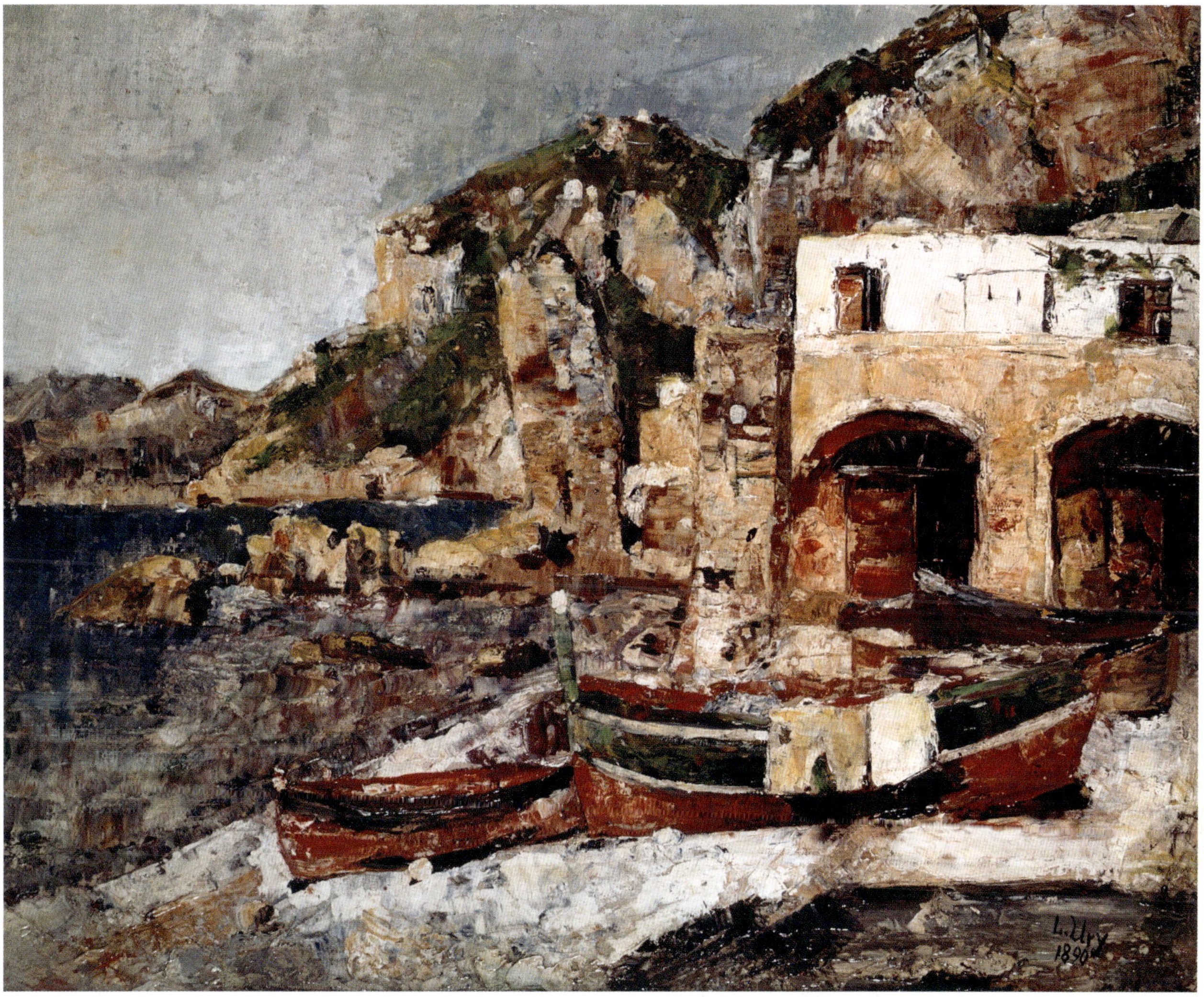

Capri, Piccola Marina (Capri, Strand mit Booten), 1890
Öl auf Leinwand, auf Holz kaschiert, 31 x 37 cm
Privatsammlung

Während seines ersten Italien-Aufenthalts machte Lesser Ury auch einen Abstecher nach Capri. Seit den 1820er Jahren war auf der Felseninsel im Golf von Neapel der Tourismus in Schwung gekommen. Carl Justi, Onkel des späteren Direktors der Berliner Nationalgalerie Ludwig Justi, wusste 1867 bereits von einer Malerkolonie zu berichten. Ob Ury während seines Besuchs der Insel den impressionistischen Maler Max Slevogt getroffen hat, der sich im selben Jahr wie er auf Capri aufhielt, ist nicht überliefert.

Auf Urys Gemälde wirkt alles urwüchsig. Fischerboote und ein Bootshaus in Piccola Marina an der Südseite der Insel bilden den Blickfang. Der Rest ist Felsen, Meer und Himmel. Der Maler betont die sommerliche Atmosphäre der Strandlandschaft. Flecken in warmen Gelb-, Rot- und Brauntönen sowie kleine Flächen in Grün lösen die Konturen von Mauern und Felsen zu einem vibrierenden Farbteppich auf.

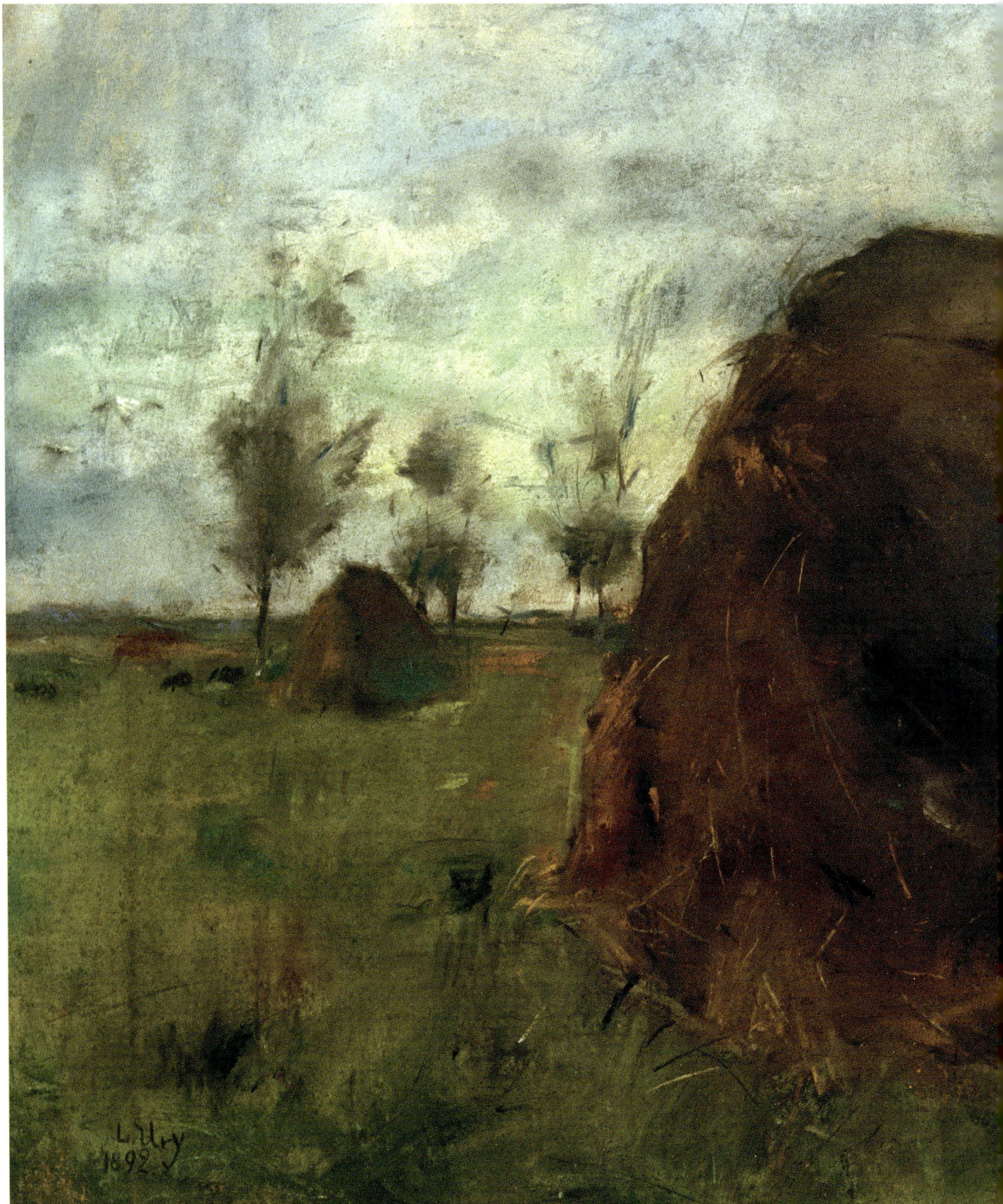

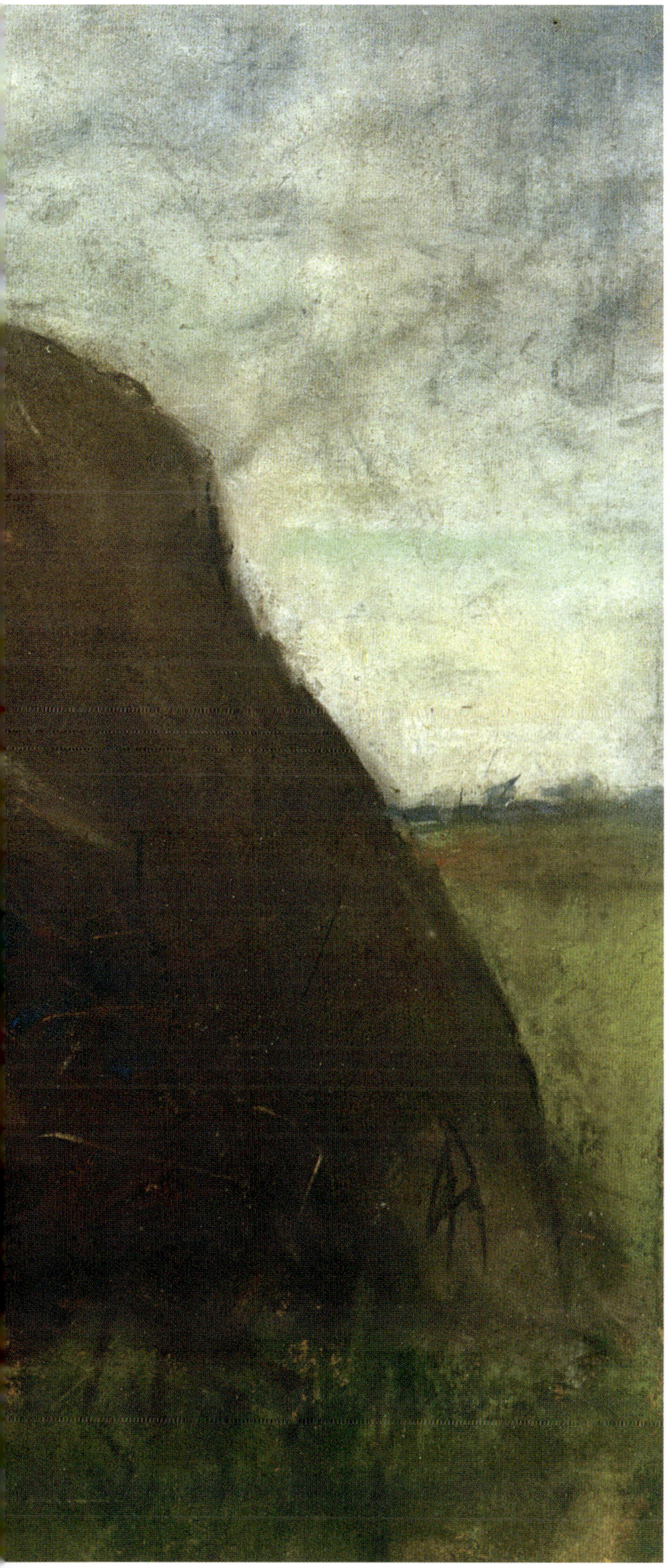

Les Meules (Die Heuhaufen / Heuschober), 1892
Pastell auf Pappe, 34,5 x 46 cm
Privatsammlung

Immer wieder zog es Ury aus der stetig wachsenden Großstadt hinaus in die Natur. Hier entdeckte er das banale ländliche Motiv eines Heuschobers, den er unter Einfluss von reduziertem Tageslicht beobachtete. Er setzt das plastische Bildmotiv mit seiner weichen, ungleichmäßigen Oberfläche ins Gegenlicht und platziert es vor einen Landschaftshintergrund, dessen Horizontlinie das Bild – wenig gefällig – in zwei Hälften teilt. Ob Ury Claude Monets berühmte Serie von Heuschober-Bildern gekannt hat, die der französische Impressionist Ende der 1880er Jahre zu malen begonnen hatte, ist nicht belegt. Sein Bild unterscheidet sich von Monets Ölgemälden schon durch die Technik des Pastells, die besonders fließende Farbübergänge erlaubt. Der Kunstkritiker Adolph Donath schrieb in seiner Monographie von 1921 über Lesser Ury: »Er hört die Musik der Natur, konzentriert ihre Töne in Farben und Farbensymphonien, die voll sind der leisesten Klänge und voll der dunkelsten Akkorde.«

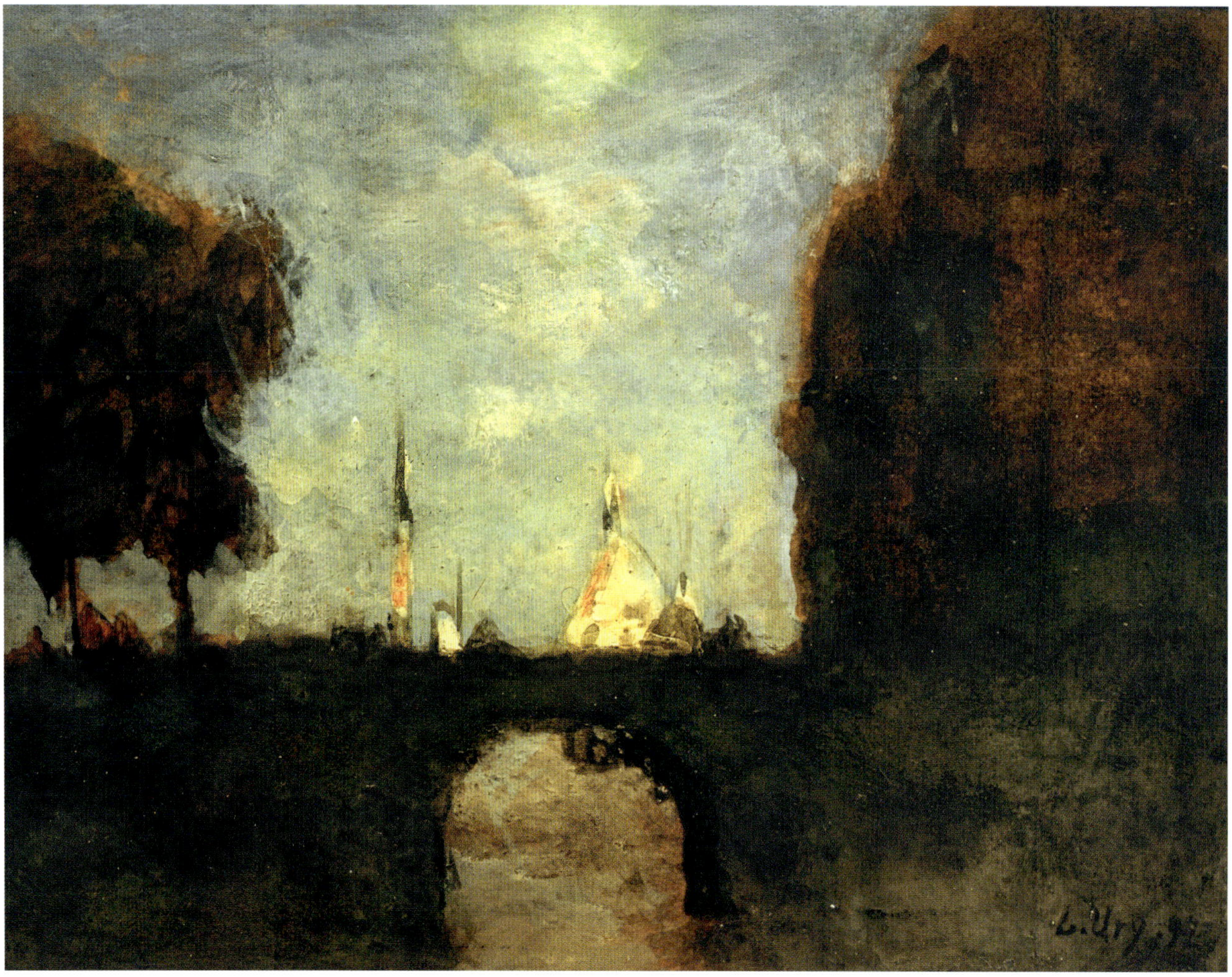

Stadt im Mondlicht (Lübeck im Mondlicht), 1892
Ölskizze auf Karton, 12,8 x 16,9 cm, Privatsammlung

Im Juli 1892 folgte Lesser Ury einer Einladung des impressionistischen Malers Hans Olde und reiste nach Schleswig-Holstein. Er hatte den ihm bis dato unbekannten Kollegen, der in Seekamp bei Friedrichsort lebte, angeschrieben und ihn nach einem Dorf gefragt, wo er ungestört malen könne. Ury steuerte Friedrichsort an, heute ein Stadtteil von Kiel, und zog dann weiter nach Strande an die Ostsee, nördlich von Seekamp. Im August brach er wieder auf und reiste die Ostseeküste entlang bis auf die Insel Rügen nach Göhren. Die winzige Ölskizze soll die Stadt Lübeck zeigen, an der Ury auf dem Weg nach Rügen vorbeigekommen sein könnte.

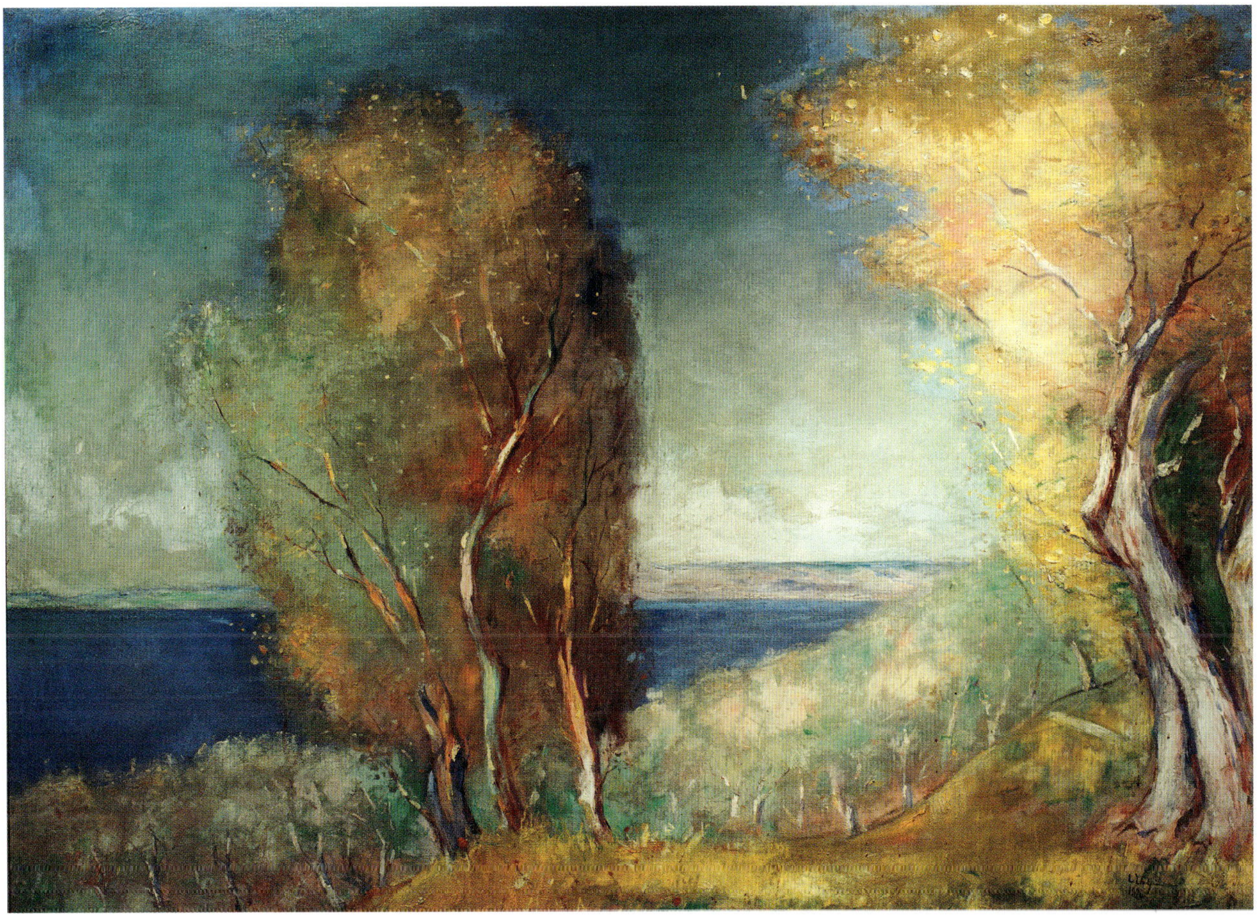

Spätsommerliche Landschaft am Gardasee, 1896
Öl auf Leinwand, 106,5 x 148,5 cm (Zuletzt Kunsthandel)

Spätestens auf seiner zweiten Italienreise, die ihn von Herbst 1891 bis Frühling 1892 zu den oberitalienischen Seen, nach Venedig, Rom und Florenz führte, verliebte sich Lesser Ury in die zauberhafte Landschaft des Gardasees. Bis zum Ende des ersten Jahrzehnts des 20. Jahrhunderts kehrte er immer wieder hierher zurück, um das südliche Licht einzufangen. Auf dem traditionell komponierten Landschaftsbild breitet sich dieses Licht zwischen den schlanken Bäumen wie ein mystisches Strahlen aus, das das spätsommerliche Laub des Baums rechts gelb zum Glühen bringt und die silbrig-grünen Blätter der Ölbäume am Hang nahezu weiß erscheinen lässt. Es scheint absolute Stille zu herrschen. Kein Mensch ist zu erblicken. Allein die Olivenbäume sind Hinweis auf den Eingriff des Menschen in die Natur. Möglicherweise fand Ury sein Motiv am Ostufer des Gardasees, wo an den Hängen des Monte Baldo seit Jahrhunderten Olivenbäume kultiviert werden.

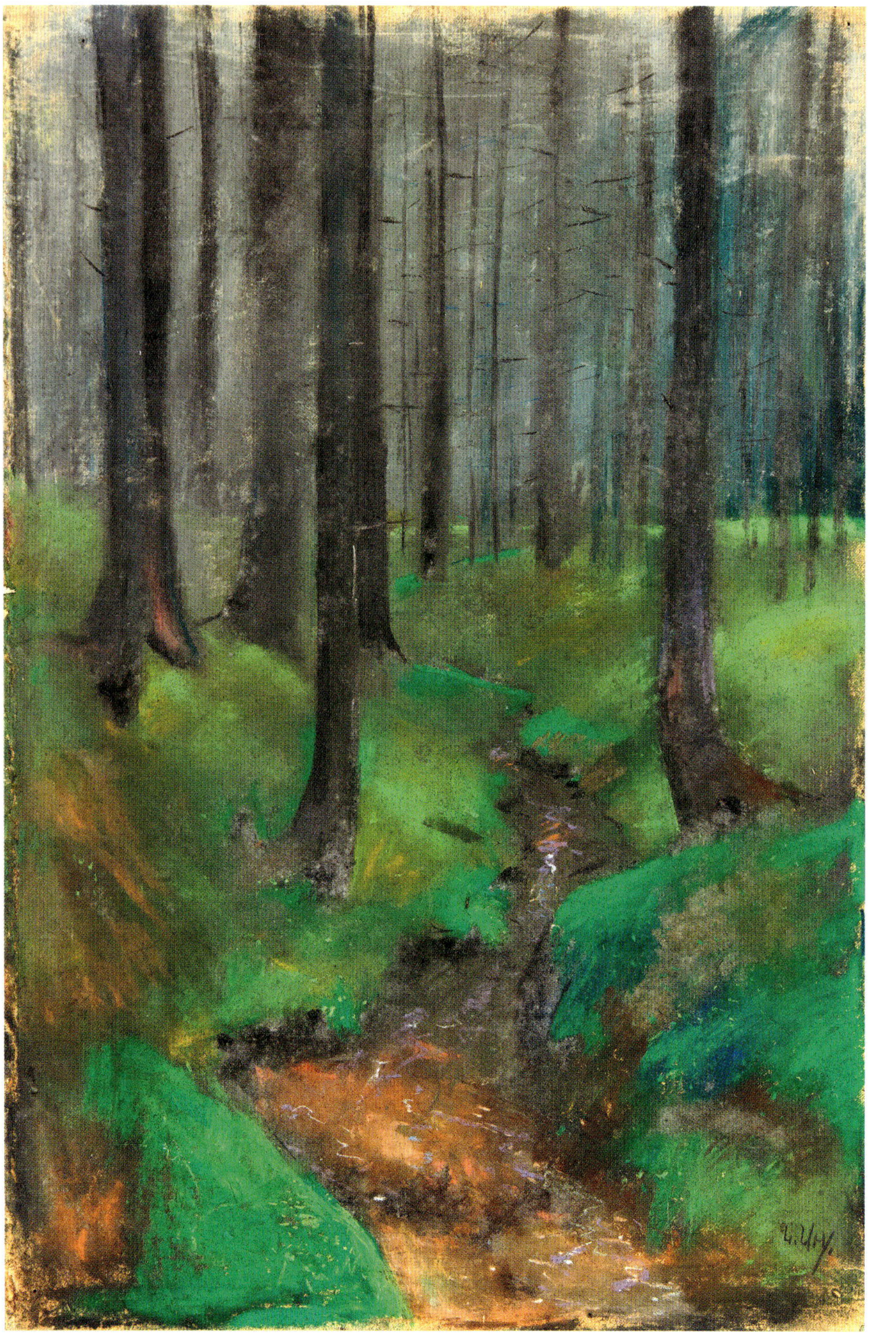

Kiefernwald Thüringen, um 1890
Pastell auf Karton, 50 x 35 cm (Zuletzt Kunsthandel)

Mehrfach bereiste Ury Thüringen, wo er unter anderem in Eisenach und Jena arbeitete. Das Pastell zeigt seinen Blick in einen Kiefernwald. Das Hochformat korrespondiert mit den aufragenden kahlen Baumstämmen; durch die Einnahme eines niedrigen Blickwinkels, der die Kiefern aus leichter Untersicht und ohne Baumkronen wiedergibt, wirkt der Wald so nah, als stünden wir in ihm. Die dunkelgrauen Stämme vorn stehen in einem spannungsreichen Kontrast zum Waldboden, der im Sonnenlicht in vielen verschiedenen Grüntönen leuchtet. Erst auf den zweiten Blick entdecken wir in der Mitte des Bildes einen plätschernden Bach, dessen kristallklares Wasser das Sonnenlicht in zarte Regenbogenfarben bricht. Die waldreiche Landschaft Thüringens faszinierte Ury so sehr, dass er immer wieder dorthin zurückkehrte.

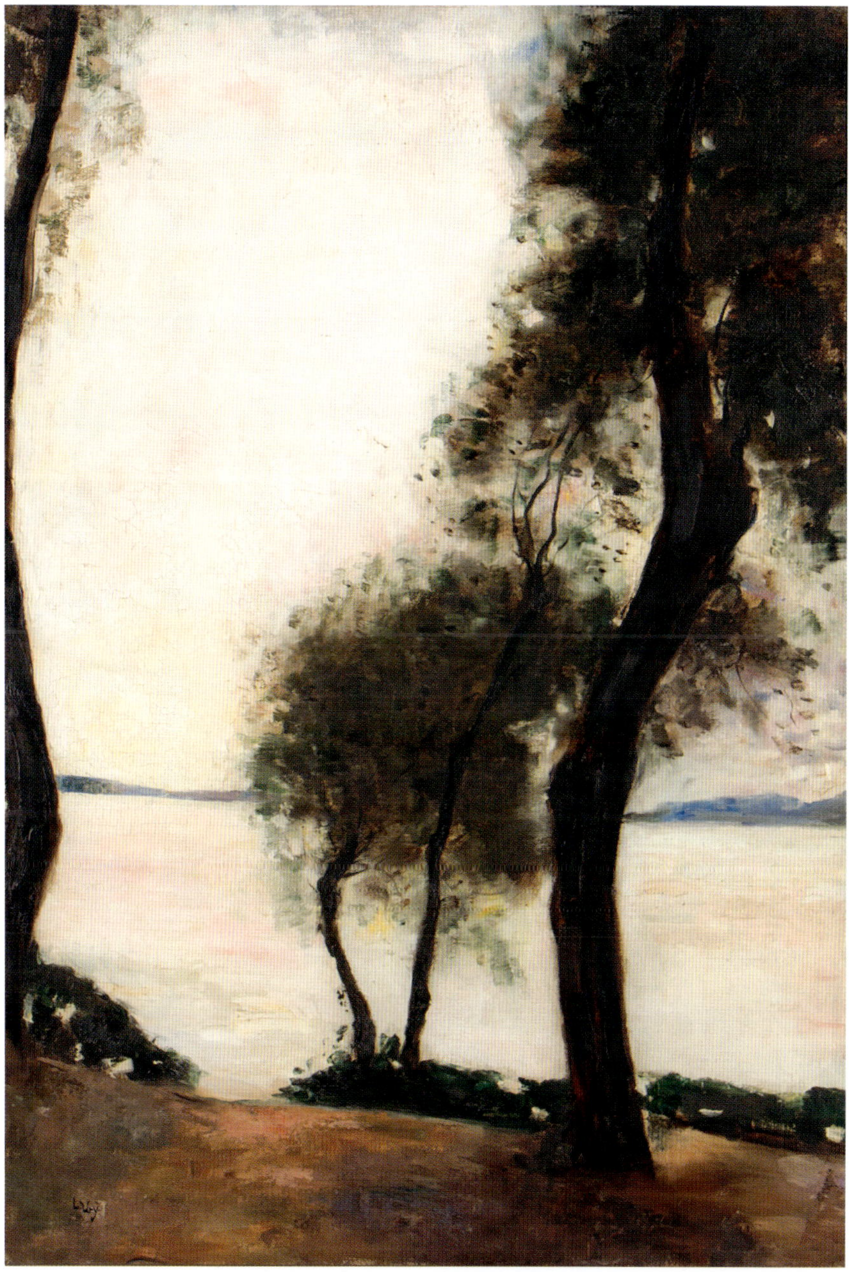

Holsteinische Schweiz (Landschaft in Schleswig-Holstein, Deutschland), 1908
Öl auf Leinwand, 100 x 70 cm, Tel Aviv Museum of Art

Anfang der 1890er Jahre hatte Lesser Ury über den impressionistischen Maler Hans Olde die pittoreske Landschaft Schleswig-Holsteins kennengelernt. 1908 bereiste er die Region erneut und gelangte in die Holsteinische Schweiz, ein von Seen geprägtes Gebiet zwischen Lübeck und Kiel, wo er dieses Landschaftsbild malte. Der Künstler richtete sein Augenmerk auf die Rhythmisierung der knorrigen Baumstämme, die sich wie tanzend dunkel von dem blassen See und dem bedeckten Himmel absetzen. Nur am oberen Bildrand und am Horizont hellen blitzblaue Streifen und Farbtupfer das Gemälde auf.

Das Landschaftsbild gehörte eine Zeit lang dem Sammler Emil Hirsch. Dort sah es Carl Schapira, Vorstandsmitglied beim Nachrichtentechnik-Konzern Telefunken. Schapira begeisterte sich für die Gemälde von Lesser Ury und wurde zu einem der wichtigsten Sammler seiner Werke.

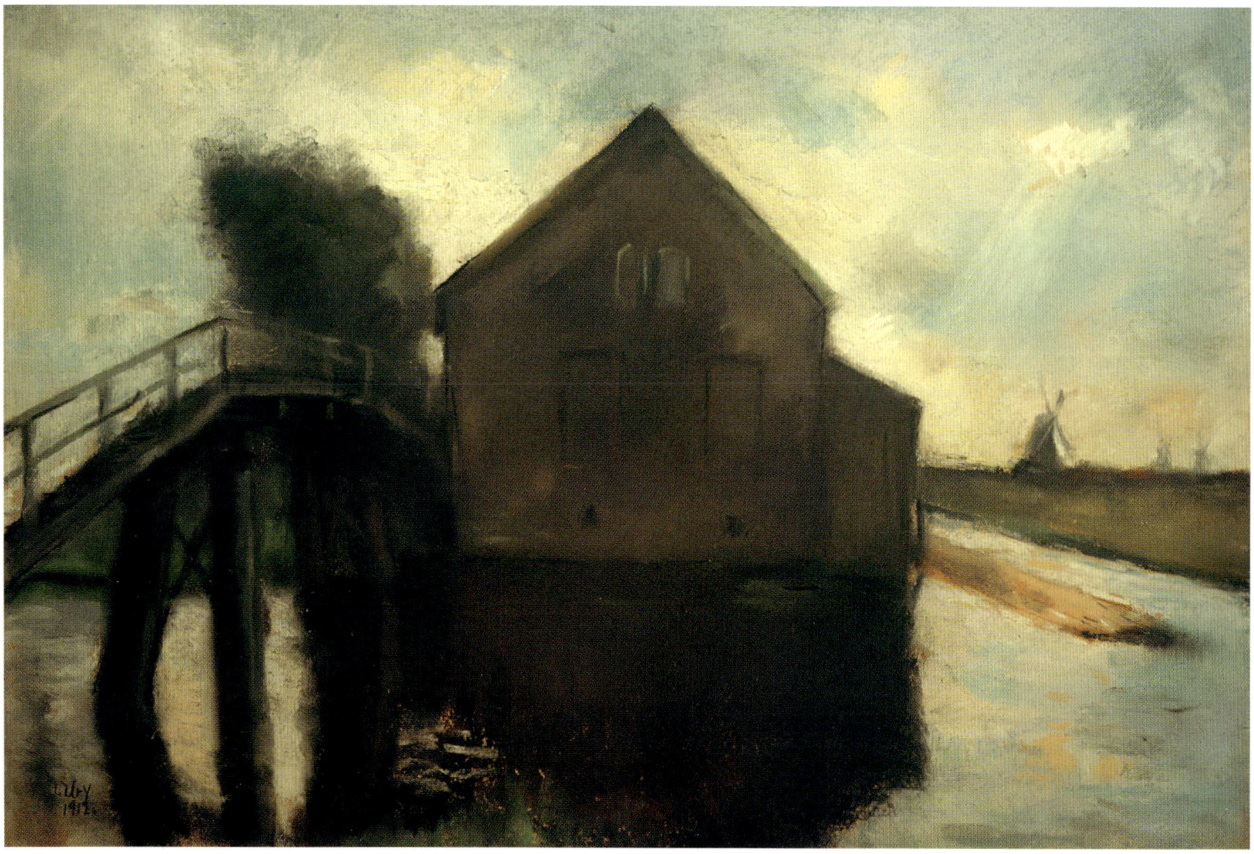

Niederländische Landschaft mit Windmühlen, 1912
Pastell auf Pappe, 34 x 49,5 cm, Privatsammlung

In seinen menschenleeren, stimmungsvollen Landschaftsbildern interessierten Lesser Ury vor allem die Phänomene des Lichts. Bei diesem Pastell reizte ihn vermutlich der Kontrast der im Gegenlicht dunkel erfassten Brücke und der Hausfassade mit dem Sonnenschein und Sommer verheißenden Morgenhimmel: Die dunkle Spiegelung von Brücke und Haus auf der Wasseroberfläche des Flusses, die den Anteil dunkler Farben im Bild verdoppelt, trifft hart auf den in zarten Pastelltönen gemalten Himmel und den Landschaftsabschnitt rechts. Ury malte das Bild während seiner Reise nach Holland im Jahr 1912, wo es ihm besonders die Windmühlen angetan hatten. Hier erscheinen sie nur klein in der Ferne.

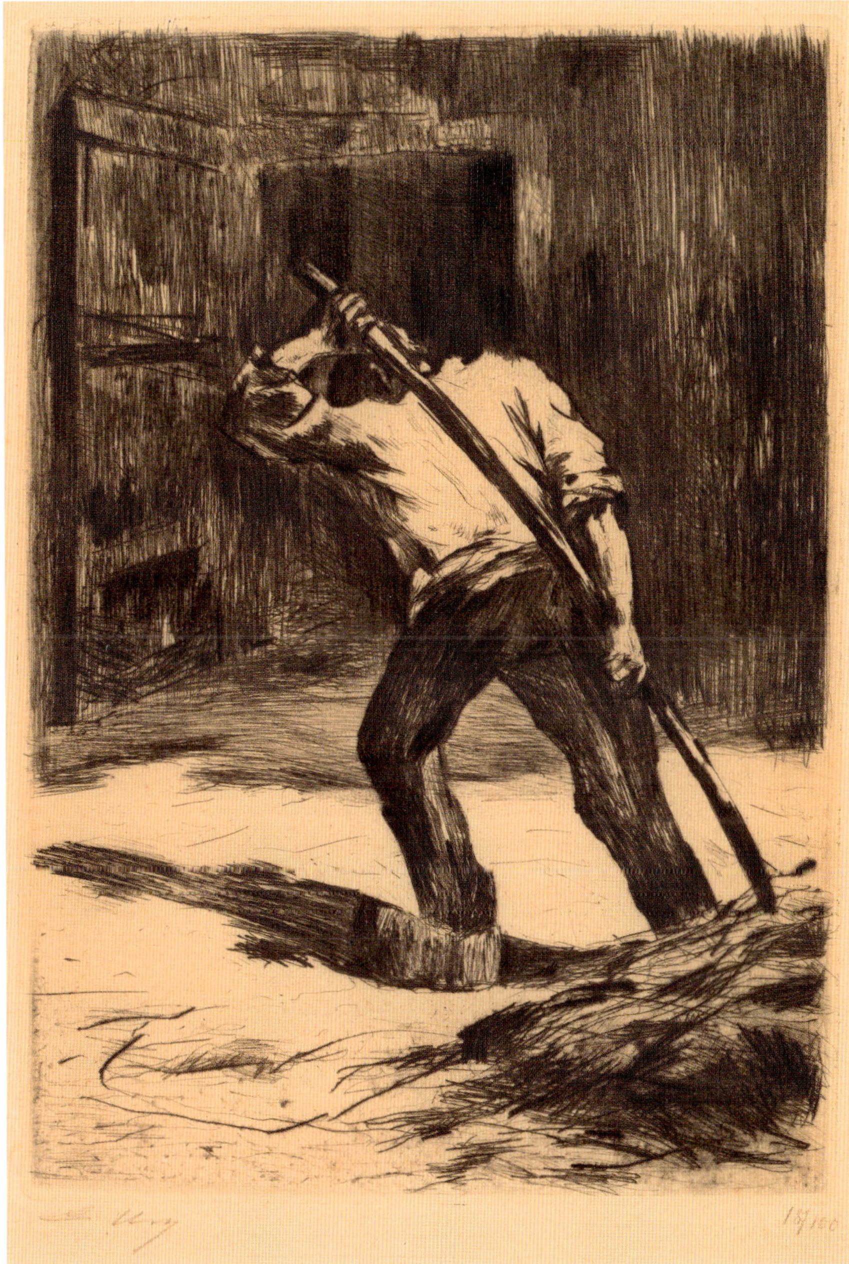

Auf der Tenne, 1923
Radierung, 20,9 x 14,9 cm; auf 34 x 35 cm (Bütten), aus: Holländische Motive
Euphorion Verlag, Berlin 1922, National Gallery of Art, Washington, Inv.-Nr. 2012.92.492

Zehn Jahre nach seinen holländischen Reisen 1912/13 veröffentlichte Lesser Ury im Euphorion Verlag sieben Radierungen mit holländischen Motiven in einer gleichnamigen Grafikmappe. Neben Landschaftsansichten umfasste die Mappe auch Blätter, auf denen arbeitende Mägde und Knechte die Hauptmotive sind und nicht nur als Staffagefiguren fungieren. Dazu gehört diese Radierung. Darstellungen der arbeitenden Landbevölkerung zählten schon zum Repertoire der Künstler von Barbizon, die in den 1830er Jahren in den Wäldern von Fontainebleau in Frankreich malten und in diesen Darstellungen ihre Vorstellung vom einfachen, wahren Leben ausgedruckt fanden. Ury zeigt den auf der Tenne schuftenden Mann hingegen ungeschönt und aus nächster Nähe in einem nicht idealisierten Bewegungsmotiv, das uns seine Mühsal vor Augen führt.

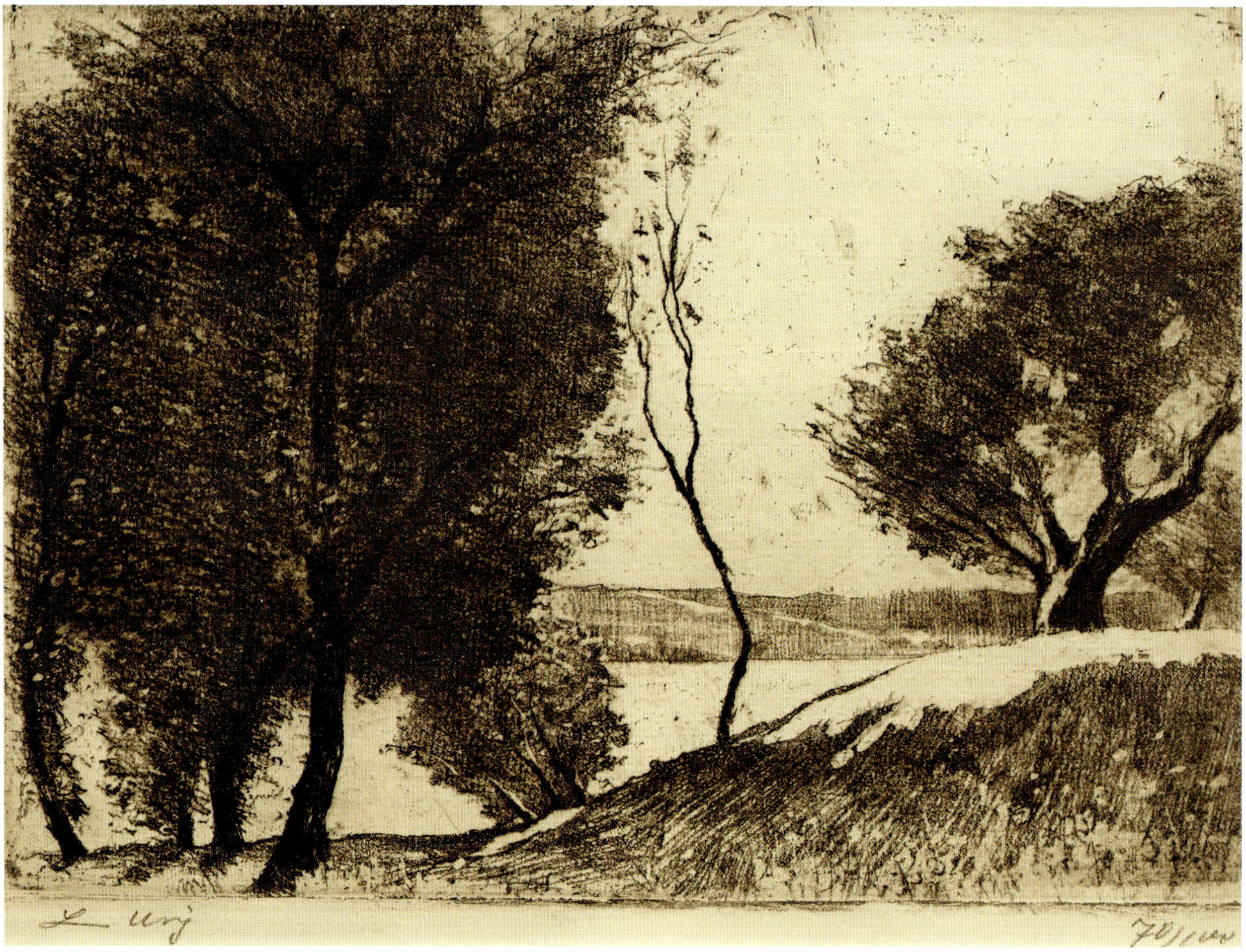

Baumbestandenes Ufer am märkischen See, 1919
Radierung, 14,4 x 20,6 cm; auf 23,9 x 32,1 cm (Japanpapier), Privatsammlung

Nahe gelegene Zufluchtsorte vor dem anstrengenden Großstadtleben waren für Lesser Ury die Seen, Flüsse und Wälder der Mark Brandenburg. Sie lieferten ihm Inspirationen zu seinen zahlreichen radierten Landschaftsbildern. In der Regel wählte er menschenleere Landschaftsausschnitte mit Gewässern, auch Bäume sind stets wiederkehrende Motive. Obwohl die Fotografie bereits ihren Siegeszug angetreten hatte, herrschte noch immer Nachfrage nach verhältnismäßig preiswerter Druckgrafik. Die Technik der Radierung, mit der feinste Nuancen wiedergegeben werden können, wurde zu einem von Ury bevorzugten Ausdrucksmittel.

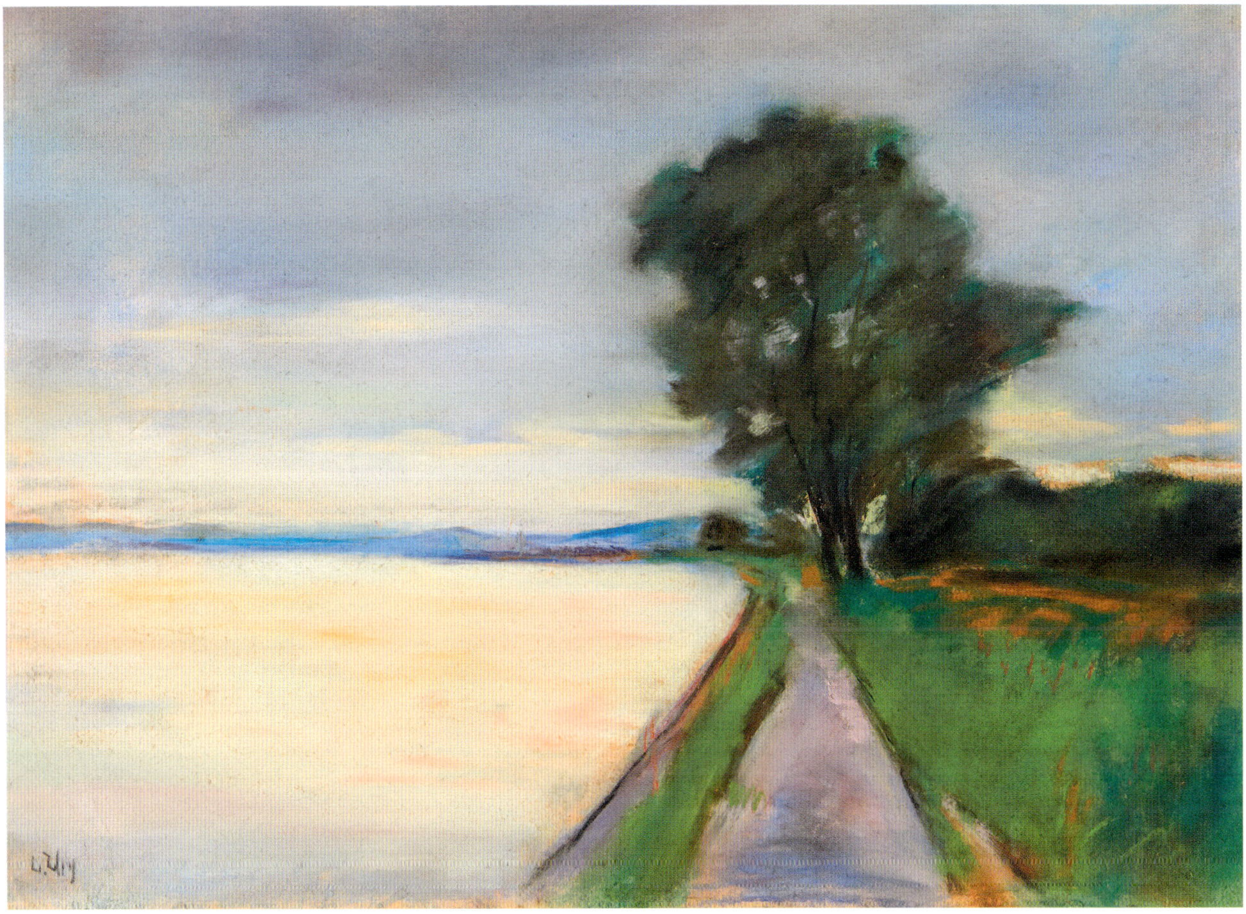

Baumgruppe am Rheinufer (Ein Uferweg), 1924
Pastell auf Velin, auf Karton aufgezogen, 35,5 x 51 cm (Zuletzt Kunsthandel)

Das Pastell ist eines der Bilder, die Lesser Ury während einer Reise an den Rhein in den frühen Zwanzigerjahren malte. Ein Freund hatte ihn eingeladen, mehrere Wochen auf dem westlich von Wiesbaden gelegenen Schloss Reichartshausen zu verbringen. Hier entstanden einige sonnige Ansichten von Schloss und Schlosspark, von Rheinufer und Burgen der weiteren Umgebung. Ludwig Justi, der Direktor der Berliner Nationalgalerie, beschloss, die Bilder 1924 im Berliner Kronprinzenpalais auszustellen. Erst ein Jahr zuvor hatte er als erster deutsche Museumsdirektor überhaupt Bilder von Ury angekauft. Über die Ausstellung im Kronprinzenpalais berichtete der Kunstkritiker Adolph Donath: »Niemals ist es einem Impressionisten geglückt, die Romantik des Rheins so natürlich zu erfühlen, sie ohne jegliches romantische Übermaß zu gestalten, wie dem 63jährigen Lesser Ury.«

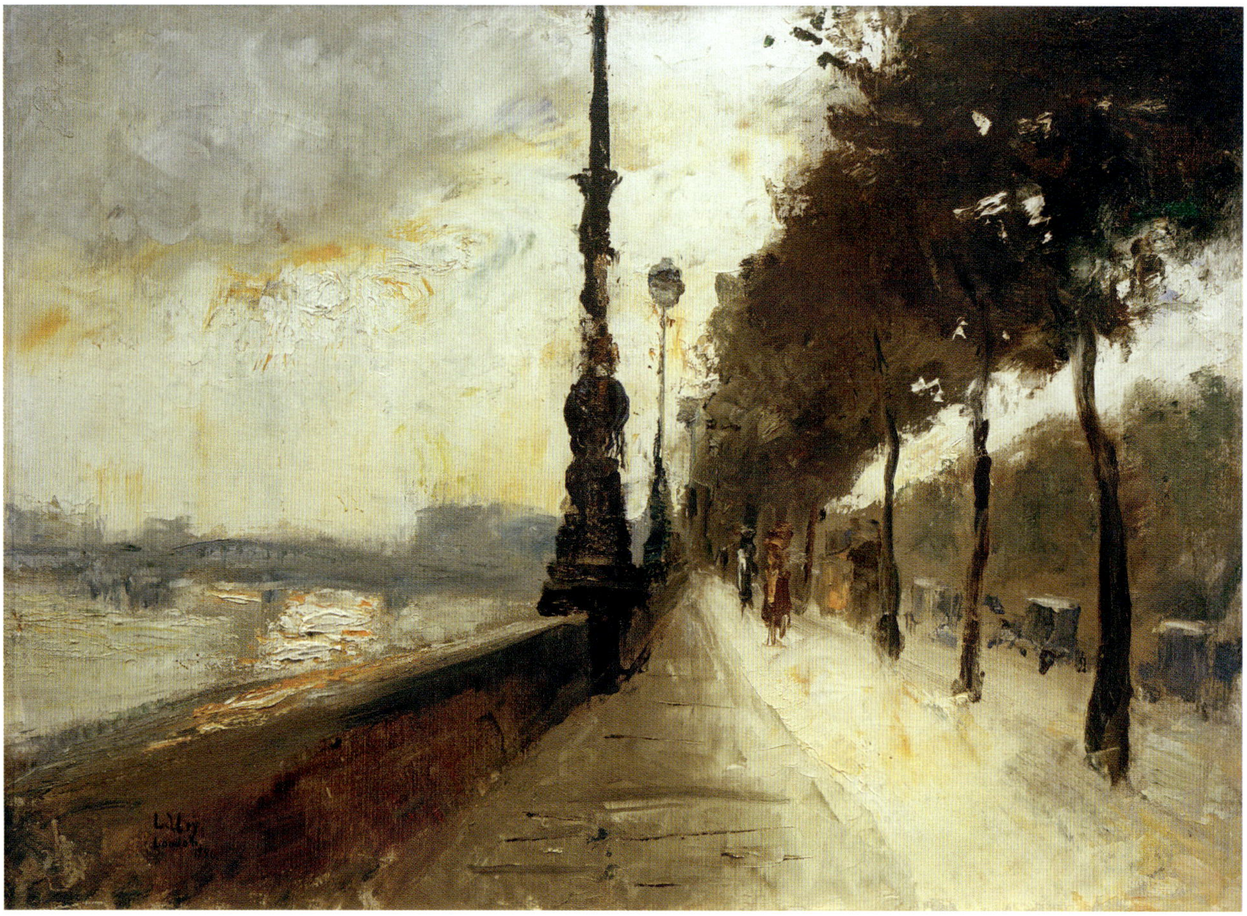

Waterloo-Brücke bei durchbrechender Sonne, 1926
Öl auf Leinwand, 50,2 x 70,5 cm, Privatsammlung

»Das ist ja Ury«, sollen zwei Bekannte des Malers ausgerufen haben, als sie in London vor Bildern William Turners standen. Der damals längst verstorbene Turner wurde für seine atmosphärischen Lichtdarstellungen gefeiert, unter anderem der Themse und der Waterloo Bridge. Kurz vor seinem 65. Geburtstag im Herbst 1926 verwirklichte Lesser Ury seinen lang gehegten Wunsch und unternahm eine Reise nach London. Er bezog Quartier im vornehmen Hotel Cecil am Victoria Embankment unweit der hier dargestellten Waterloo Bridge. Ury fand eine eigene Interpretation des Motivs, das neben William Turner auch bereits John Constable und Claude Monet gemalt hatten. Einen großen Teil der Komposition dominiert der Uferdamm entlang der Themse. Links im Hintergrund des Gemäldes verschwimmen die Konturen der Brücke im graublauen Londoner Nebel, die Spiegelung der die Wolken durchbrechenden Sonne auf dem Fluss ist mit kräftig gelben, pastosen Pinselzügen gesetzt.

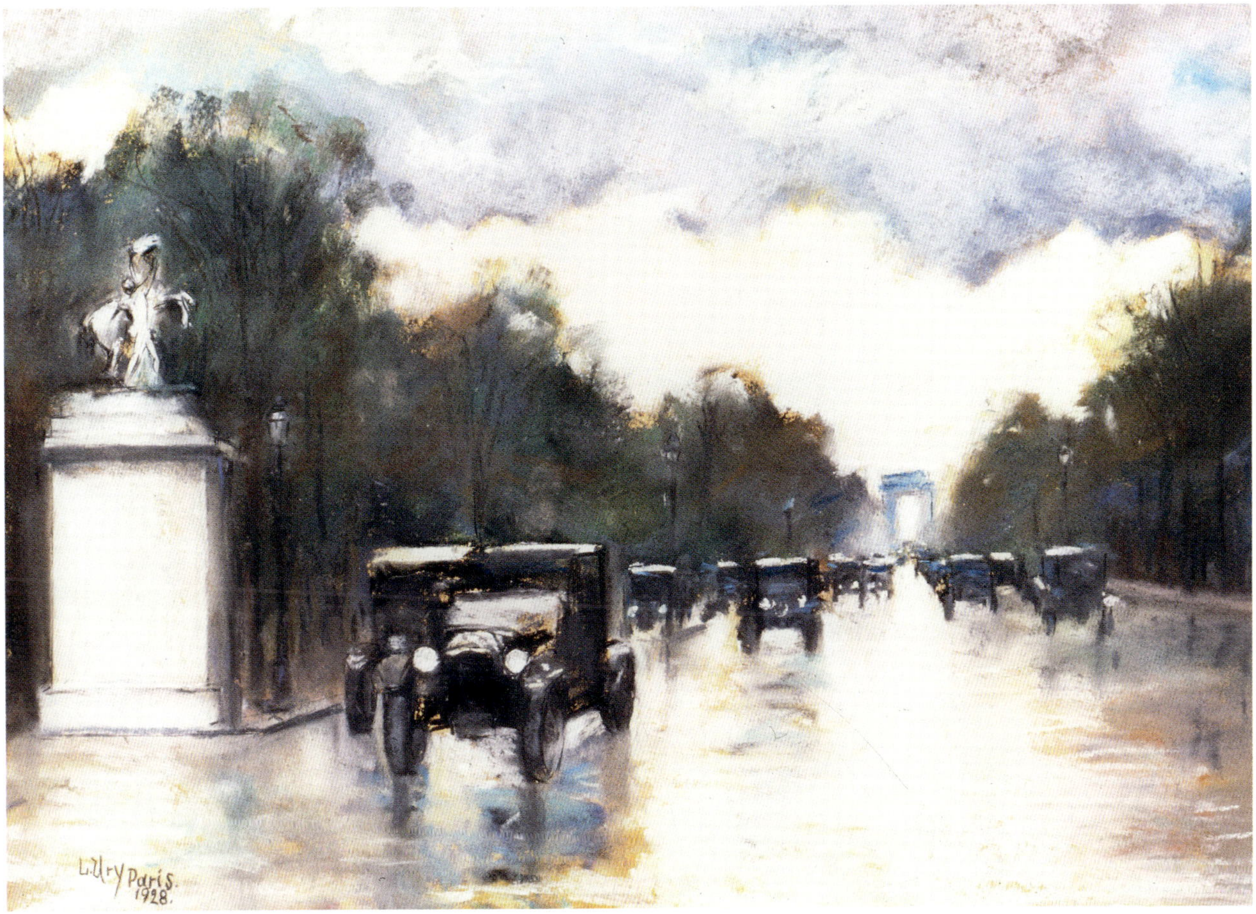

Die Champs-Élysées (Blick zum Arc de Triomphe), 1928
Pastell auf Papier, 35,6 x 49,5 cm (Zuletzt Kunsthandel)

Ury hatte bereits als junger Mann eine Zeitlang in Paris gelebt und reiste gut drei Jahre vor seinem Tod noch einmal in die französische Kunstmetropole. Ähnlich wie in Berlin nahm er nun auch in der französischen Hauptstadt die berühmten Plätze und Boulevards in den Fokus. Die Avenue des Champs-Élysées gehörte als Prachtstraße und Einkaufsmeile von Adel und Großbürgertum dazu. Lesser Ury malte sie aus unterschiedlichen Blickwinkeln zu unterschiedlichen Tageszeiten. Die hier gezeigte Momentaufnahme atmet die silbrig klare Luft eines Frühlingsmorgens. Die »Champs«, die als Teil der Axe historique die Place de la Concorde mit der Place de l'Étoile, der heutigen Place Charles de Gaulle, verbindet, ist in kühle, zarte Pastelltöne getaucht. Aus der Ferne, in der der Arc de Triomphe zu sehen ist, preschen schwarze Automobile auf den Betrachter zu. Der Standort des Malers muss sich auf der Place de la Concorde befunden haben.

Eiffelturm, 1928
Pastell auf Pappe, 35 x 49,5 cm
Privatsammlung

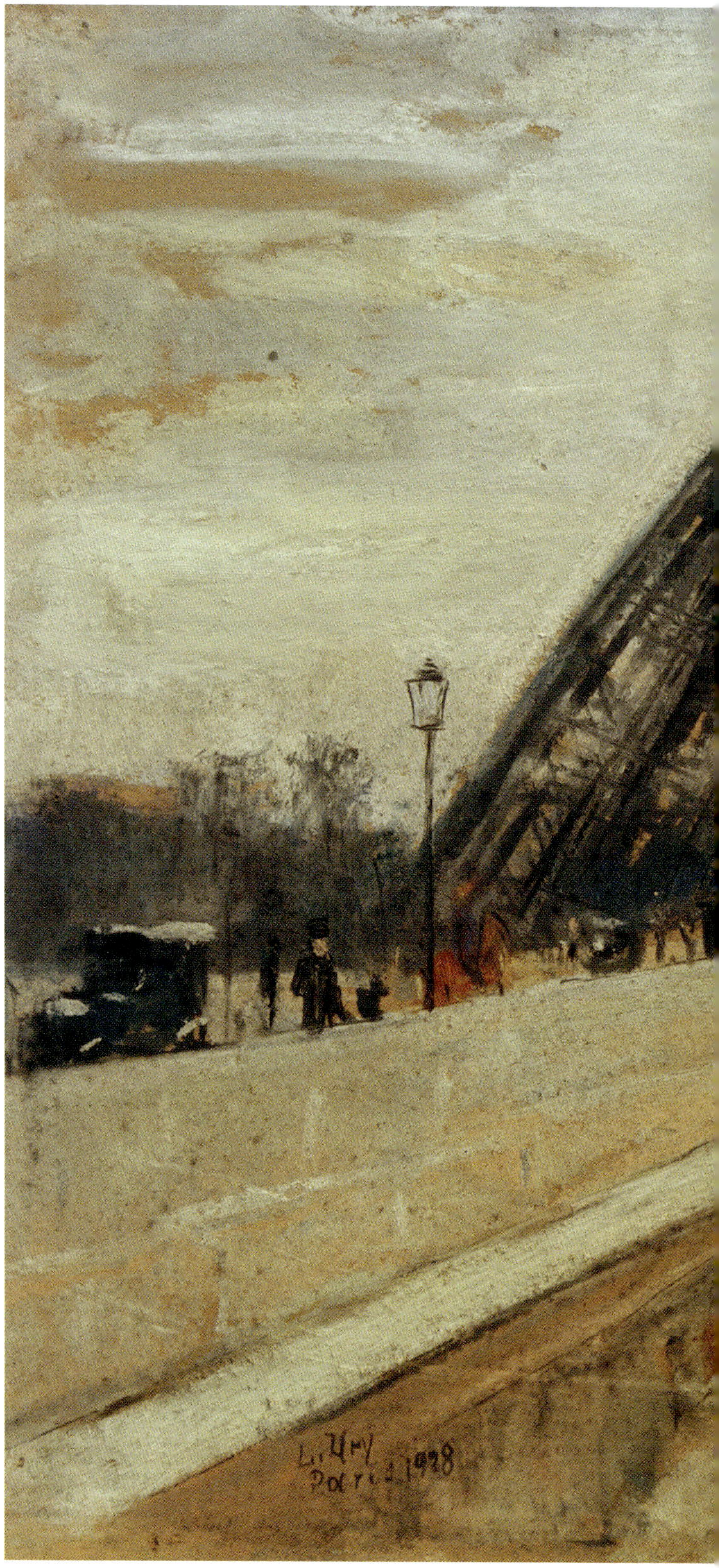

Der von Gustave Eiffel für die Weltausstellung 1889 in Paris errichtete Eisenfachwerkturm hatte sich schnell zu einer weltberühmten Sehenswürdigkeit entwickelt. Auf dem Pastell huldigte Ury nicht der Höhe des Turms, der mit gut 300 Metern mehrere Jahrzehnte lang als das höchste Bauwerk der Welt galt. Stattdessen wählte der Künstler einen Bildausschnitt, der die Architekturikone oberhalb der ersten Plattform kappt. Brutal durchschneidet der Maler die Ansicht mit dem Pont d'Iéna. Die in Form eines spitzen Dreiecks flüchtende Brüstung der Steinbogenbrücke verläuft diagonal durch das Bild und lässt die Passanten und das kleine Dampfschiff zu Randerscheinungen werden. Das in seiner Komposition radikale, mit zügigen Strichen gemalte Bild wurde wenige Wochen nach seiner Entstehung in der »Kunst-Kammer« des Galeristen Martin Wasservogel gezeigt. Zu Urys Lebzeiten fand sich jedoch kein Käufer.

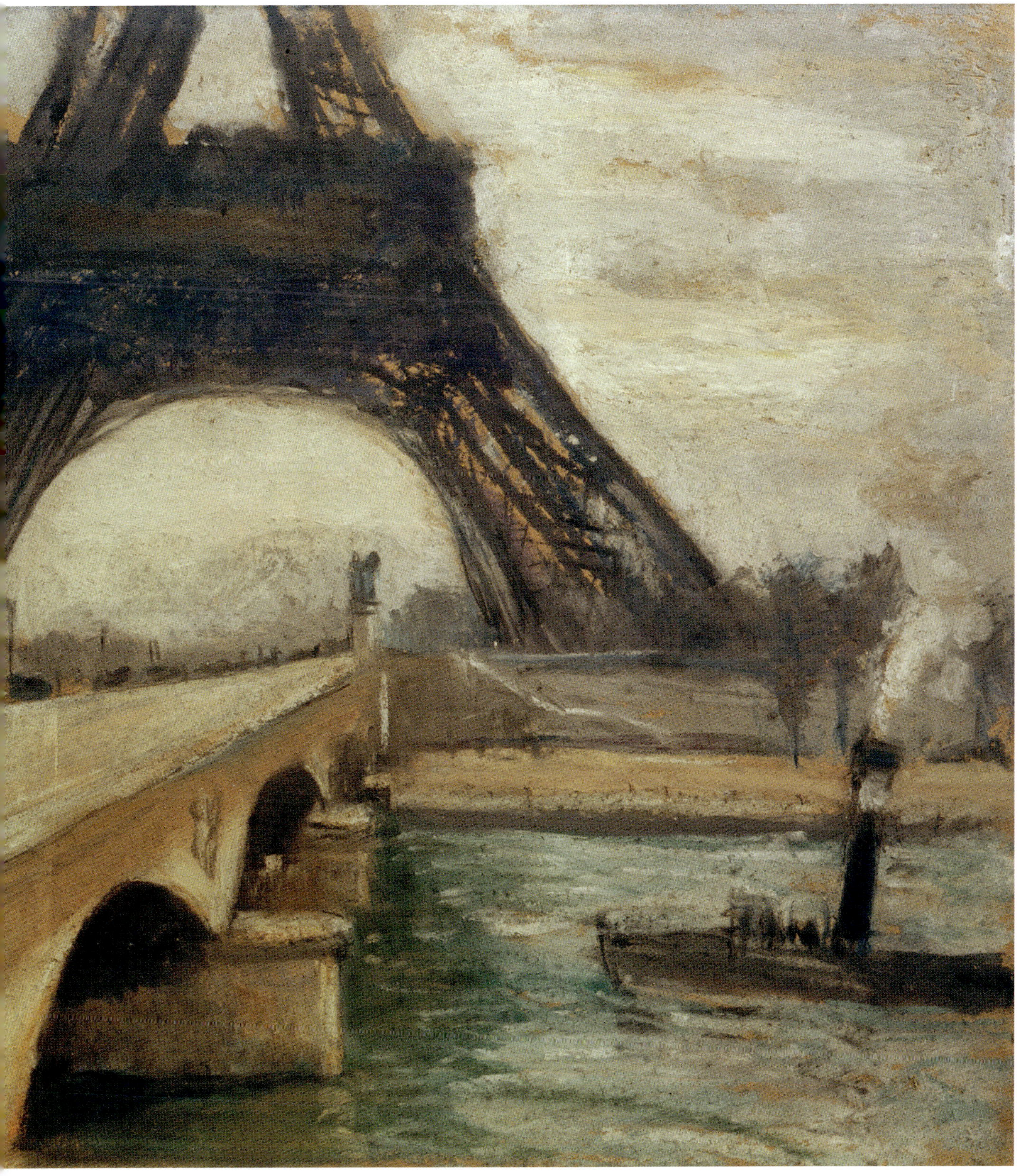

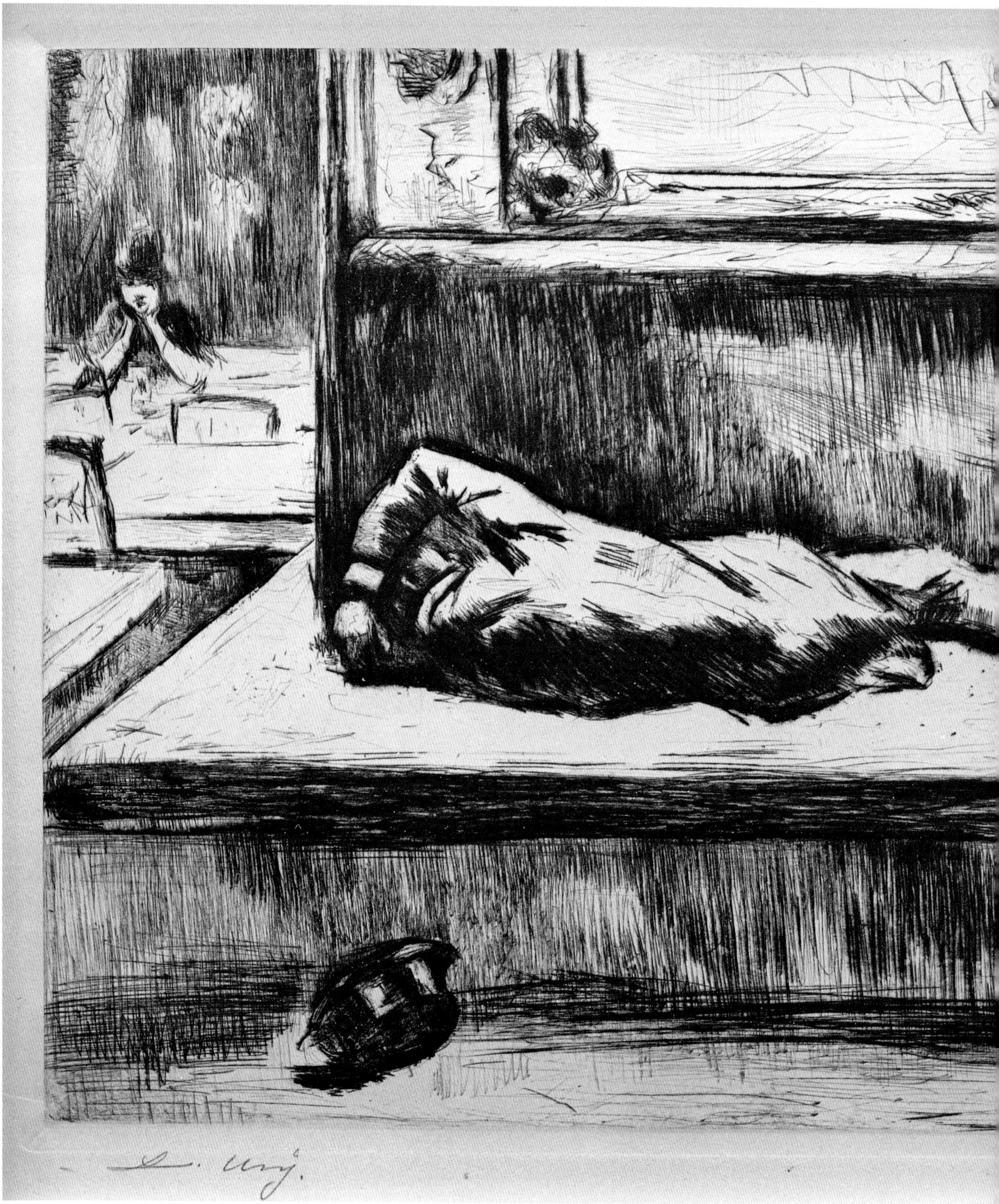

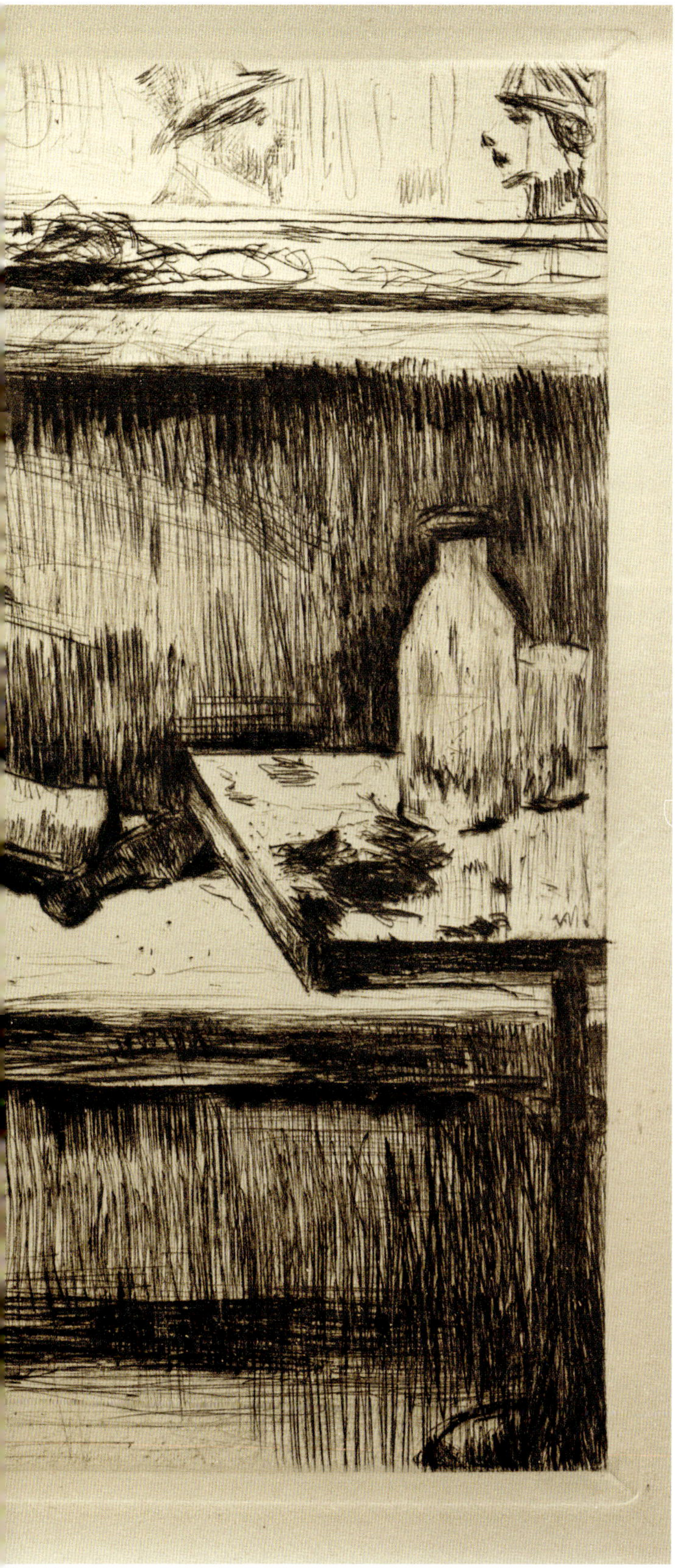

Der Absinthtrinker, Paris, um 1920
Radierung, 19,7 x 27,7 cm; auf 31,4 x 45,6 cm
Privatsammlung

Als junger Mann hatte Lesser Ury für ein Jahr in der Kunstmetropole Paris gelebt, wo er die aktuellen Tendenzen in der Malerei studierte. Das Motiv des Trinkers mochte er in einem der berüchtigten Pariser Nachtcafés gefunden haben. Eine mit Kohlestift ausgeführte Zeichnung war die Grundlage für ein 1882 datiertes Gemälde. Jahrzehnte später nahm er seine Bildidee erneut auf. Dem Titel des Blattes zufolge ist der Herr der Wirkung des Absinths erlegen. Das stark alkoholhaltige Trendgetränk von grüner Farbe wurde mit Wasser vermischt konsumiert, das sich in der Karaffe auf dem Tisch rechts befindet. Bereits Édouard Manet, Edgar Degas und Pablo Picasso hatten männliche und weibliche Absinthtrinker zum Motiv gemacht. Lesser Ury ging mit seinem »Absinthtrinker« über frühere Darstellungen hinaus, indem er die Auswirkung des Alkohols drastischer vor Augen führte: Unter völligem Verlust der Selbstkontrolle hat sich der Herr auf der Sitzbank eines Cafés ausgestreckt und schläft seinen Rausch aus.

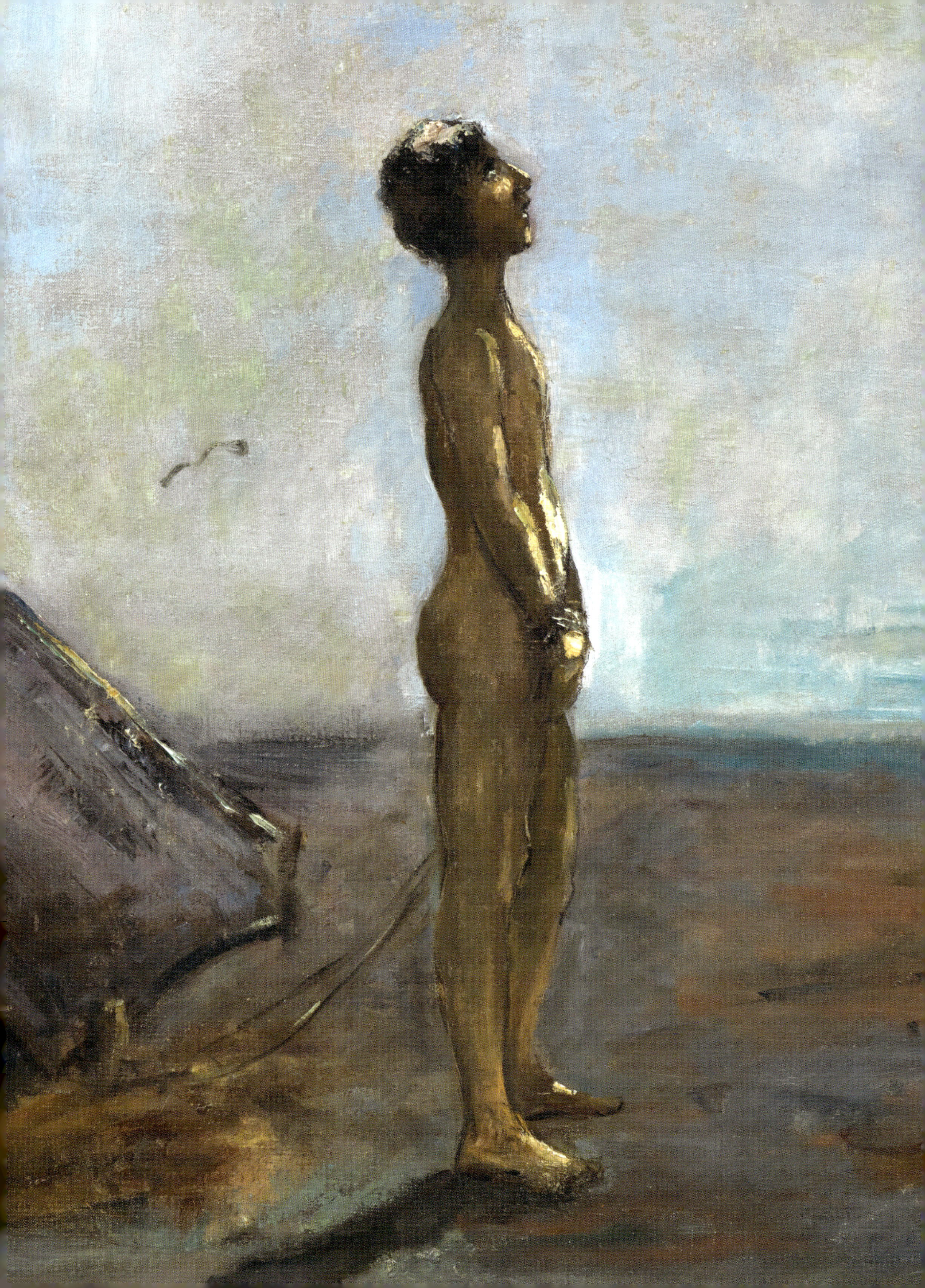

Judentum

»Die einzigen wirklich guten Bilder, die ich gemalt habe, sind die frühen biblischen!«

(Lesser Ury an seinem 65. Geburtstag am 7. November 1926)

Als Sohn einer frommen jüdischen Familie setzte sich Lesser Ury in seinem künstlerischen Schaffen immer wieder mit seiner Identität als Jude auseinander. Bereits während seines Studiums an der Académie des Beaux- Arts in Brüssel nutzte er das geräumige Atelier, das ihm sein Lehrer Jean-François Portaels zur Verfügung gestellt hatte, um das großformatige Gemälde »Jakob segnet Benjamin« zu malen. Ury soll es später – wohl aus Platzmangel – selbst zerstört haben. In Berlin malte er in dichter Folge mit »Jerusalem« (1896), »Jeremias« (1897), dem Triptychon »Der Mensch« (1898) und »Adam und Eva nach der Vertreibung aus dem Paradies« (1899) weitere Monumentalbilder mit biblisch-philosophischer Thematik. Dazu bediente er sich einer ganz eigenen, vom Symbolismus beeinflussten neuen Bildsprache. Auch die erste Grafikmappe, die er im Verlag für Jüdische Kunst und Kultur Fritz Gurlitt Berlin herausbrachte, widmete er »Biblischen Gestalten«. Zudem wurde Ury von jüdischen Institutionen und Mitgliedern der Jüdischen Gemeinde beauftragt, Gebäude mit Szenen aus der Bibel auszustatten. Für das Wohnhaus der Familie Minden in der Berliner Kleiststraße 1 etwa schuf er das Deckengemälde »Moses beschwört die Finsternis«, ein Geschenk Franka Mindens an ihren Mann Georg. Das Haus wurde im Zweiten Weltkrieg zerstört. Franka Minden hatte es bereits 1936 verkaufen müssen und sich nach dem Novemberpogrom 1938 das Leben genommen.

Um die Jahrhundertwende ergaben sich Kontakte zu Persönlichkeiten, die sich für die Erneuerung der jüdischen Kunst und Kultur einsetzten, darunter die Grafiker Hermann Struck, der Ury die Technik des Druckens nahebrachte, und Ephraim Moses Lilien sowie der junge Martin Buber. Der Religionsphilosoph verfasste 1901 in der kulturzionistischen Zeitschrift *Ost und West* einen überschwänglichen Beitrag über Ury. Außerdem befreundete sich Ury mit dem Kunsthistoriker Karl Schwarz, dem späteren Leiter des ersten Berliner Jüdischen Museums, das kurz vor der Machtübernahme durch die Nationalsozialisten neben der Neuen Synagoge in der Oranienburger Straße eröffnet wurde.

Während Urys Werke aus dem biblischen Themenkreis, die quantitativ einen geringen Anteil am Gesamtwerk besitzen und von der Popularität seiner Stadtansichten weit übertroffen wurden, unterschiedlich bewertet wurden, schätzte der Maler selbst sie stets als den wichtigsten Teil seines Werks ein.

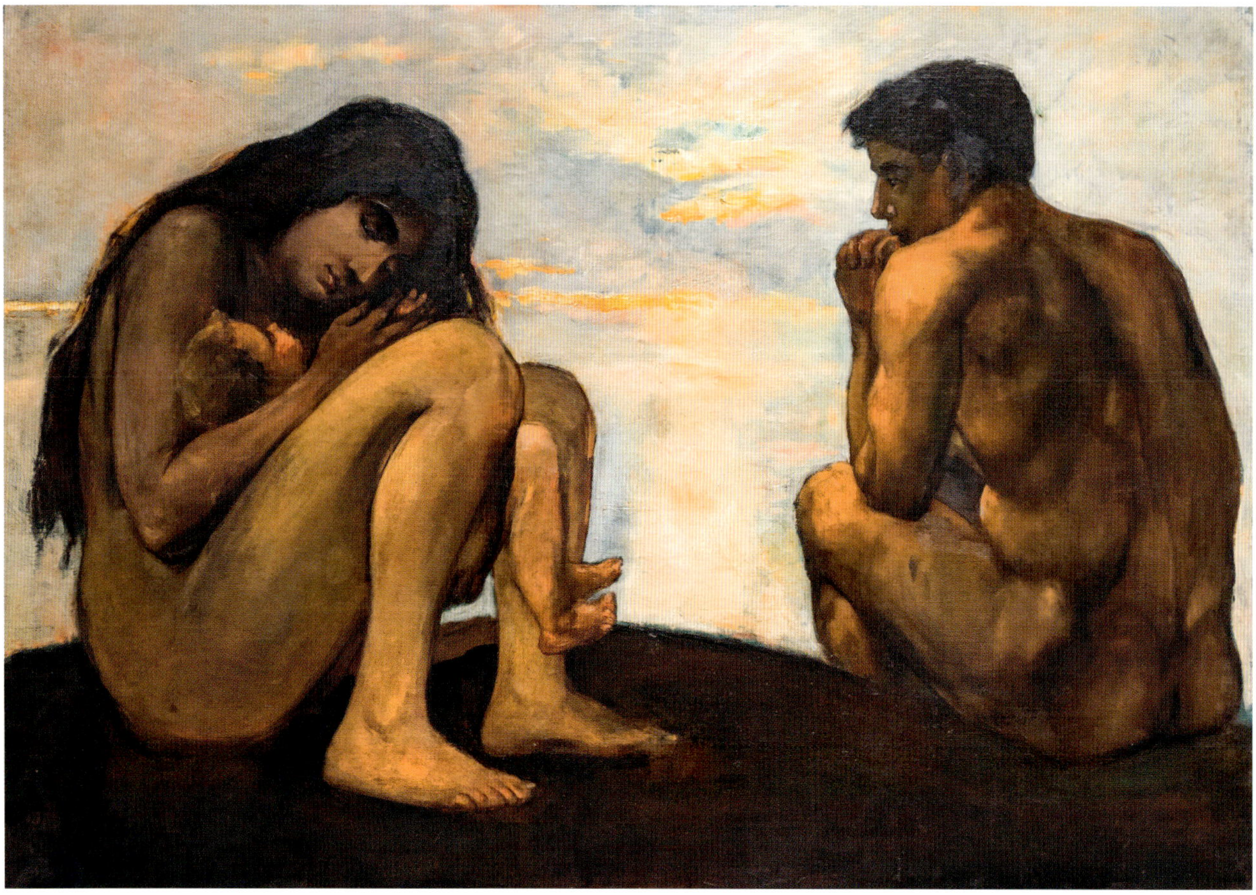

Adam und Eva mit ihrem Erstgeborenen, 1896
Öl auf Leinwand, 86,4 x 124,1 cm, Jüdisches Museum Berlin, Inv.-Nr. 2001/227/0

»Dieselben zwei Menschen sitzen zusammengekauert da. Sie hält ihr Kind im Schoße und beide schauen es an, sie mit der ewigen unbewusst wissenden Liebe des Weibes, er mit dem tiefen unendlichen Staunen des ersten Mannes. Die Menschenwelt beginnt: alles ist Wunder, und alles ist Notwendigkeit.« So beschreibt der jüdische Religionsphilosoph Martin Buber das Gemälde 1903 in einem Text über Lesser Ury in dem Buch *Jüdische Künstler*. Das Gemälde, das sich auf das 1. Buch Mose (Kapitel 4, Vers 1) bezieht, zeigt Eva als liebevolle Mutter. Innig umschließt sie ihren Sohn Kain mit ihrem Körper und nähert sich seinen kleinen Händen mit dem Gesicht, während Adam abseits sitzt. Ein mit pastoser Farbe gemalter Sonnenaufgang kündet vom Beginn der Menschheit.

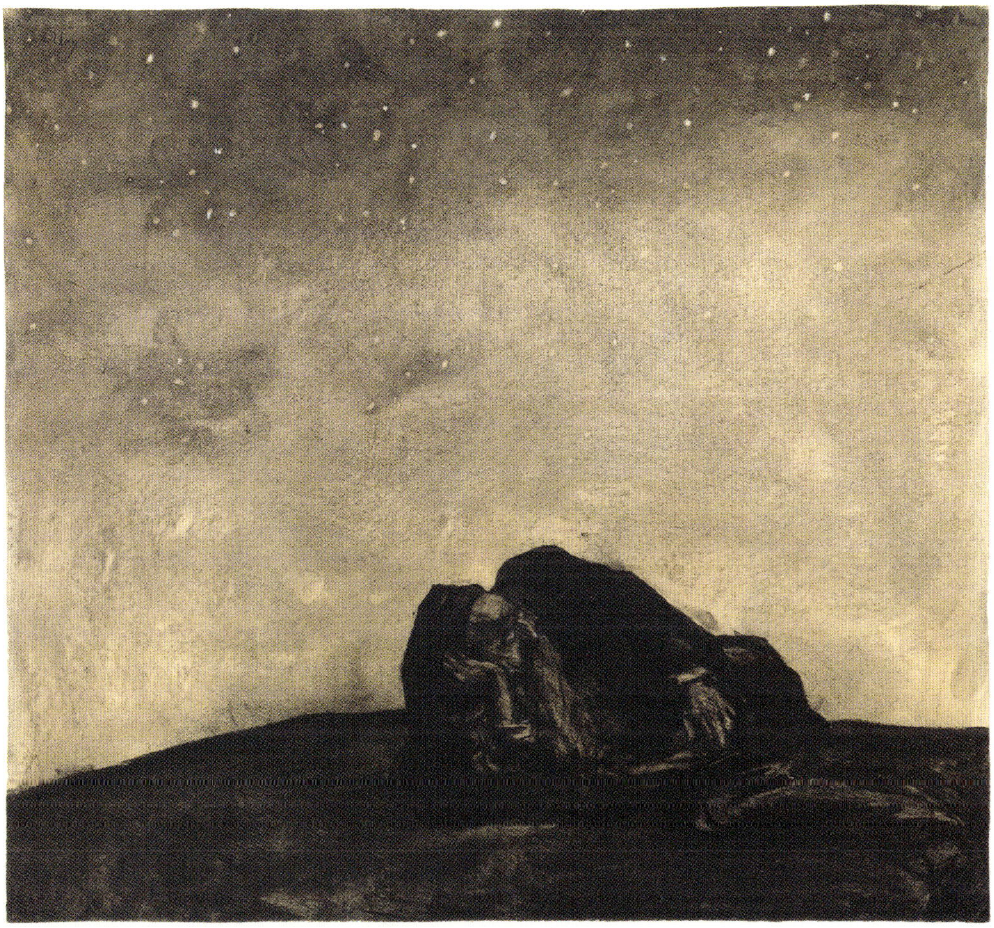

Jeremias, um 1897
Kohle, Tusche, Pinsel, 41,8 x 45,3 cm, Jüdisches Museum Berlin, Inv.-Nr. GHZ 90/500/0

In der Zeitschrift *Der Kunstwanderer* beschrieb Lesser Ury 1919 in einem Beitrag die prekäre finanzielle Situation und schlechte mentale Verfassung, in der er sich in der Zeit um 1894 befunden hatte. Damals habe er Halt in der Bibel gefunden. Ihm sei die Idee gekommen, den klagenden Propheten Jeremias auf dem Boden liegend zu malen, so wie er, Ury, sich selbst im Spiegel gesehen hatte. »Jeremias« wurde zu einem seiner bekanntesten biblischen Bilder. Es wurde, begleitet von einem Gedicht des Schriftstellers Georg Hirschfeld, 1902 ganzseitig im *Jüdischen Almanach* abgedruckt und fand Verbreitung als Postkartenmotiv. Die beindruckende Wirkung der Komposition beruht auf der Spannung zwischen dem auf dem Erdboden am unteren Bildrand ruhenden Jeremias und der »leeren« Fläche über ihm, dem Firmament, an dem sanft die Sterne schimmern.

Vergänglichkeit, 1898
Öl auf Leinwand, 104 x 79 cm
Jüdisches Museum Berlin, Inv.-Nr. GEM 90/27/0

Im selben Jahr, in dem Ury das Triptychon »Der Mensch« vollendete, das den Kreislauf des menschlichen Lebens thematisiert, entstand das Gemälde »Vergänglichkeit«. Auch dieses Werk verbildlicht das nicht abwendbare Werden und Vergehen. In Ruinen – traditionell Sinnbild der Vergänglichkeit – sitzen, vor magisch goldgelb leuchtendem Hintergrund, ein Mann mittleren Alters, ein bärtiger Greis sowie eine Frau mit Säugling. Der Alte – Personifikation der letzten Lebensspanne – kehrt seine Augen gen Himmel und reißt verzweifelt den Arm empor.

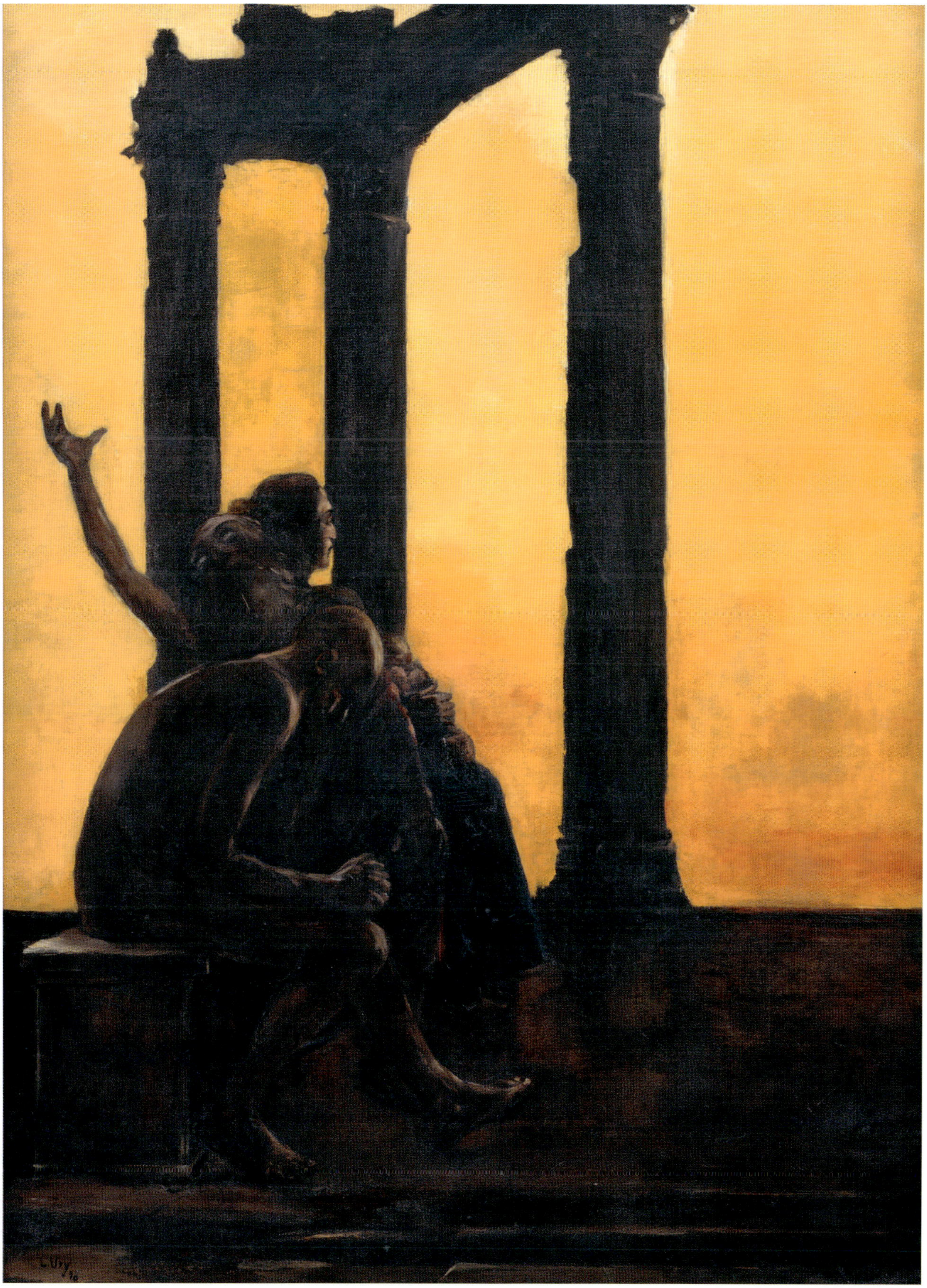

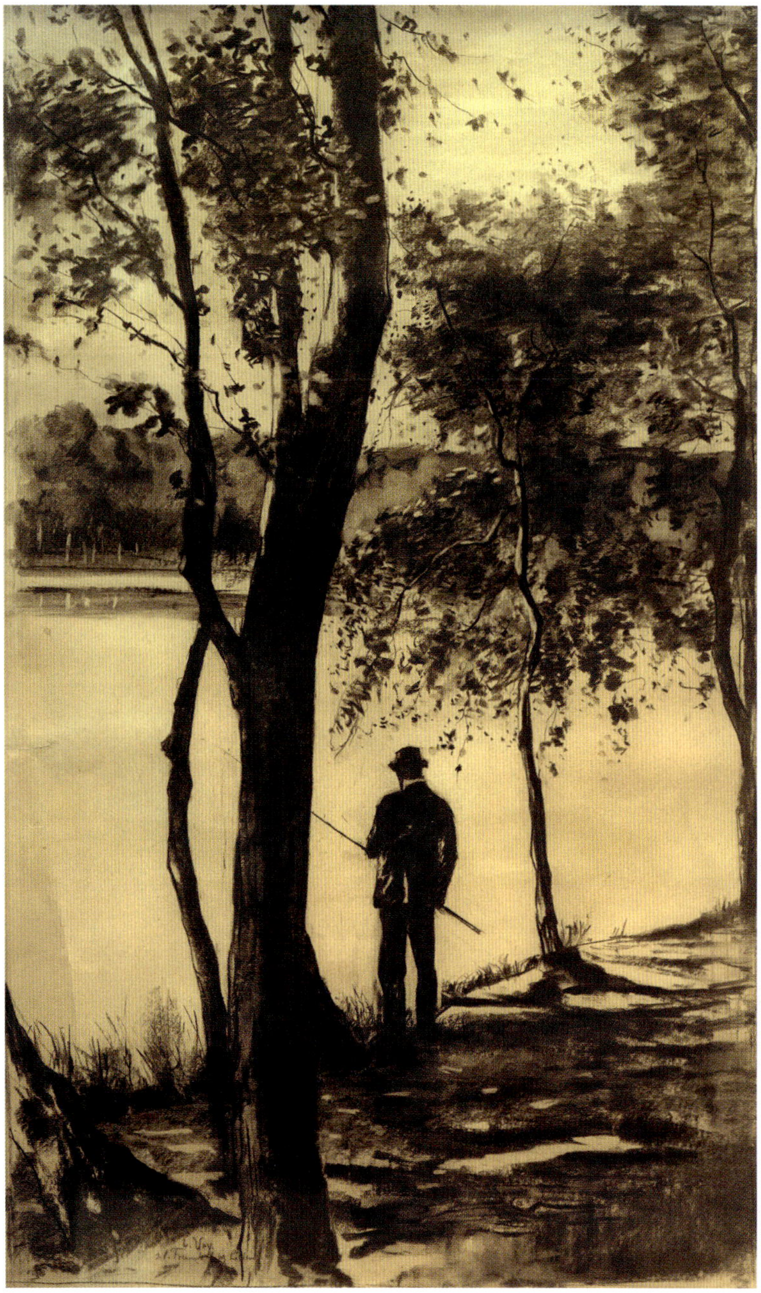

Angler, 1900
Kohlezeichnung, 89,5 x 54 cm, Privatsammlung

Das Blatt »Angler« bezeugt Lesser Urys freundschaftliche Beziehung zu dem österreichisch-polnischen Künstler Ephraim Moses Lilien (1874–1925), ihm ist die großformatige Kohlezeichnung gewidmet. Lilien war eine wichtige Persönlichkeit in der jüdischen Kulturbewegung. Unter anderem organisierte er im Rahmen des V. Zionistenkongresses 1901 in Basel gemeinsam mit Martin Buber eine Ausstellung von Werken jüdischer Künstler und war Mitbegründer des Jüdischen Verlags in Berlin, der sich der Förderung eines modernen jüdischen Selbstbewusstseins verschrieben hatte. Vielleicht erkannte Ury in der scherenschnittartigen Wirkung seiner Zeichnung, auf der sich die schwarze Figur und die Baumstämme scharf von der weißen Wasseroberfläche absetzen, Anklänge an Liliens grafische Kunst, die von starken Schwarz-Weiß-Kontrasten geprägt ist.

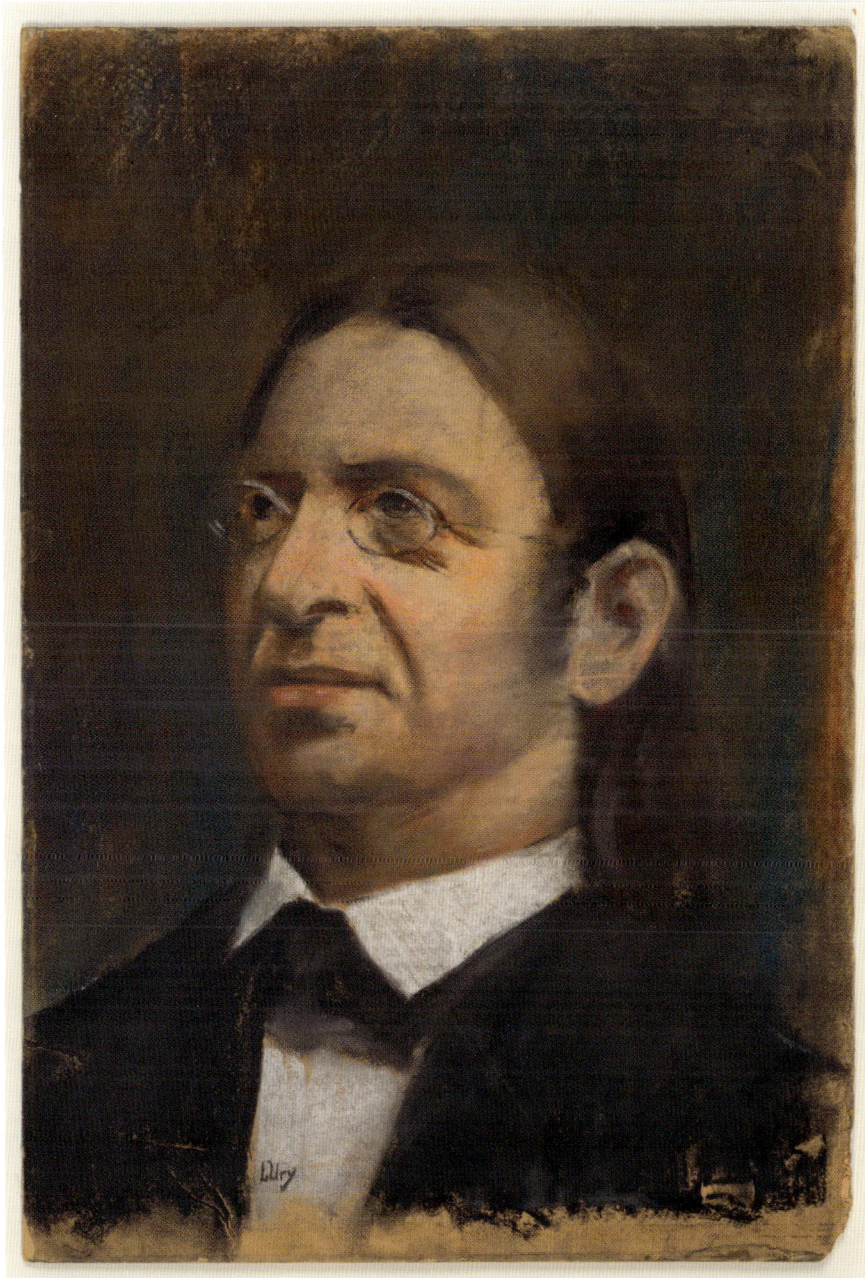

Porträt Abraham Geiger, circa 1907
Pastell, 49,9 cm x 34,8 cm, Jüdisches Museum Berlin, Inv.-Nr. GHZ 98/5/0

Das Pastell zeigt den Historiker, Theologen und liberalen Rabbiner Abraham Geiger, Leitfigur der jüdischen Reformbewegung. Ab 1870 bis zu seinem Tod war er als Rabbiner in Berlin tätig, unter anderem an der Neuen Synagoge in der Oranienburger Straße. Mit der Aufnahme des Lehrbetriebs 1872 unterrichtete er an der Hochschule für die Wissenschaft des Judentums, die er mitbegründet hatte. Das posthum nach einer Fotografie gemalte Porträt wurde von ehemaligen Schülern Abraham Geigers gestiftet und hing in der Lehranstalt für die Wissenschaft des Judentums, deren Neubau in der heutigen Tucholskystraße in Berlin 1907 eröffnet wurde. Ury konzentriert sich auf die Wiedergabe des Gesichts, dessen warme Hauttöne geradezu leuchten, während Haar und Anzug optisch mit dem dunklen Fond verschmelzen.

Rebekka am Brunnen, 1908/09
Öl auf Leinwand, 51,3 x 35,8 cm
Jüdisches Museum Berlin, Inv.-Nr. GEM 89/6/0

Das Gemälde greift eine Geschichte aus dem 24. Kapitel des 1. Buch Mose auf: Abraham beauftragt seinen Knecht, eine Frau für seinen Sohn Isaak zu finden. Es solle diejenige sein, die nicht nur dem Diener zu trinken gebe, sondern auch den Kamelen. Ury stellt nicht die Handlung der Geschichte dar, sondern konzentriert sich auf Rebekka. Allein der Brunnen und der Krug spielen auf die Handlung an. Der leuchtend gelbe Himmel, der sich im Brunnenwasser spiegelt, taucht die Szene in eine verzauberte Stimmung und darf als Hinweis auf Rebekkas Warmherzigkeit interpretiert werden.

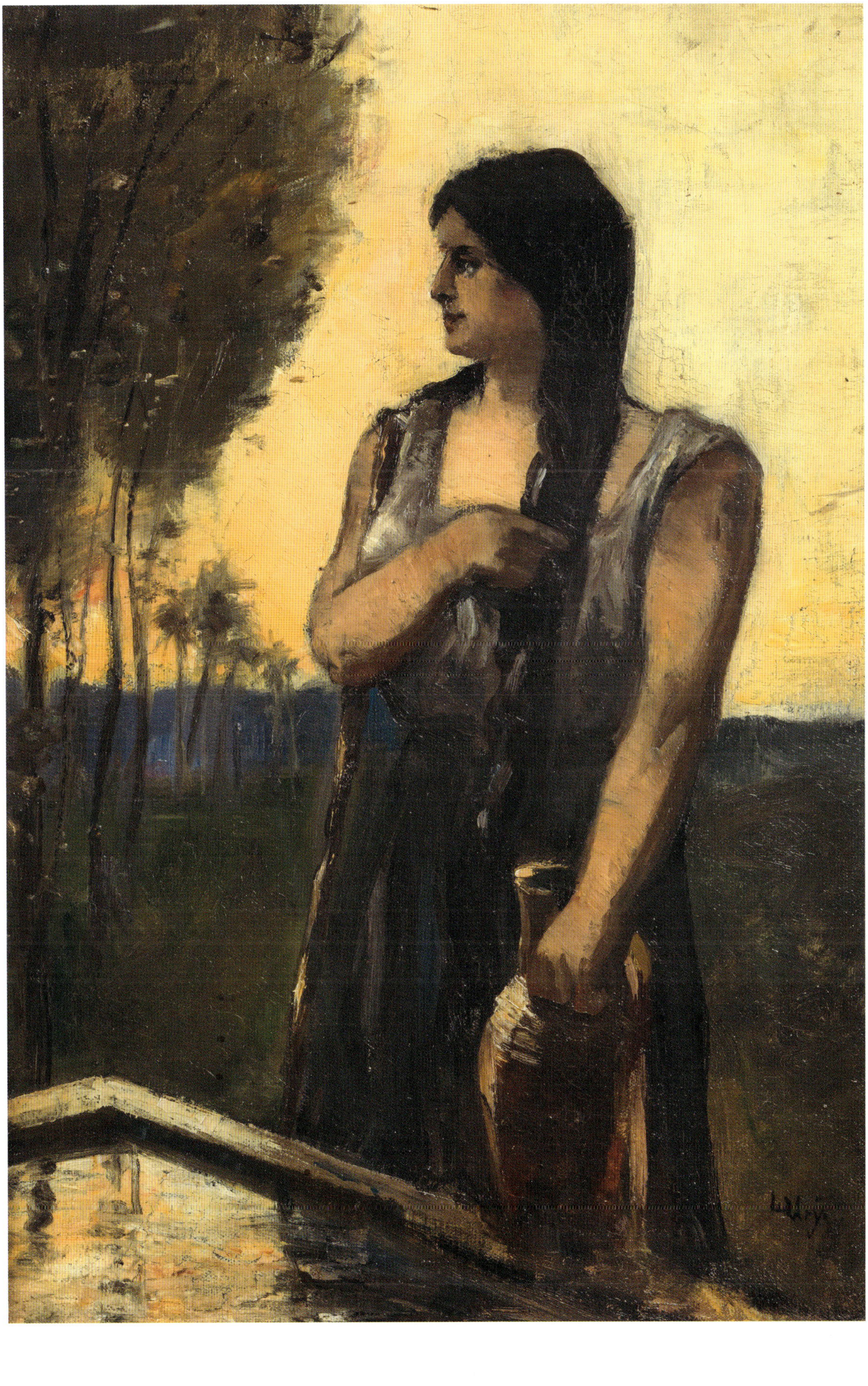

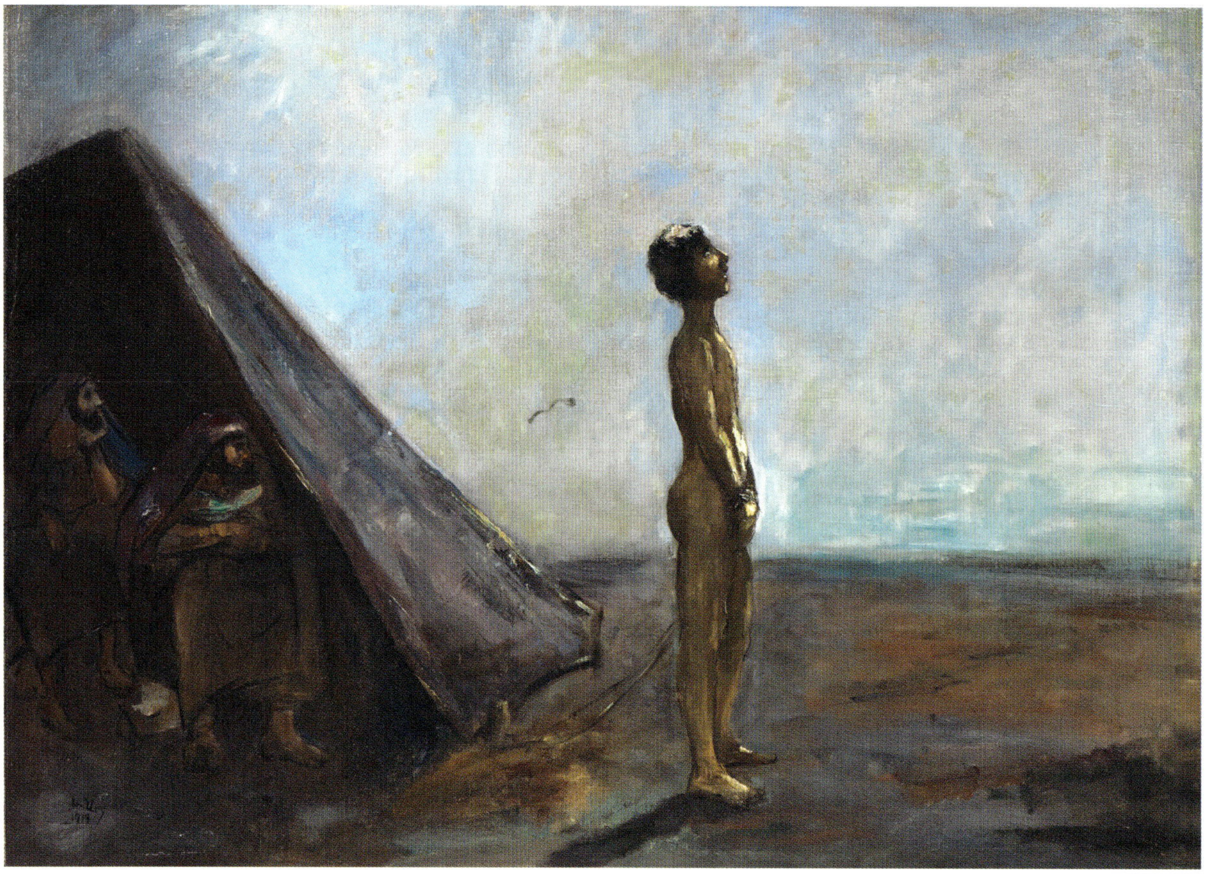

Joseph bei den Ismaelitern, 1919
Öl auf Leinwand, 70,4 x 100,3 cm, Jüdisches Museum Berlin, Inv.-Nr. GEM 94/8/0

Das Gemälde bezieht sich auf die Josephsgeschichte im 1. Buch Mose. Klein und verloren steht der Knabe Joseph im Zentrum des Bildes. Er hat seinen Blick zum Himmel erhoben und betet mit gebundenen Händen. Göttliches Licht streift Stirn und Körper. Joseph ist nackt, denn seine eifersüchtigen Brüder haben ihm das Gewand, das der Vater seinem Lieblingssohn geschenkt hat, abgenommen. Es soll dem Vater Beweis für Josephs Tod sein. Tatsächlich verkaufen die Brüder Joseph an die Ismaeliter, die hier im Zelt dargestellt sind. Die Ismaeliter nehmen Joseph mit nach Ägypten, wo er an den Hof des Pharaos gelangt.

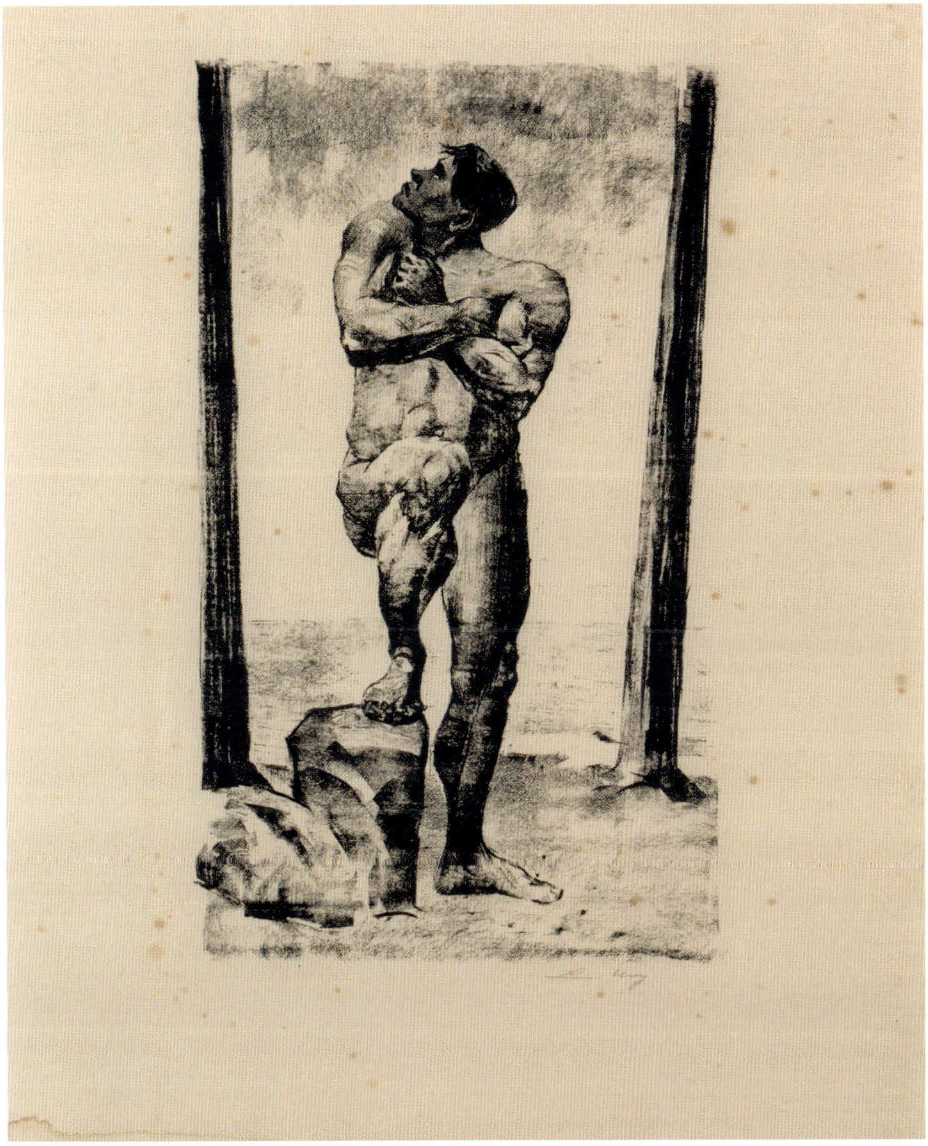

Der Mann. Mittelfigur des Triptychons »Der Mensch«, 1920
Lithografie, 57,5 x 45,4 cm (Blattmaß), aus: Biblische Gestalten, Verlag Fritz Gurlitt, Berlin
Jüdisches Museum Berlin, Inv.-Nr. GDR 97/3/28/008

Mit der Lithografie greift Lesser Ury das mittlere Motiv seines Triptychons »Der Mensch« von 1898 auf. Es zeigte die Personifikationen der drei Lebensalter und hing in einem Gebäude der Berliner Jüdischen Reformgemeinde in der Johannisstraße nahe der Neuen Synagoge, wo es wahrscheinlich während des Novemberpogroms 1938 zerstört wurde. Die Lithografie stellt das mittlere Lebensalter des Menschen in Gestalt eines muskulösen Mannes dar. Er ist im Vollbesitz seiner geistigen und körperlichen Kräfte, hat einen Fuß auf einen Stein gestellt und wendet den Kopf trotzig gen Himmel.

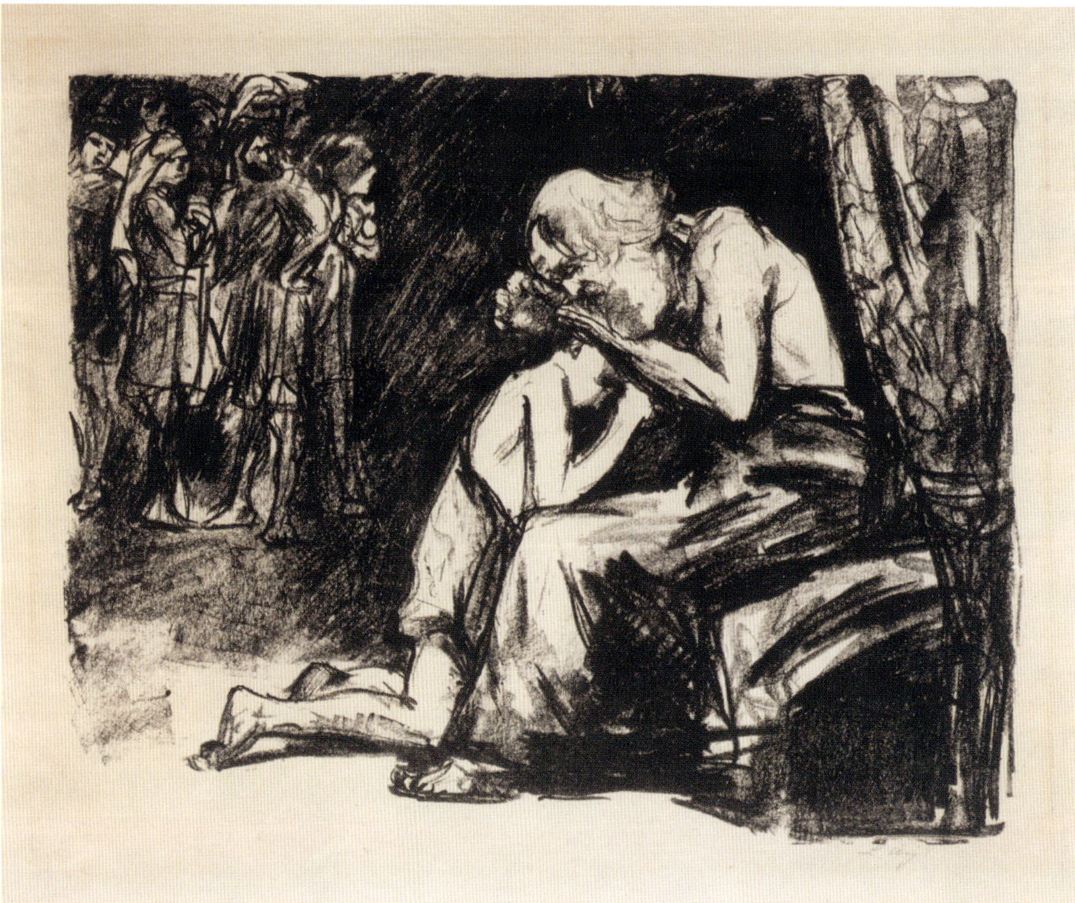

Jacob segnet Benjamin, um 1920
Lithografie, 40 x 47,5 cm (Blattmaß), Jüdisches Museum Berlin, Inv.-Nr. GDR 82/62/0

Hintergrund dieser Szene ist der im 43. Kapitel des 1. Buch Mose geschilderte Aufbruch der Söhne Jacobs nach Ägypten, um dort Getreide für die von Hunger bedrohte Familie zu beschaffen. Die erwachsenen Söhne fordern, dass auch ihr jüngster Bruder Benjamin mitkommt, den der Vater jedoch nur widerwillig ziehen lässt. Die Abschiedsszene ist eine Erfindung Lesser Urys, in der Bibel wird sie nicht ausdrücklich beschrieben. Dank des beiseitegezogenen Vorhangs können wir die emotionale Begegnung zwischen Vater und Sohn beobachten: Der Knabe Benjamin kniet vor seinem alten Vater Jakob, der seine Hände segnend erhoben hat. Das leuchtend helle Inkarnat von Vater und Sohn vor dem unbestimmten Dunkel zieht unsere Blicke an. Als Anregung könnte Ury Rembrandts Druckgrafik »Der verlorene Sohn« gedient haben, auf der Vater und Sohn in einer ähnlichen Haltung dargestellt sind.

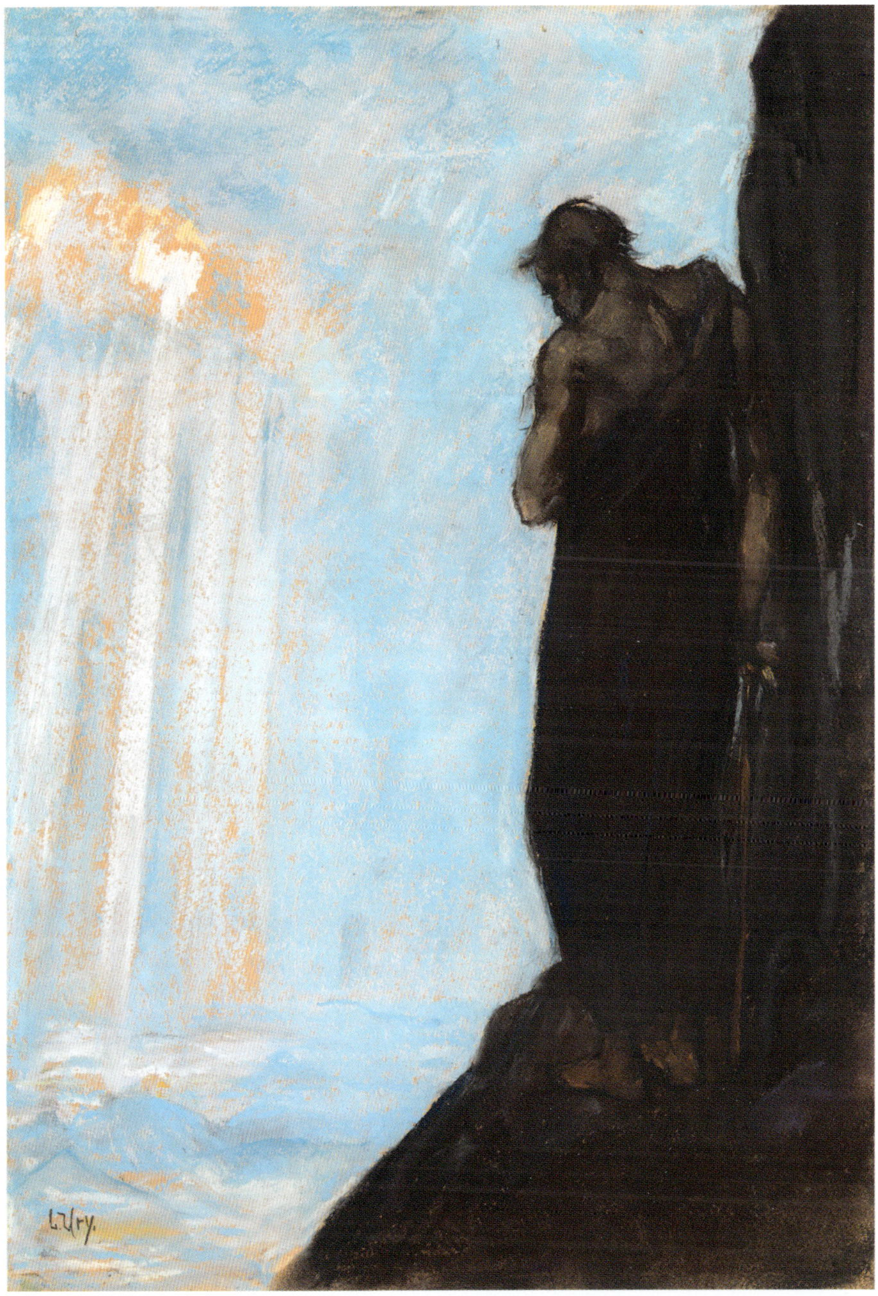

Moses sieht das Gelobte Land vor seinem Tode, 1928
Pastell auf Pappe, 50,5 x 35,5 cm, Jüdisches Museum Berlin, Inv.-Nr. GHZ 85/28/0

Für den jüdischen Pavillon der Ausstellung »Pressa« in Köln 1928 erhielt Lesser Ury den Auftrag, eine biblische Szene zu malen. Er entschied sich für Moses, der sein Volk aus der Gefangenschaft in Ägypten durch die Wüste nach Kanaa geführt hat. Als dunkle Figur steht Moses auf dem Berg Nebo und blickt auf das Gelobte Land, das er selbst nie betreten wird. Ury ließ sich bei der Auswahl seines Motivs von einer berühmten Fotografie inspirieren, auf welcher der Zionist Theodor Herzl von einem Balkon sehnsüchtig über den Rhein blickt, ähnlich wie Moses auf das verheißene Land. Das Pastell ist im Zusammenhang mit dem ausgeführten Ölgemälde des Motivs entstanden.

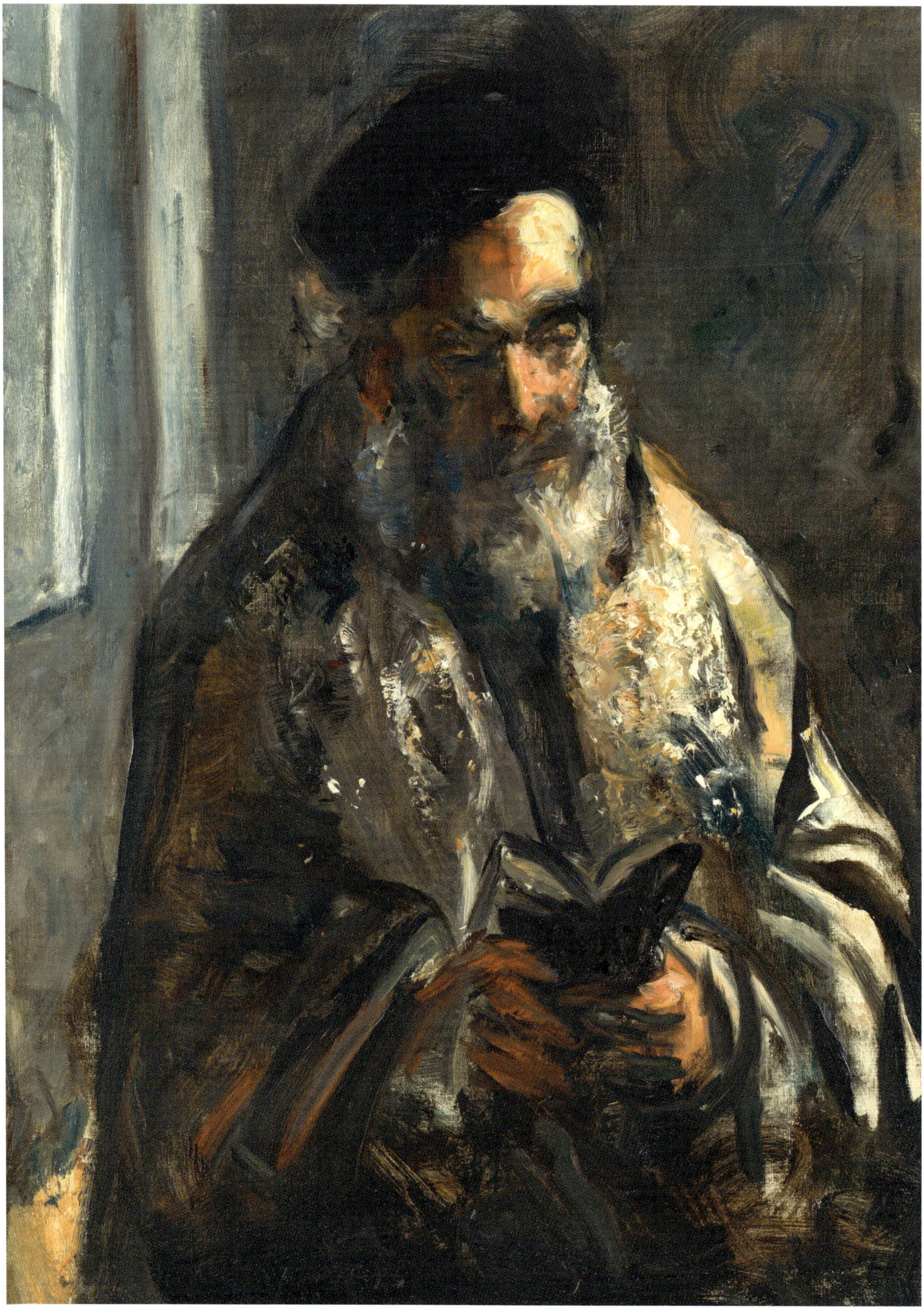

Jude im Gebetsmantel, 1931
Öl auf Leinwand, 90,5 x 66 cm
Jüdisches Museum Berlin, Inv.-Nr. GEM 93/14/0

In seinem letzten Lebensjahr malte Lesser Ury die Halbfigur eines greisen Juden im Gebetsmantel. Er steht in sich gekehrt und in die Schrift in seinen Händen versunken in einem leeren Raum, an dessen linker Wand eine Fensteröffnung angedeutet ist. Die Halbfigur ist mit spontanen, groben Pinselstrichen ausschließlich in Schwarz, Weiß und in Grau- und Brauntönen erfasst, die den Betenden farblich in seine Umgebung einbinden. Ein schräg von vorn rechts einfallendes Licht bringt die linke Körperhälfte der Figur zum Strahlen. Das Bild ist Ausdruck von Urys lebenslanger Auseinandersetzung mit seinem Schicksal als Jude und von seinem Eintreten für seine Religion.

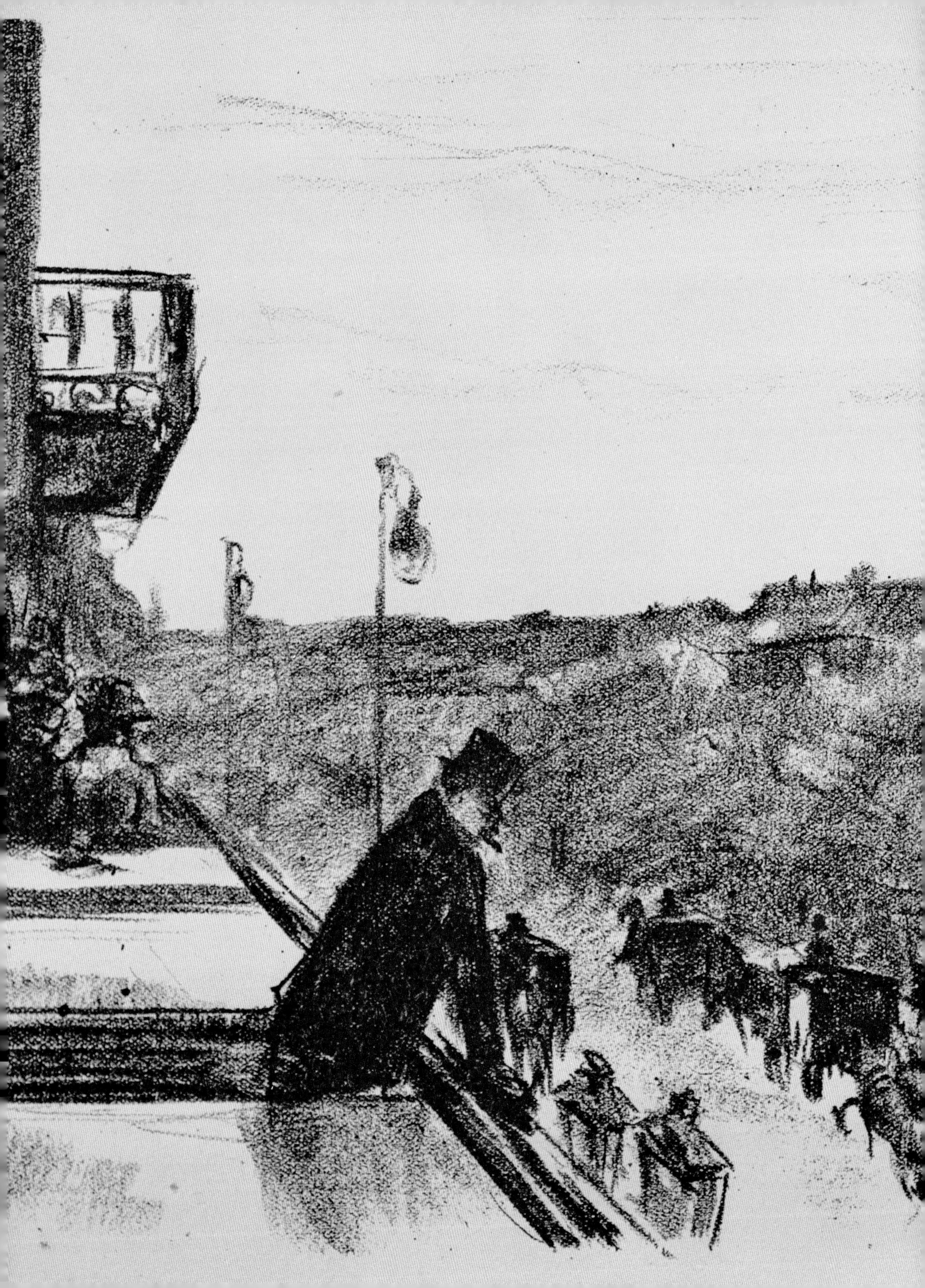

Im Kaffeehaus

»Wir haben jetzt unsere Wiener Café's überall ...«

(Der Journalist Julius Rodenberg)

Während seiner künstlerischen Ausbildung in Frankreich und Belgien hatte Lesser Ury gesehen, wie stimmungsvolle Momentaufnahmen aus Kaffeehäusern von den Impressionisten zum Bildgegenstand erhoben wurden. Als er sich in Berlin niederließ, brachte er das Motiv als eine Facette großstädtischen Lebens mit in die Hauptstadt des Deutschen Kaiserreichs, die mit dem Café Victoria, dem Café Kranzler oder dem Café Josty bereits über entsprechende Etablissements verfügte. Mitte der 1920er Jahre dann soll es in Berlin mehr als 500 Kaffeehäuser gegeben haben.

Das Café Bauer, das auch Ury gerne besuchte, stellte eine Besonderheit dar. Es wurde als eines der ersten in Berlin als Groß-Café nach Wiener Vorbild eröffnet. Neben einem opulenten Gastraum verfügte es über einen Lesesaal, ein Damen- und ein Billardzimmer sowie als erstes öffentliches Lokal in der Hauptstadt über elektrische Beleuchtung.

Lesser Ury war, zumindest als jüngerer Mann, ein fleißiger Kaffeehausbesucher. Zahlreiche Abende soll er Billard spielend in Cafés verbracht haben. Auch durchzechte Nächte in Gesellschaft des Bildhauers Franz Flaum und des exzentrischen Schriftstellers Stanisłav Przyebyszewski sind überliefert.

Ury war ein guter Beobachter, der das Verhalten seiner Mitmenschen gern aus der Distanz studierte. In seinen Arbeiten hielt er die unterschiedlichen Beschäftigungen fest, denen ein Gast im Café nachgehen konnte: Menschen bei der Lektüre, beim Warten, Rauchen, Trinken, ja sogar beim nächtlichen Nickerchen. Oft sind es Einsame, manchmal Paare, die schweigend am Tisch sitzen, selten größere Gesellschaften. Urys Kaffeehausszenen vermitteln die Anonymität der Großstadt und die Einsamkeit ihrer Bewohner – Aspekte, um die er den deutschen Impressionismus bereicherte.

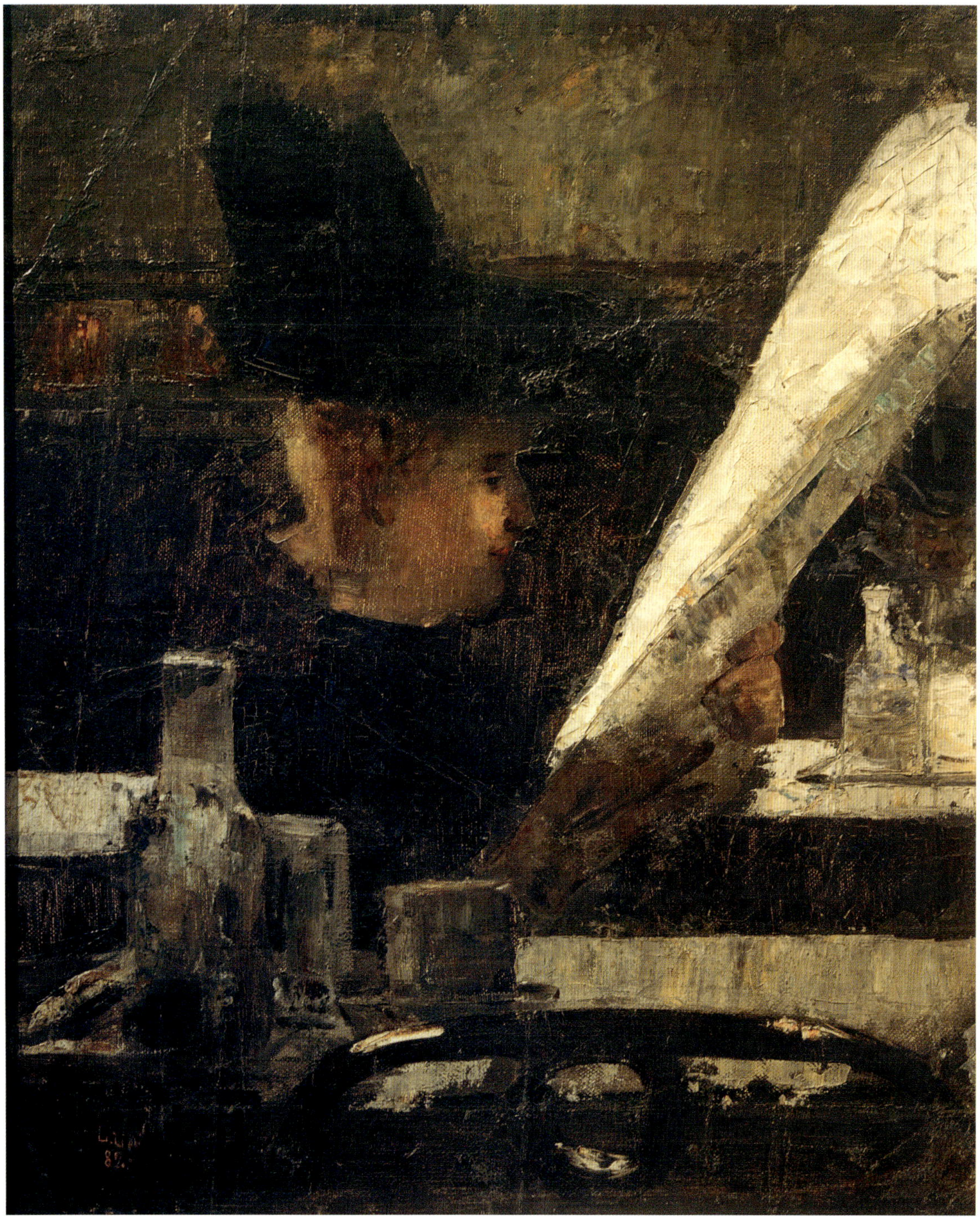

Zeitungsleserin im Café (Dame im Café), 1882
Öl auf Leinwand, 48 x 39 cm, Privatsammlung

Das Gemälde ist eines von Lesser Urys ältesten erhaltenen Bildern. Es zeigt in einem eng gewählten Bildausschnitt eine Dame bei der Zeitungslektüre. Obwohl im Café Dämmerlicht herrscht, findet die Leserin ausreichend Helligkeit zum Lesen. Das gleißende Weiß des Zeitungspapiers scheint ihr sogar einen Lichtfleck ins Antlitz zu zaubern. Der Künstler malte das Bild wahrscheinlich in Brüssel, wo er an der Académie Royale des Beaux-Arts studierte. Es blieb bis zu seinem Tod in seinem Besitz, vielleicht weil es als frühe Kaffeehausszene eine besondere Bedeutung für ihn hatte.

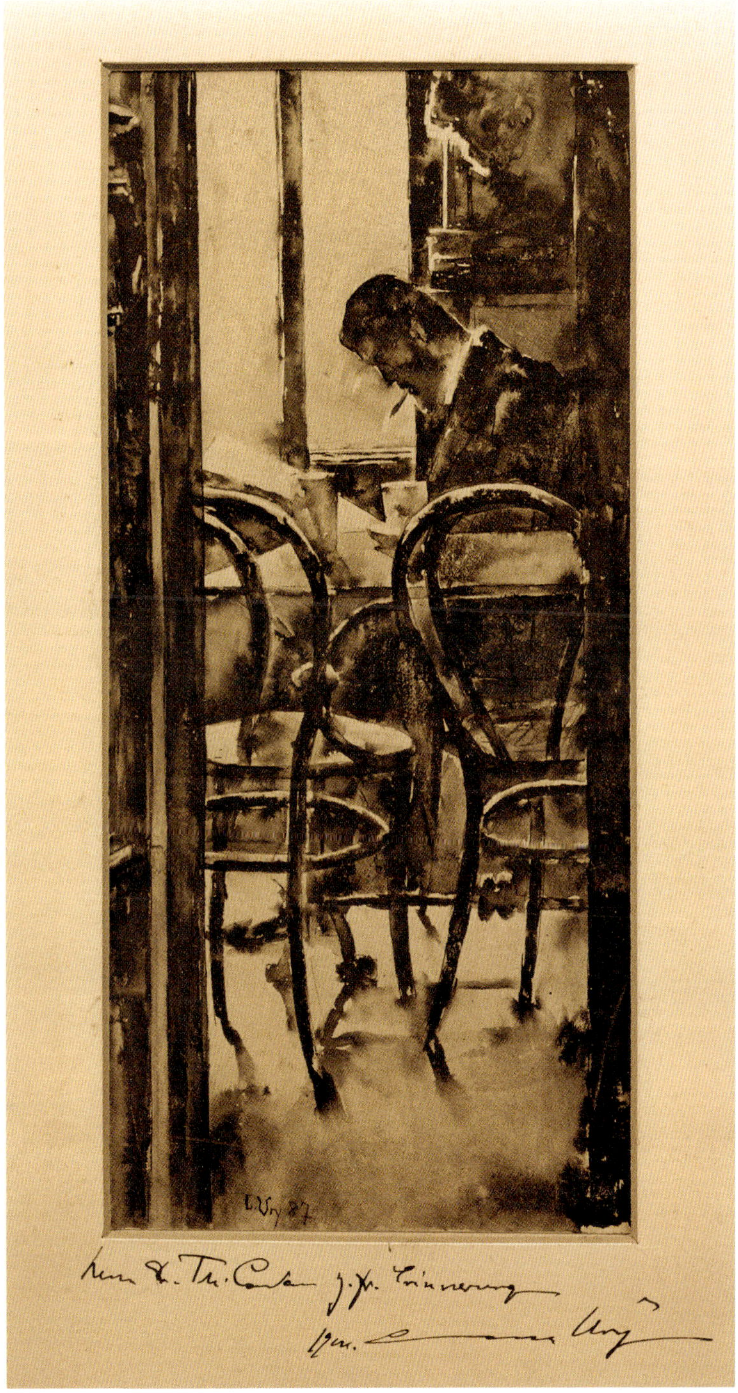

Café Gelber in Hamburg (Zeitungslesender Mann im Café), 1887
Tuschpinsel- und Federzeichnung mit Deckweißhöhung auf Papier, 20,2 x 9,8 cm, Privatsammlung

Als junger Künstler verwendete Lesser Ury zum Zeichnen gerne Tusche. Auf diesem schlanken Hochformat nutzt er die Tusche wie Aquarellfarbe: Er spielt mit dem Effekt der auf dem feuchten Blatt zerlaufenden Farbe und setzt das Weiß des Papiers als Farbwert ein. Das Blatt wurde in der Erstausgabe der satirischen Wochenzeitschrift *Das Narrenschiff* 1898 publiziert. Dort illustrierte es die Geschichte »Es war im Café Gelber in Hamburg …« von Hans Hyan, einem Berliner Kabarettisten und Schriftsteller. Bei »Dr. Th. Landau«, dem Ury die Originalzeichnung widmete, handelt es sich wahrscheinlich um den Arzt und Kunstsammler Theodor Landau.

Im Café, um 1900
Öl auf Leinwand, 71,5 x 57,5 cm
(Zuletzt Kunsthandel)

Lesser Ury war ein exzellenter Beobachter, der in seinen Darstellungen schweigender Paare auch den feinen zwischenmenschlichen Tönen nachspürte. Der wie zufällig gewählte Bildausschnitt dieser Kaffeehausszene ist genau kalkuliert: Eine Mittelachse teilt den Hintergrund des Bildes in zwei Hälften. Ury verschränkt sie optisch, indem er die schwarz gekleidete Dame vor den hellen, den Herrn mit leuchtender Halbglatze vor den dunklen Bereich platziert. Genau dort, wo sich die Diagonalen treffen, die sich aus den Tischkanten einerseits und der abfallenden Schulterlinie des Herrn andererseits ergeben, berühren sich die Ellbogen der beiden – nicht.

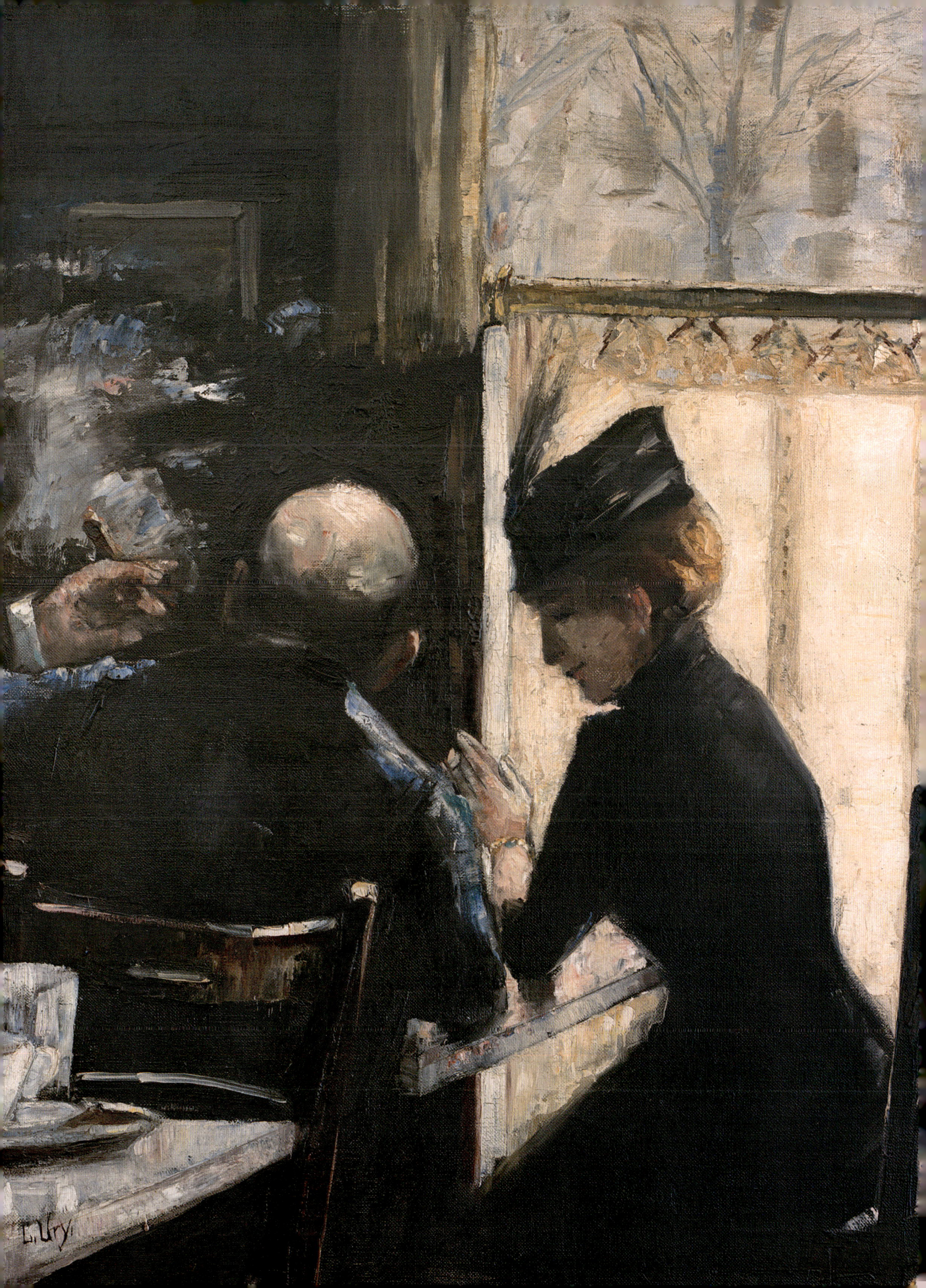
L. Ury

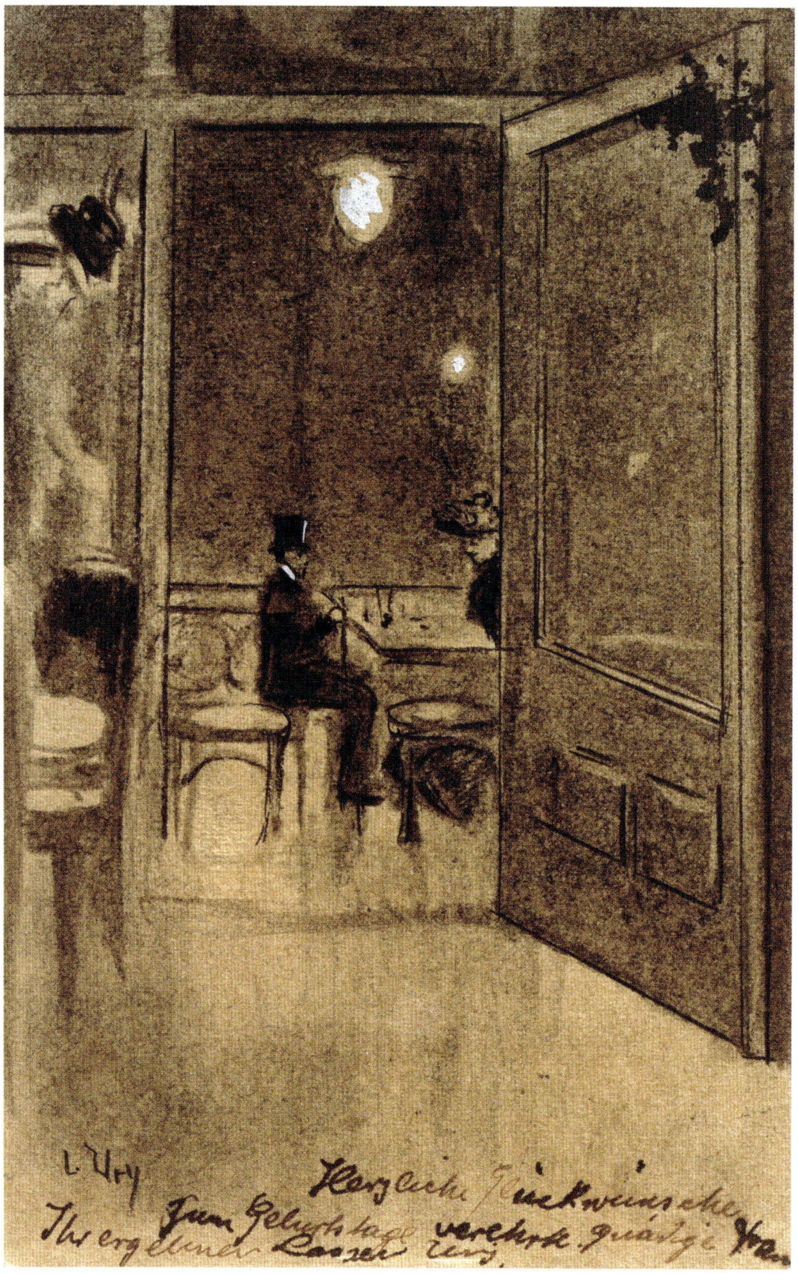

Blick in den Saal eines Restaurants / Café Bauer, 1909 (?)
Schwarzer Farbstift, Kohle, weiß gehöht, auf einer Postkarte, 14 x 9 cm
Museum Georg Schäfer, Schweinfurt, Inv.-Nr. MGS 2202A

Die Zeichnung zeigt den Blick aus dem Gastraum in der ersten Etage des Berliner Café Bauer auf seine Balkonterrasse. Durch die nach innen geöffnete Glastür ist ein stocksteif sitzender Herr mit Zylinder und Spazierstock zu sehen, ihm gegenüber eine Dame. Die spontan hingeworfene Zeichnung greift eine bereits 1888 von Ury in Pastell ausgeführte und in mehreren gemalten Varianten existierende Komposition auf. Gedacht war die Zeichnung als Geburtstagskarte an eine „verehrte gnädige Frau", wie Urys Glückwünsche am Bildrand unten verraten. Die Rückseite nennt Generalkonsulin Licht auf Schloss Feistritz bei Kriechlach in der Steiermark als Adressatin. In welchem Verhältnis sie zu Ury stand, ist nicht bekannt.

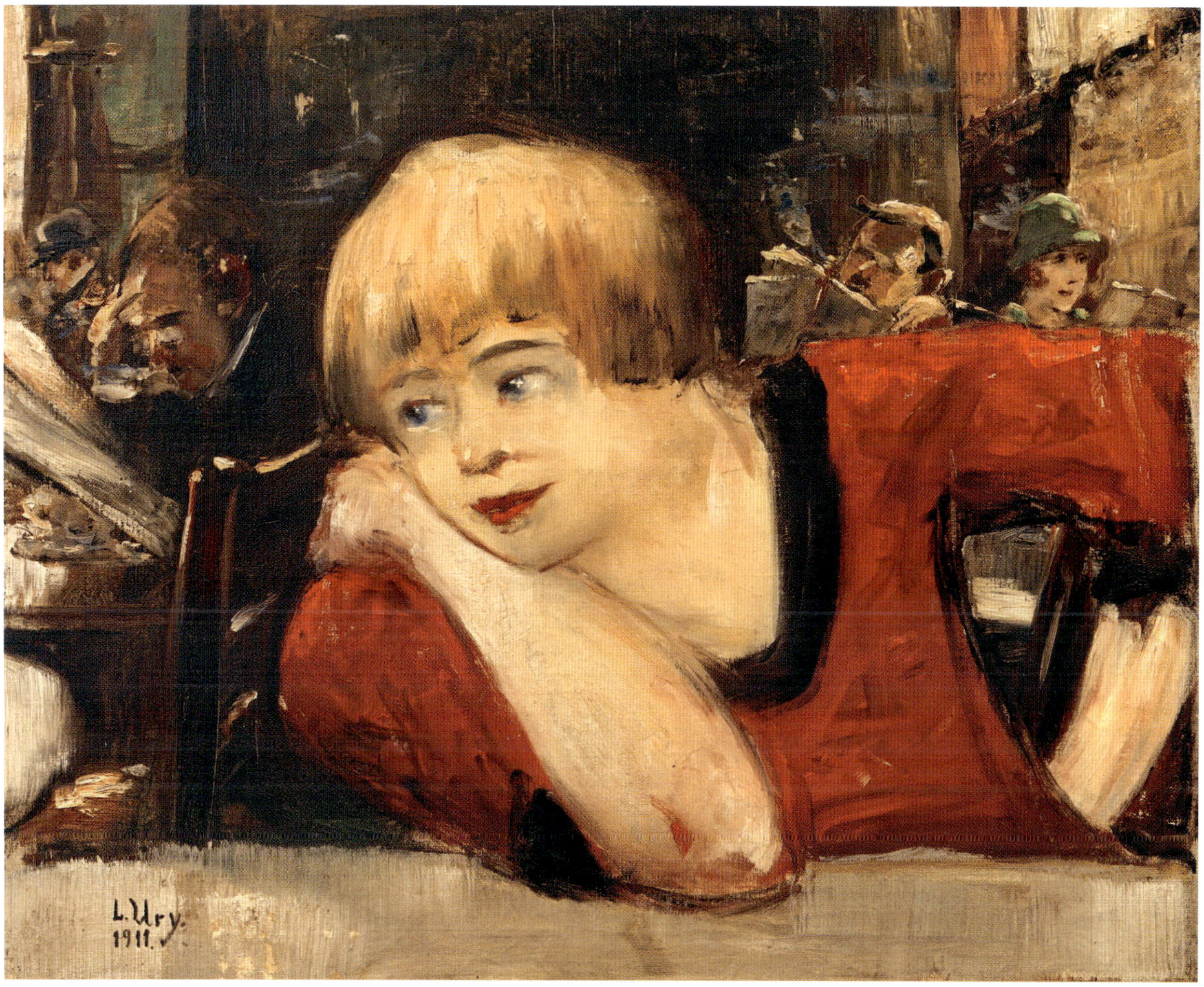

Im Café. Frau in Rot (Mädchen im Romanischen Café) (Mädchen im Café), 1911
Öl auf Leinwand, 57 x 64 cm, Nationalgalerie Berlin, Inv.-Nr. NG 36/61

Das Gemälde stellt eine Besonderheit unter Lesser Urys Kaffeehausszenen dar. Bereits die frontale Nahaufnahme einer einzelnen Person und ihre exponierte Platzierung im Vordergrund des Gemäldes ist ungewöhnlich. Dazu kommt die ungezwungene Pose der jungen Frau, die ohne Rücksicht auf gesellschaftliche Konventionen in aller Öffentlichkeit mit aufgestütztem Ellbogen am Kaffeehaustisch sitzt. Die übrigen Besucher geraten im Hintergrund zu Staffagefiguren. Die kurzen Haare, die Raum einnehmende Körperhaltung und das signalrote Oberteil sind Zeichen dafür, dass es sich bei der Frau in Rot um eine Vertreterin des neuen emanzipierten Frauentyps handelt.

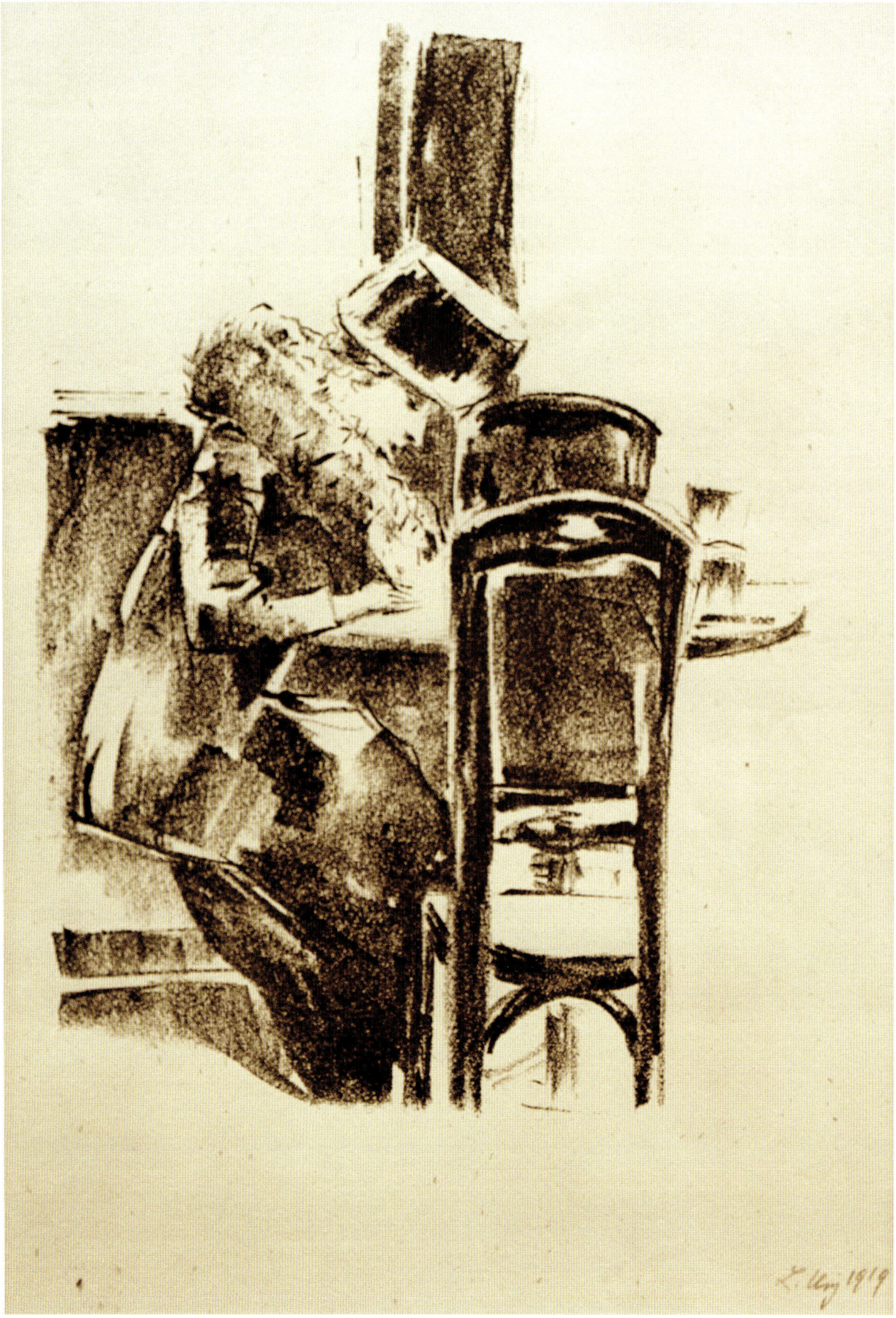

Schreibende Dame mit Hut und Boa im Café, 1919
Lithografie, 26,1 x 19 cm; auf 35,5 x 27,5 cm (Bütten)
Verlag Fritz Gurlitt, Berlin
Privatsammlung

Das Kaffeehaus konnte Sammelbecken für Künstler und Schriftsteller sein. Bekannt sind die Zusammentreffen der Kunstszene etwa im legendären Romanischen Café in Berlin, wo unter anderem Else Lasker-Schüler und Erich Kästner verkehrten. Die mit Boa und Hut herausgeputzte Dame macht nicht den Eindruck, als sei sie Dichterin oder Schriftstellerin. Dennoch stellt Lesser Ury ihre schreibende Tätigkeit ins Zentrum seiner Lithografie, indem er die Fläche oberhalb ihrer Hand mit einer geheimnisvollen Leerstelle akzentuiert. Gerne wüsste der Betrachter, was die Dame gerade notiert.

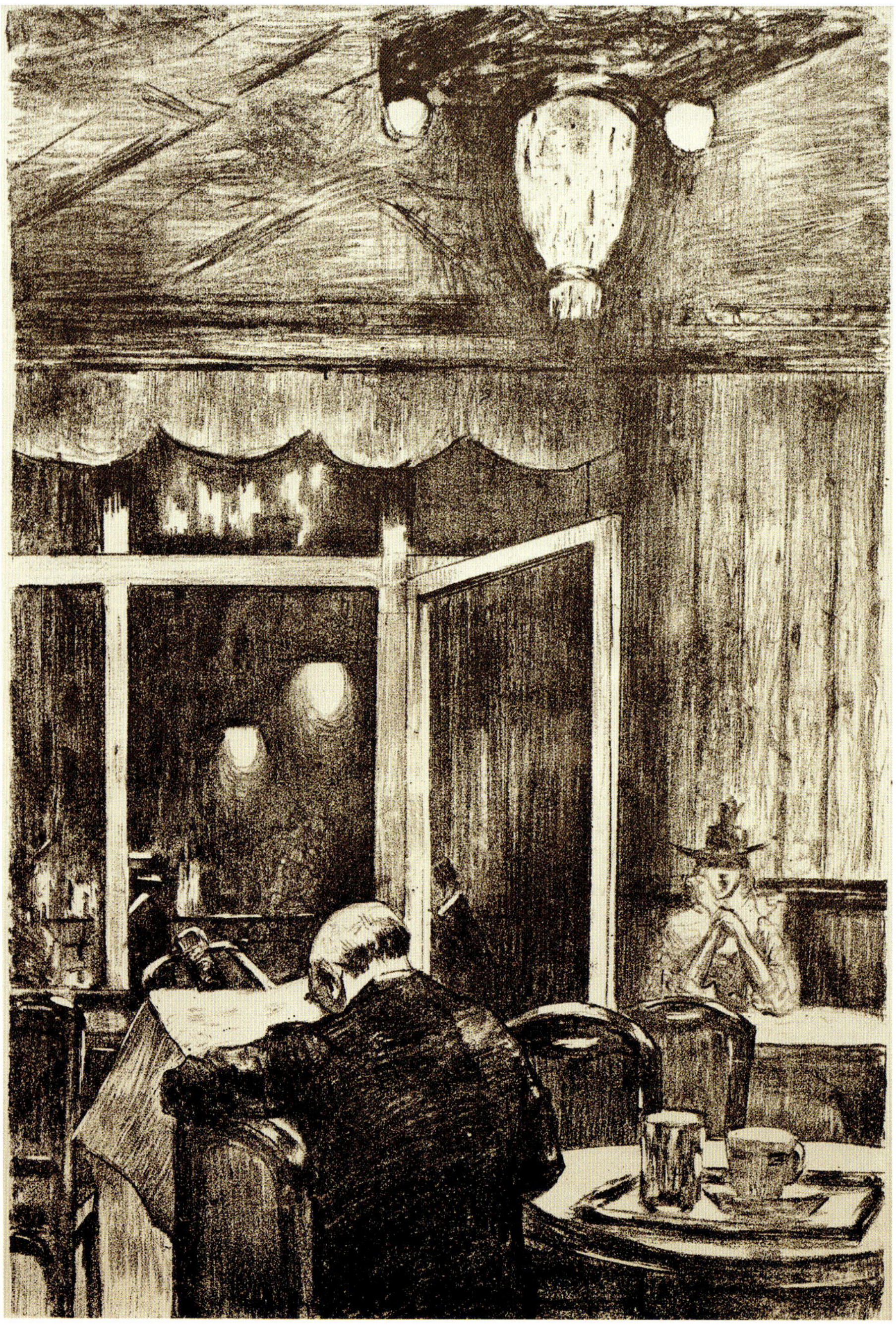

Abend im Café Bauer in Berlin, 1919
Lithografie, 37,2 x 25,6 cm; auf 42,2 x 30 cm, Privatsammlung

Das Café Bauer hat der Maler selbst oft besucht. Dass es ihm geradezu ein Sehnsuchtsort war, kommt in seinem Brief aus Rom an den befreundeten Kunstschriftsteller Franz Hermann Meißner zum Ausdruck. Im April 1890 schrieb Ury: »Und ich sehe Sie im Caffé [sic!] Bauer, die Zeitung lesend, während ich in meinem ungeheizten Zimmer sitze und friere, Ofen giebt [sic!] es in Rom nicht oder vielmehr sehr wenige.« Das Café Bauer wurde 1877 von dem Wiener Mathias Bauer nach Wiener Vorbild eröffnet. Es soll seinen Gästen eine Auswahl von über 300 nationalen und internationalen Zeitschriften und Zeitungen geboten haben. Lesser Ury stellt seinen Zeitungsleser als Rückenfigur am unteren Bildrand dar, was auf den Betrachter wirkt, als betrete er selbst gerade das Café.

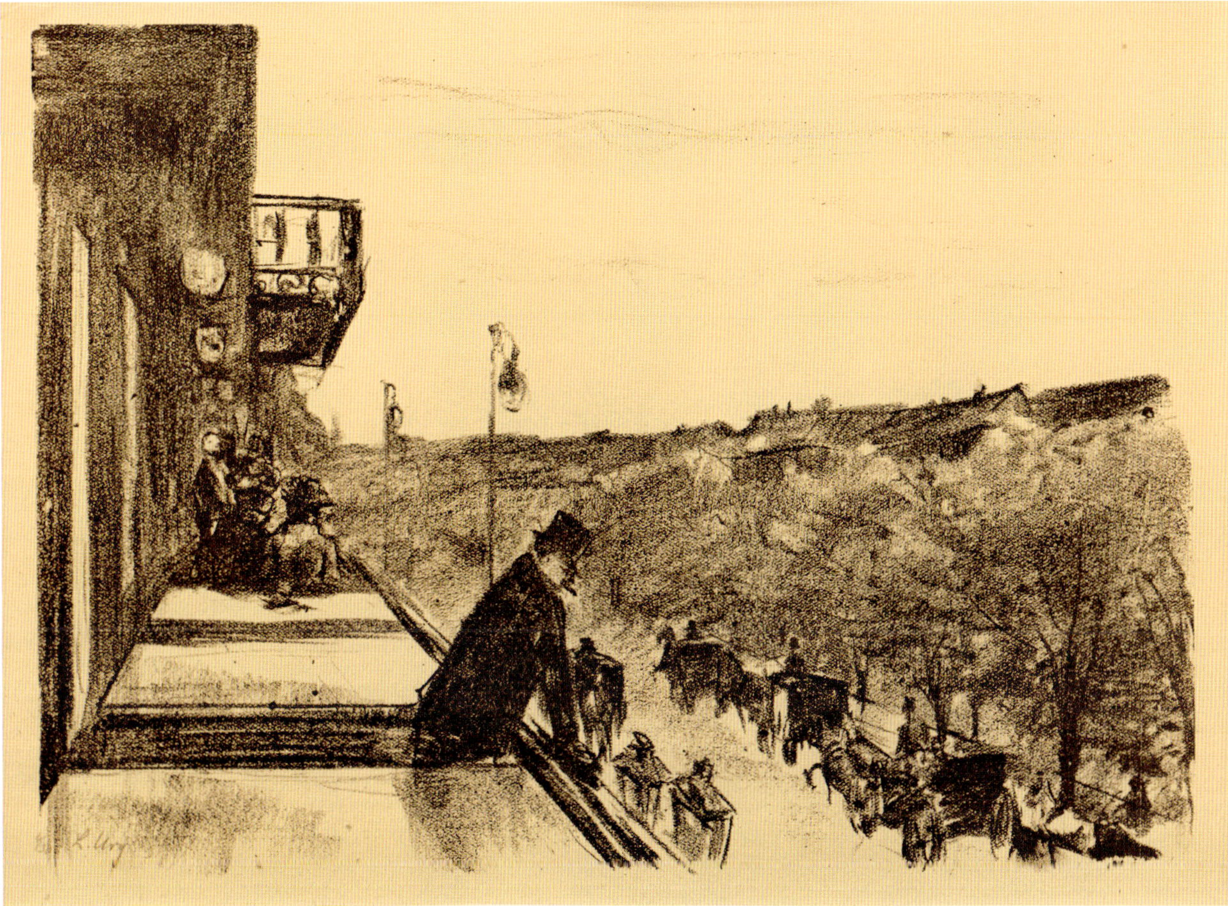

Caféterrasse Unter den Linden, um 1920
Lithografie, 19,3 x 27 cm; auf 22,4 x 31,9 cm (Bütten)
Verlag Fritz Gurlitt, Berlin, Privatsammlung

Das Café Bauer zeichnete sich durch seine hervorragende Lage an der Prachtstraße Unter den Linden aus, die das Berliner Schloss mit dem Brandenburger Tor verbindet. Zu Kaisers Zeiten bildeten sich hier nicht selten Menschentrauben, die einen Blick auf das Staatsoberhaupt erhaschen wollten, dessen Wagen stets die Südseite der »Linden« nutzte, um in den Tiergarten zu fahren. Der Kaffeehausbetreiber vermietete zu besonderen Anlässen, wie etwa der Beisetzung Kaiser Wilhelms I., die Sitzplätze auf dem durchgehenden Balkon in der ersten Etage seines Hauses. Das Motiv eines Herrn mit Zylinder, der vom Balkon aus auf die »Linden« herabblickt, hatte Ury bereits Jahre zuvor mit dem Kohlestift festgehalten und auch als Gemälde ausgearbeitet. Leider erfahren wir nicht, welches Geschehen auf den »Linden« die Aufmerksamkeit des Herrn fesselt.

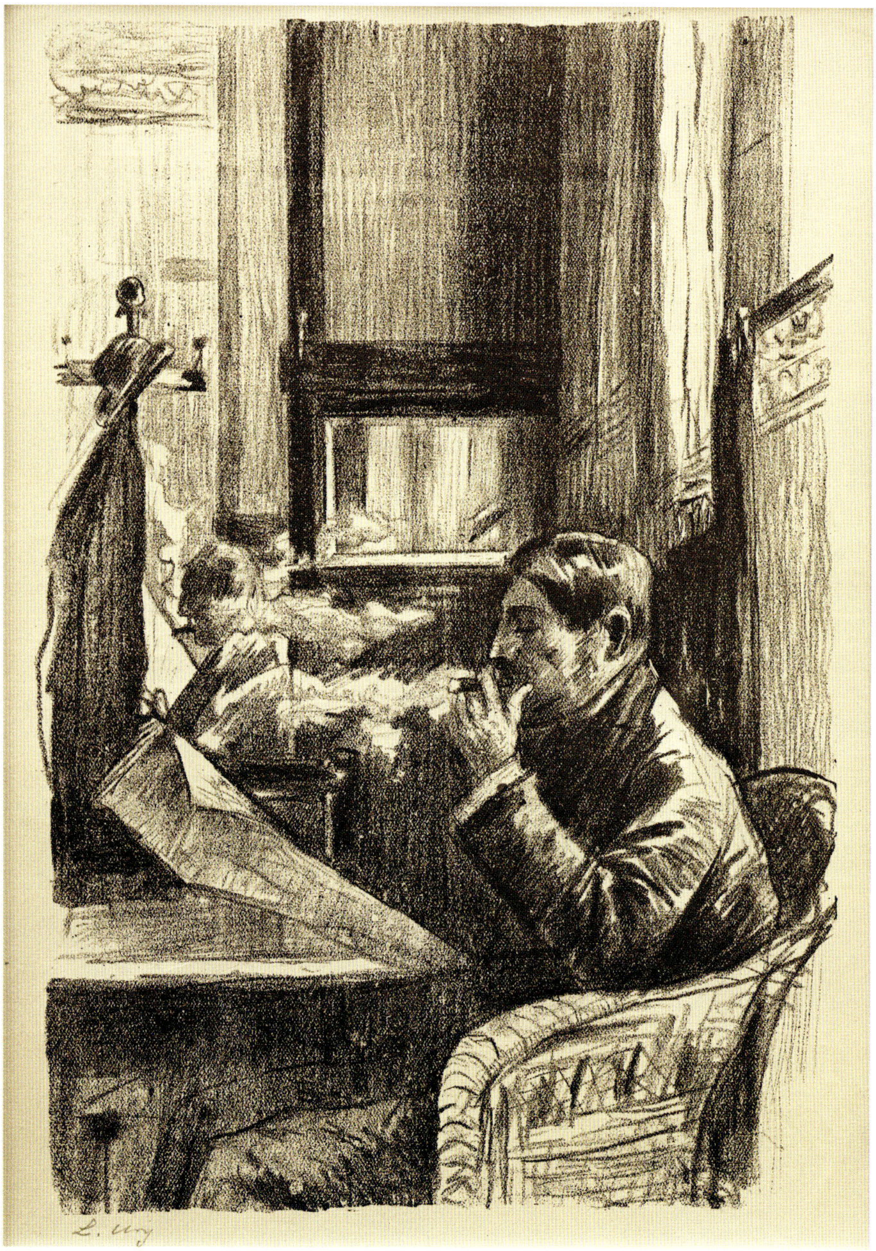

Rauchender Herr im Café I, um 1920
Lithografie, 27 x 18,5 cm; auf 36 x 22,5 cm (Bütten)
Verlag Fritz Gurlitt, Berlin, Privatsammlung

Lesen und Rauchen sind die wichtigsten Tätigkeiten, denen die von Lesser Ury dargestellten Personen in den neuartigen Groß-Cafés nach Wiener Vorbild frönen. Ein attraktives Zeitungsangebot verleitete die Gäste zum Verweilen. Aber nicht jedermann war vom Siegeszug des Wiener Kaffeehauses begeistert. Der Journalist Julius Rodenberg klagte: »Wenn man Tabaksqualm und Lärm […] haben will, so braucht man sich nur […] in das Café Bauer zu bemühen. […] Wir haben ihn jetzt, den behaglichen Luxus, der nicht viel kostet, aber auch nicht viel einbringt; den guten Kaffee, Zeitungen, so viel wir wollen […] Das Wiener Café hat die Conditorei vollständig verdrängt; aber, ich fürchte, mit ihr auch ein gut Stück alten Berliner Lebens.« Der dargestellte Herr scheint diese Auffassung nicht zu teilen. Er genießt sowohl seine Zeitungslektüre als auch seine Zigarre.

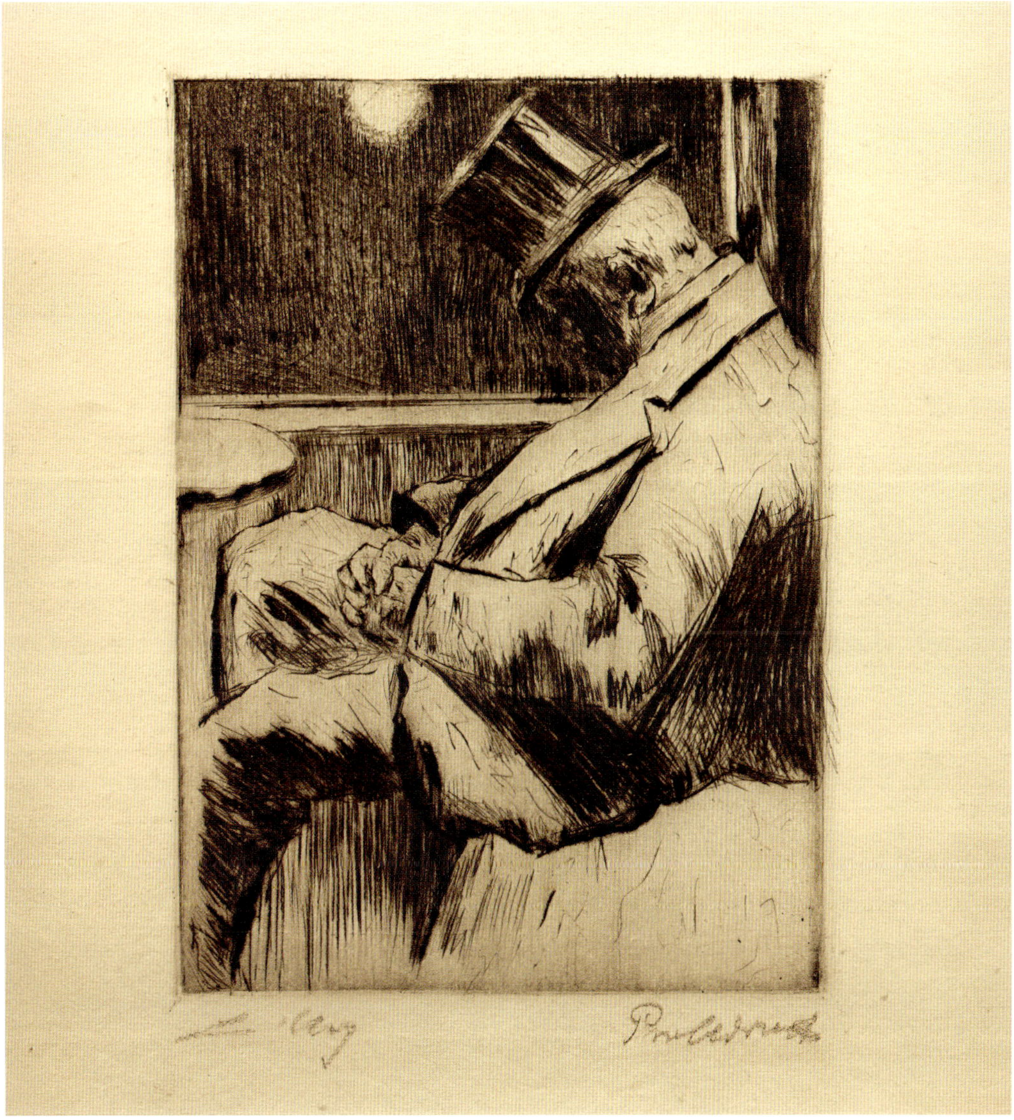

Morgenstimmung: Eingeschlafener Herr mit Zylinderhut, 1921
Radierung, 14,9 x 10,8 cm; auf 25,7 x 21,7 cm, Privatsammlung

Vereinzelt hatte Ury bereits früher die Bewusstlosigkeit eingenickter Personen ausgenutzt, um sie zu studieren und als Bildmotiv zu verwerten. Hier zeigt er einen nach durchzechter Nacht eingeschlafenen Herrn. Sein Körper fügt sich wie ein spiegelverkehrtes S in den knapp bemessenen Bildausschnitt. In Fortführung der s-förmig verlaufenden Linie leuchtet am oberen Bildrand die Säufersonne, der Vollmond, als entsprānge er dem Zylinder. Die Radierung bezieht ihre Spannung aus dem Kontrast zwischen dem düsteren Ausblick durch das Fenster und dem ausgeleuchteten Vordergrund.

Berliner Kaffeehaus (Cafe scene in Berlin), undatiert
Öl auf Leinwand, 32 x 24 cm
(Zuletzt Kunsthandel)

Einen großen Teil der Bildfläche reservierte Lesser Ury für den gigantischen Kronleuchter, der die Fläche zwischen der Fluchtlinie der Saaldecke und der Vertikalen des Pfeilers rechts einnimmt, zwei Linien, die sich in der weiblichen Figur im Vordergrund treffen. Die moderne Berlinerin mit Kurzhaarfrisur liest und genießt ihre Zigarette, ganz ohne männliche Begleitung. Die eigentümliche Form des Beleuchtungskörpers und die angedeuteten Pfeiler könnten ein Hinweis darauf sein, dass sich die Dame im Café Vaterland am Potsdamer Platz befindet. Dieses Kaffeehaus nahm zwei Etagen ein, verfügte über 2.500 Sitzplätze und wurde zeitweilig als das größte Café Berlins gefeiert.

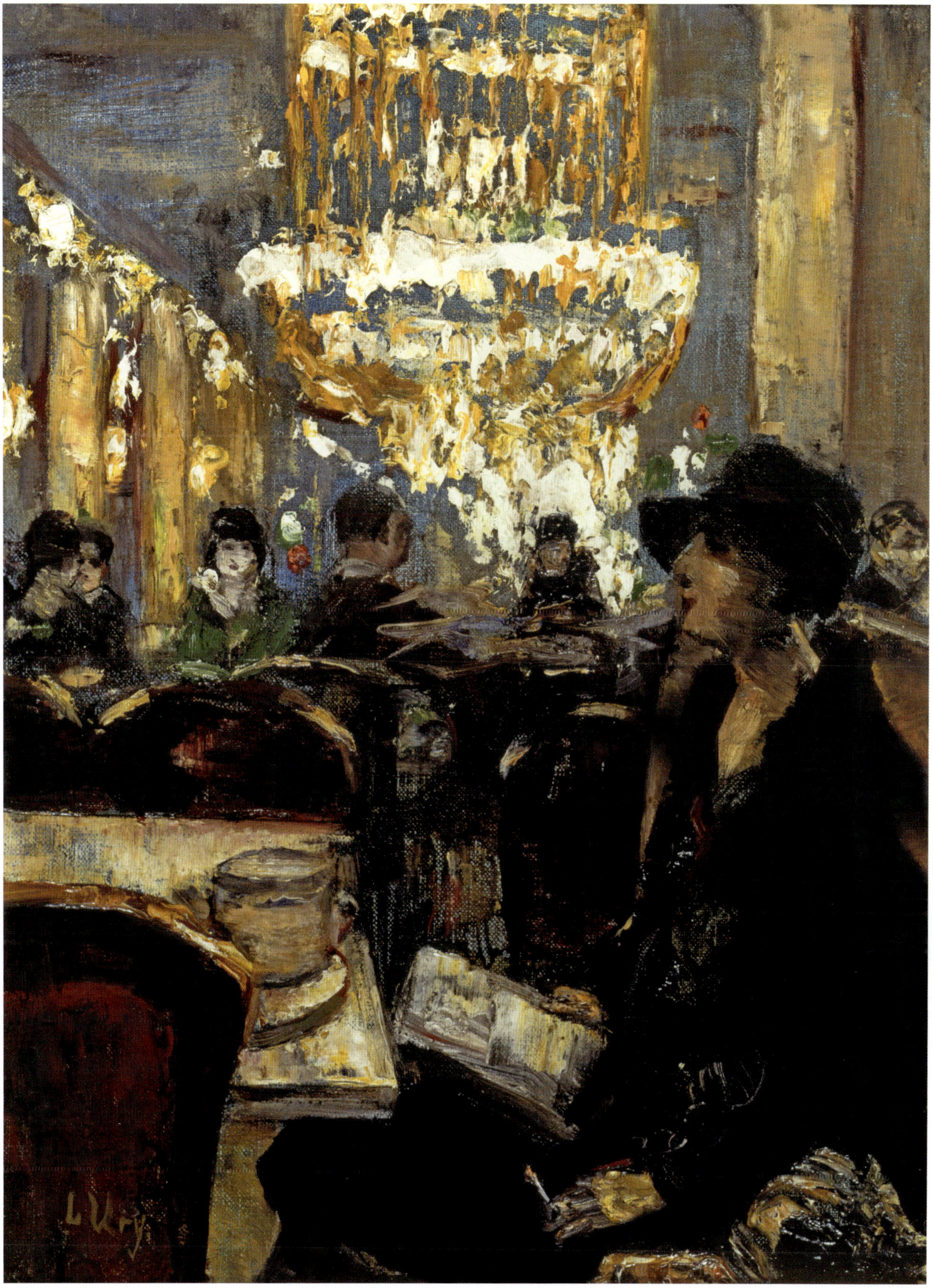

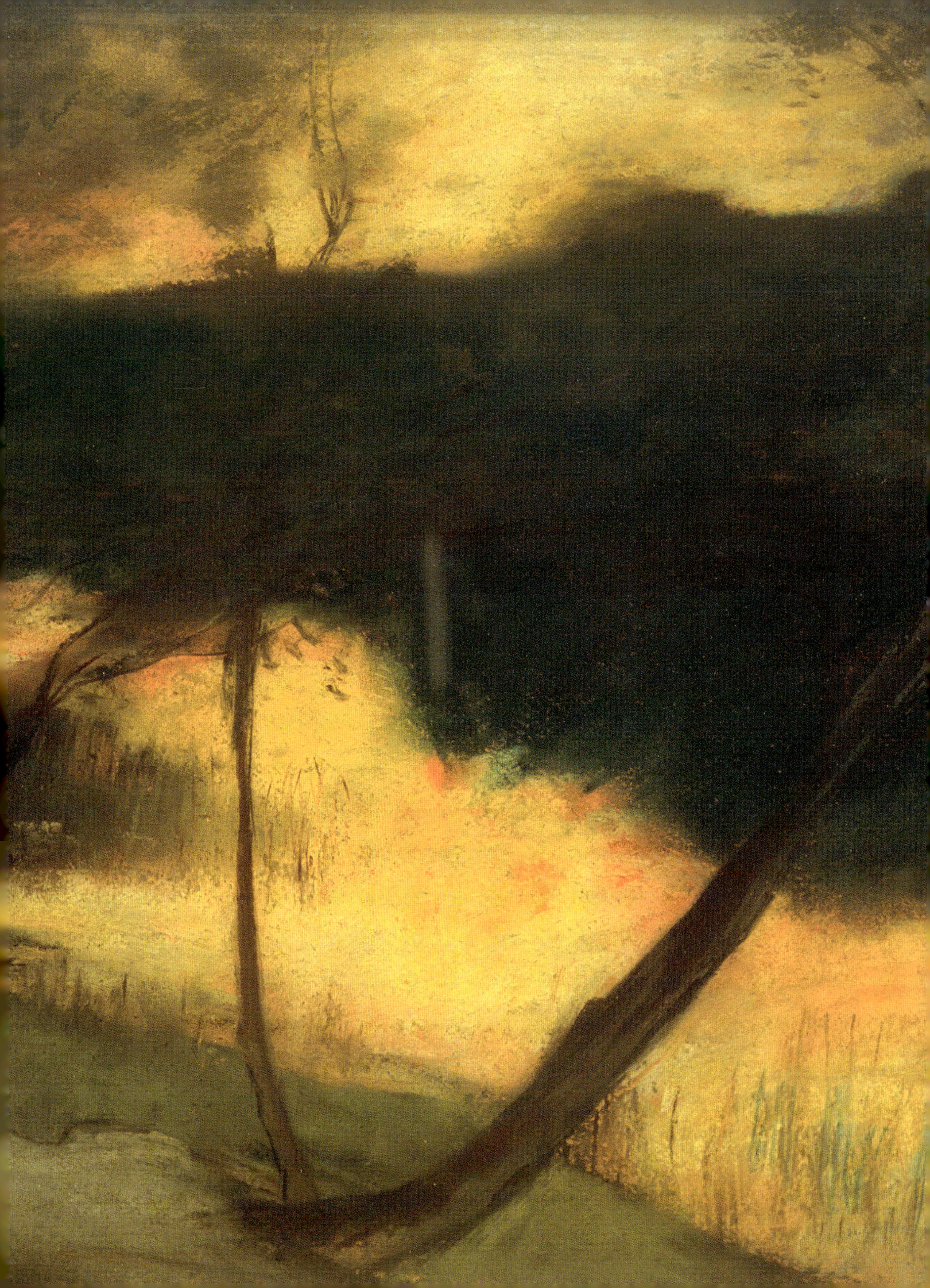

Licht

»… neuartige Werke voller Luft, Licht und Sonne«

(Eugen Spiro in seiner Rede an Lesser Urys Grab)

Lesser Urys Interesse an der Wiedergabe von Licht und dessen vielfältigen Effekten zieht sich wie ein roter Faden durch sein Werk. Es sind Fragen nach der Beschaffenheit des Lichts zu unterschiedlichen Tages- und Jahreszeiten oder nach seiner Streuung in verschiedenen Wetterlagen, mit denen sich Ury in seinen Stadtansichten und Landschaftsbildern auseinandersetzte. Er erforschte den Einfall des Lichts in Innenräume und studierte die unterschiedlichen Farben von natürlichem Licht und den verschiedenen künstlichen Lichtquellen wie etwa dem elektrischen Licht.

Farbe und Licht wurden Ury zu einem eigenen Ausdrucksmittel. Mit ihnen gelang es ihm, Alltägliches wie einen Sonnenuntergang oder die Tätigkeit einer Schankwirtin mit Magie und Bedeutung aufzuladen. Neben herkömmlichen Ölfarben entdeckte er dabei das Potential von Pastellkreiden, deren Verwendung ihm möglicherweise besonders in Paris vor Augen geführt worden war. Übereinander aufgetragene Farbschichten führten zu samtig wirkenden Ergebnissen von großer Intensität.

Angesichts von Urys Leidenschaft für Farbe mag es überraschen, dass er gleichzeitig eine Vorliebe für die »Unfarbe« Schwarz besaß, die von den französischen Impressionisten gemieden wurde. Vielleicht hatte auch sie ihm, neben seinem schwarzen Spitzbart, in Paris den Spitznamen »Ury noir« eingebracht. Dunkle Farbtöne verwendete er für einige seiner frühen Interieurbilder und später für seine nächtlichen Straßenszenen.

Nachtszenen bei Regenwetter wurden zu Urys Spezialgebiet und stellen seinen besonderen Beitrag in der Geschichte des deutschen Impressionismus dar. Der Wasserfilm auf dem Asphalt war eine ideale Spiegelfläche, um darin die Lichter der Großstadt reflektieren zu lassen und die beeindruckendsten Lichtphänomene herbeizuzaubern. Spiegel oder reflektierende Wasseroberflächen sind Motive, die auch in seinen Interieur- und Landschaftsbildern immer wieder auftauchen. Ury setzte sie ein, um etwa den Bildraum zu erweitern oder das Licht zu vermehren.

In seinen druckgrafischen Blättern verzichtete er völlig auf Farbe. Dennoch gelang es ihm, den aufgewühlten Pinselduktus seiner Gemälde, das Spiel von gleißendem Licht, tiefen Schatten und atmosphärisch aufgeladenen Zwischentönen ins einfache Schwarz-Weiß zu übertragen.

Pariser Interieur (Interieur) (Lesende Frau am Fenster), 1881
Öl auf Leinwand, 55,5 x 32,5 cm
Privatsammlung

Für ihre Lektüre hat sich die junge Dame ein Plätzchen am Fenster gesucht. Nur hier, am Ende des dunklen, zentralperspektivisch konstruierten Raums, findet sie ausreichend Licht zum Lesen. Als einzige Lichtquelle für sein Interieurbild setzt Lesser Ury das Tageslicht ein. Es wird von der Fassade eines gegenüberliegenden Wohnhauses in einer typischen Pariser Gasse reflektiert. Der Künstler lässt es von hinten durch das hohe Sprossenfenster in den Bildraum einfallen und bis zum Bildvordergrund dringen. Dabei streift es den Kamin links, setzt helle Akzente auf den Möbeln und bringt den roten Teppich sanft zum Leuchten. Die Leserin setzt der Maler ins Gegenlicht. Ihr Gesicht schimmert hell im Abglanz des beleuchteten Buchs. Das »Pariser Interieur« ist eines von Urys frühsten bekannten Ölgemälden. Er malte es während seines ersten Paris-Aufenthalts 1881. In der Tätigkeit des Lesens fand er gewissermaßen einen Vorwand für die Umsetzung seiner Bildidee.

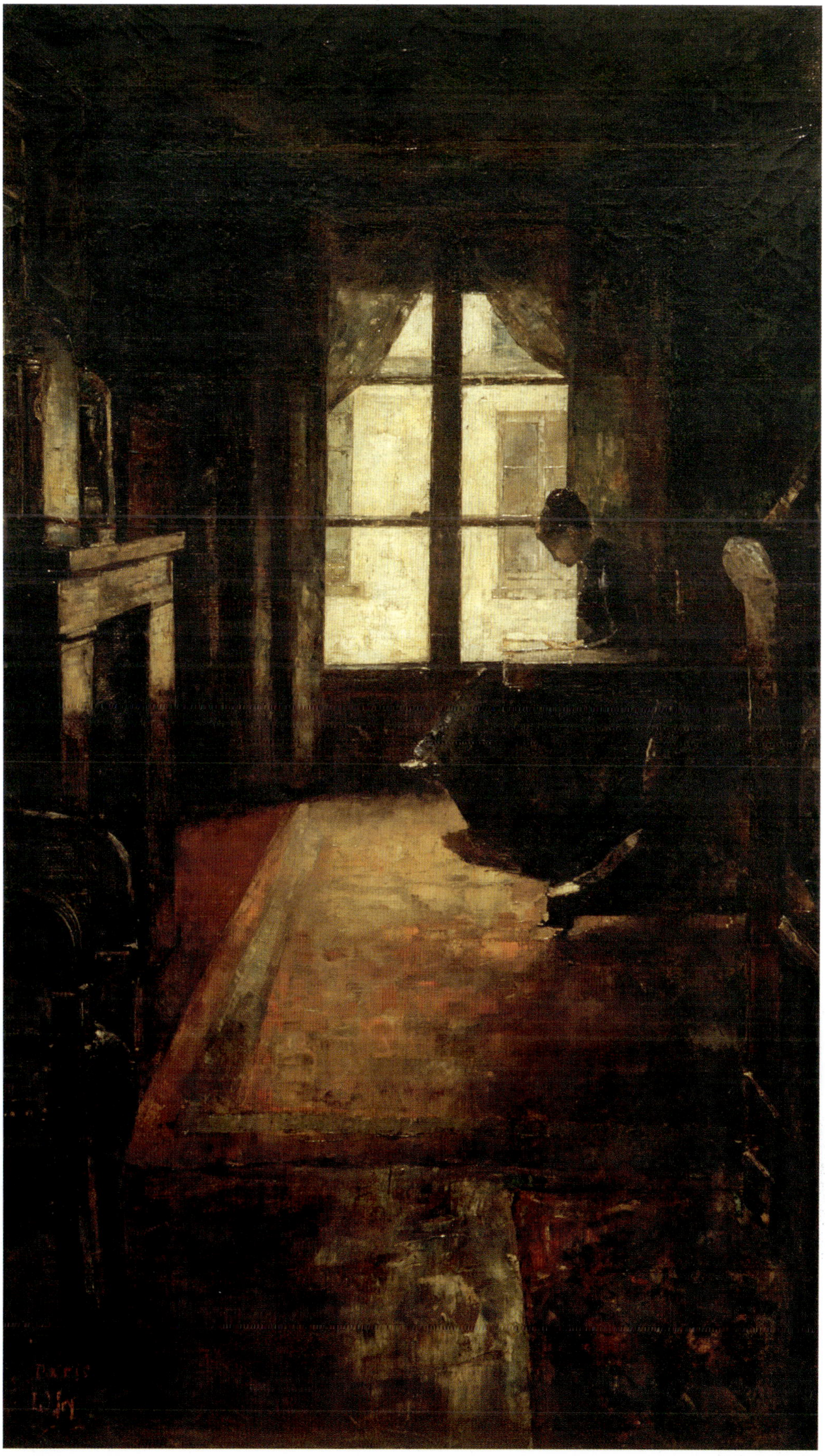

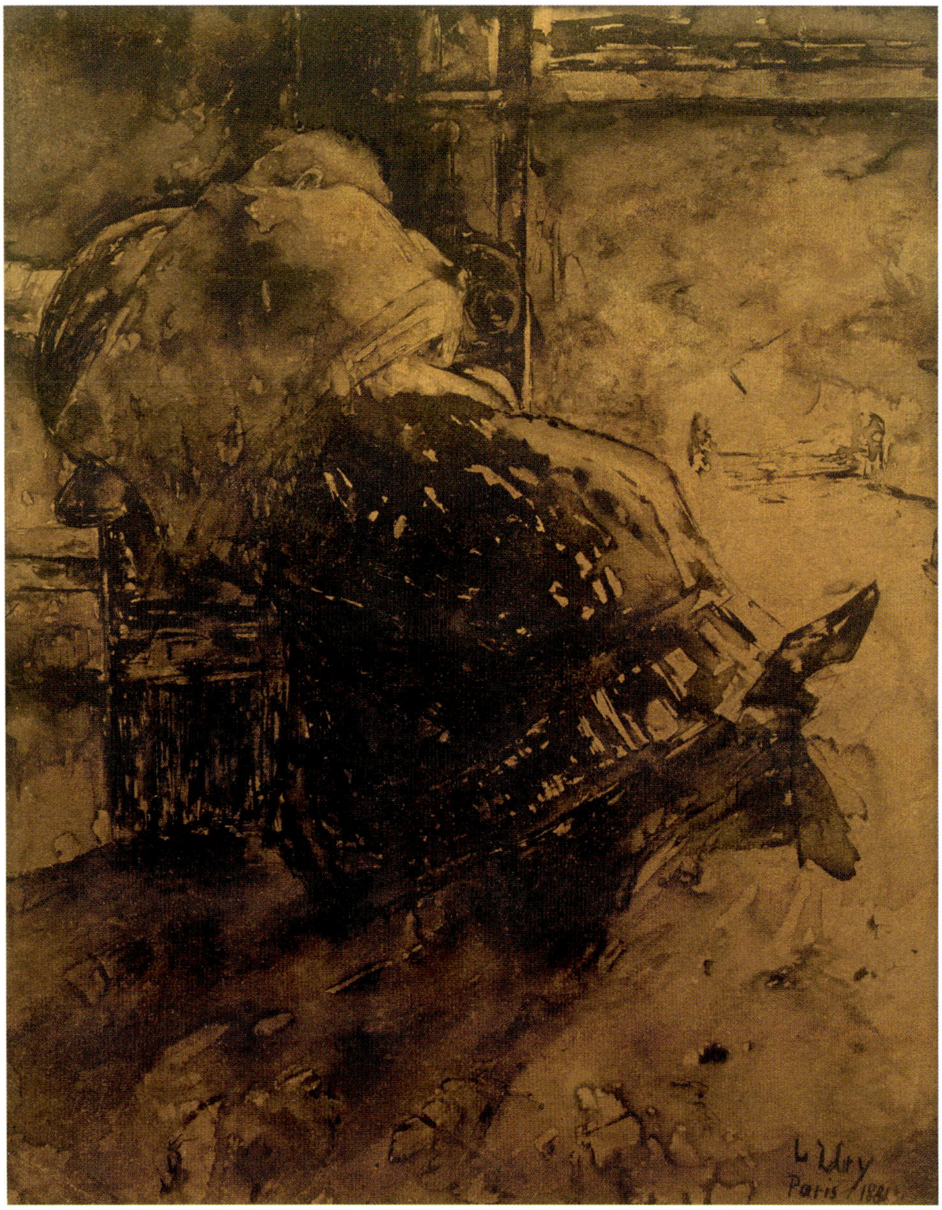

Frau am Kamin, 1881
Bleistift, Feder und Tusche auf Papier,19 x 14,5 cm, Privatsammlung

In der unteren rechten Ecke der Zeichnung hat Lesser Ury signiert und auch Entstehungsort und -jahr dokumentiert. Das Blatt ist demnach während seines Pariser Aufenthalts 1881 entstanden und verrät bereits sein Interesse für verschiedene Quellen und Phänomene des Lichts. Auf Papier zeichnete er eine Frau vor brennendem Kamin. Es scheint kalt zu sein, denn die Frau hat ihren Sessel nah an den Kamin herangerückt und ihren Oberkörper mit einer Decke umhüllt. Nur ihr Haarschopf und ein Ohr lugen hervor. Im Hintergrund der Komposition prasselt das Feuer in dem frontal wiedergegebenen Kamin. Ury bildet es ab, indem er die Farbe des bräunlichen Papiers weitgehend unbemalt lässt. Ebenso gestaltet er den Widerschein des Feuers auf dem Profil der Figur. Die dem Feuer abgekehrte Seite verschattet er mit satten, eng nebeneinander gesetzten Federstrichen, die sich zu einer schwarzen Fläche vereinen.

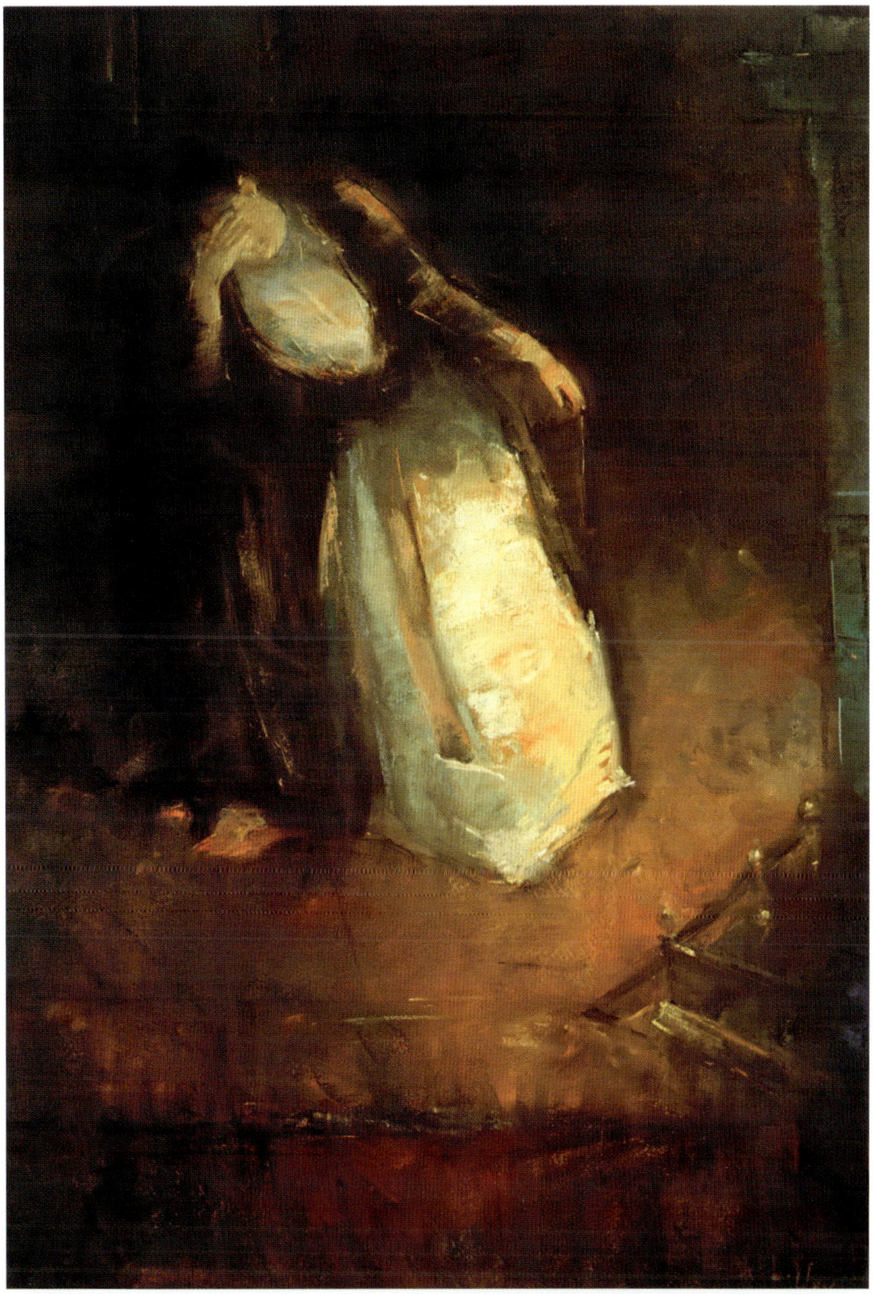

Frau am Kamin (Träumerei am Kamin), um 1890
Pastell auf Pappe, 70 x 49 cm, Privatsammlung

Einige Jahre nachdem Lesser Ury die »Frau am Kamin« gezeichnet hatte, malte er mit Pastellkreiden ein Bild, welches das intime Motiv einer dösenden Frau am Feuer noch einmal aufnahm. Dabei veränderte der Künstler die Blickrichtung: Wir sehen die Frau nun von vorn – und ohne Decke. Sie sitzt müde im Sessel und hat das Gesicht in die rechte Hand ihres aufgestützten Arms gebettet, während ihre Linke auf der anderen Sessellehne ruht. Die eigentliche Lichtquelle, das Kaminfeuer, ist nicht zu sehen, nur seine Wirkung. Sein Widerschein erzeugt warme rötliche Flecken auf dem Boden des Raums, lässt die Haut der Dame sanft aufleuchten und färbt das weiße Kleid rosa und hellorange. Die warme Tonigkeit und die sanften Farbübergänge der Pastellkreiden erzeugen eine Bildwirkung, die die vom Kamin ausgehende Wärme dem Betrachter nahezu körperlich erfahrbar macht.

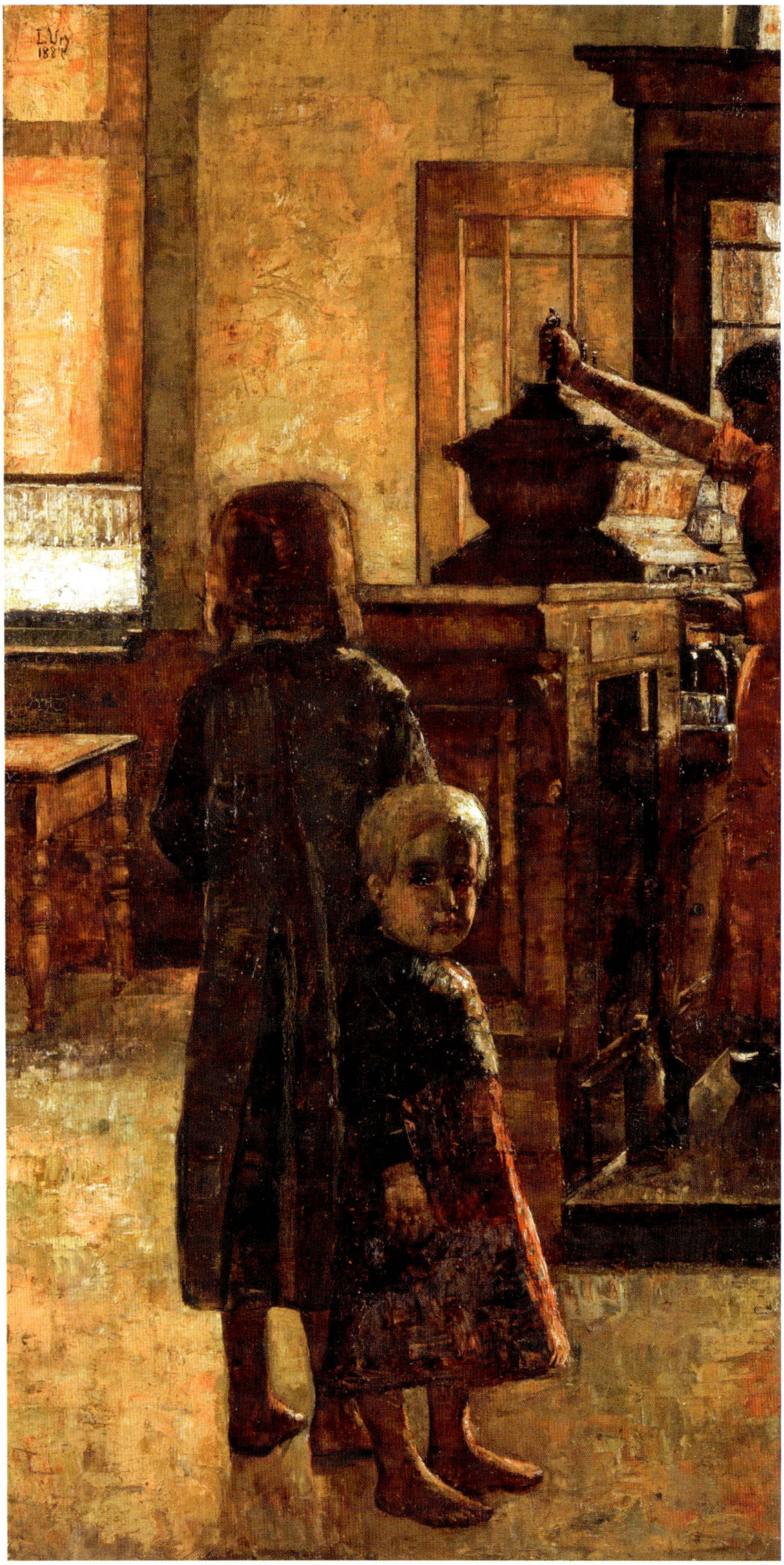

Estaminet. Flämische Schenke (Kinder im Laden), 1884
Öl auf Leinwand, 100,5 x 52 cm
Nationalgalerie Berlin, Inv.-Nr. A II 402

Der Gastraum der Schenke ist lichterfüllt. Boden, Wände und der Sonnenschutz vor dem Fenster glühen in sommerlichen Gelbtönen, das Mobiliar in warmem Braun. Durch die geöffneten Glastüren einfallendes Licht hinterlässt helle Reflexe auf dem Zapfhahn, dem Schuh der Schankwirtin und dem Profil des Kindes. Das Kind im unteren Bildteil blickt sich als einzige Figur um und zieht den Betrachter in das Geschehen hinein. Im oberen rechten Viertel der Komposition findet die eigentliche Handlung statt: Eine Frau zapft Bier. Bereits 1880 hatte Lesser Ury Brüssel und Antwerpen bereist. 1882 schrieb er sich an der Académie Royale des Beaux-Artes in Brüssel ein, verbrachte eine Weile in dem flämischen Dorf Volluvet, heute ein Vorort von Brüssel, wohin er später für ein Jahr zog. Hier mag er das Motiv der rustikalen Gaststätte, ein typisch belgisches Estaminet, entdeckt haben.

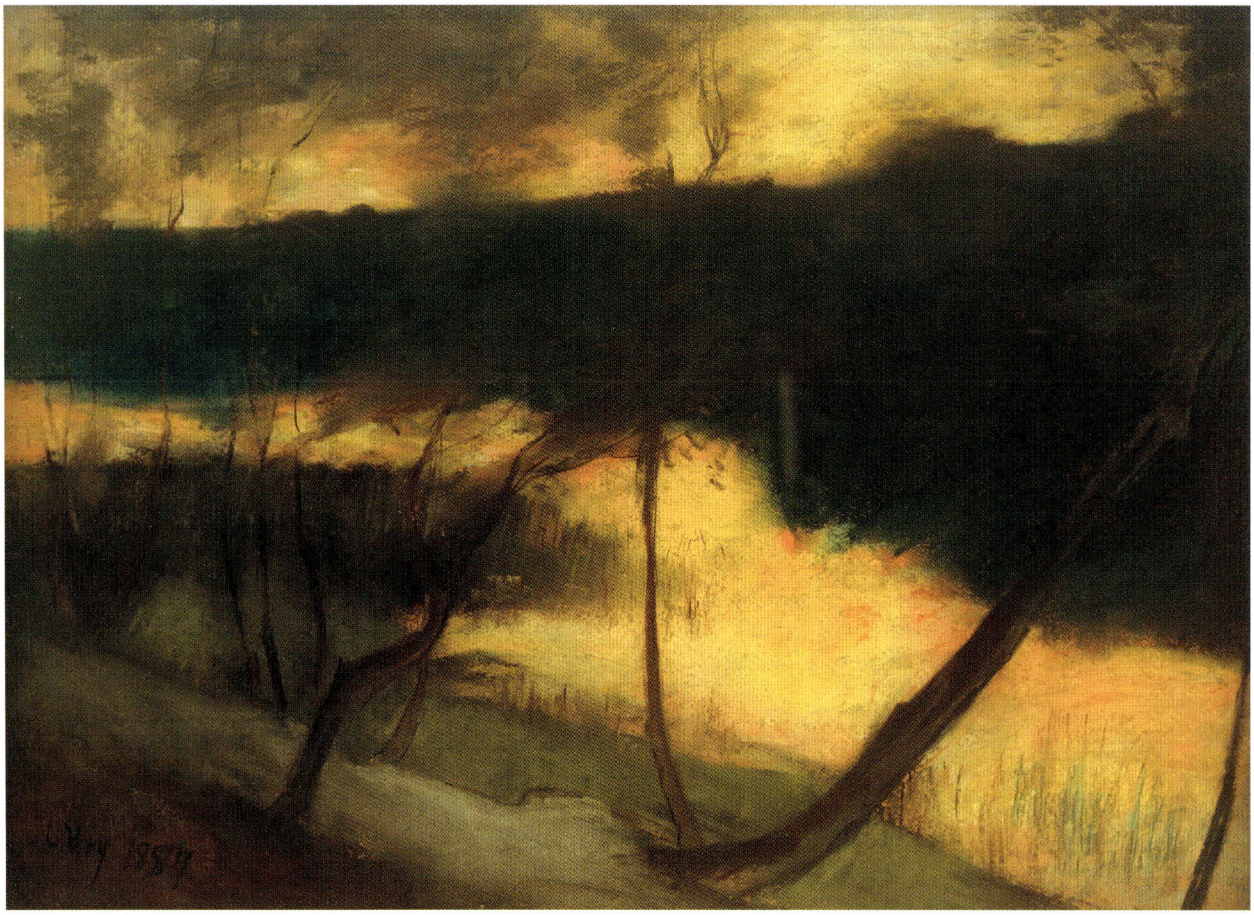

Flusslandschaft – Abendstimmung, 1889
Pastell auf Pappe, 33,5 x 47,5 cm, Privatsammlung

Die nahezu untergegangene Sonne hat den Himmel zu einem gelb lodernden Farbspektakel entzündet, das sich links oben zu einem violett-grau-rosa oszillierenden Gewölk verdüstert. Durch einen dunklen Streifen Vegetation getrennt, spiegelt sich die Himmelserscheinung in der beruhigten, spiegelglatten Oberfläche eines Flusslaufs. Ury benutzt dafür die gleichen gelben Farbtöne, sodass sich Himmelslicht und Widerschein gleichen. Durch die Überführung des eigentlich durchscheinenden und fließenden Wassers in ein statisches Farbfeld erschafft er eine symbolisch aufgeladenen Landschaftsdarstellung von übernatürlicher Ausstrahlung. Gleichzeitig wirkt die Komposition nahezu abstrakt. Wären nicht der Pfad im Bildvordergrund und die schräg stehenden Bäume, erschiene die Komposition beinahe wie eine moderne Farbfeldmalerei.

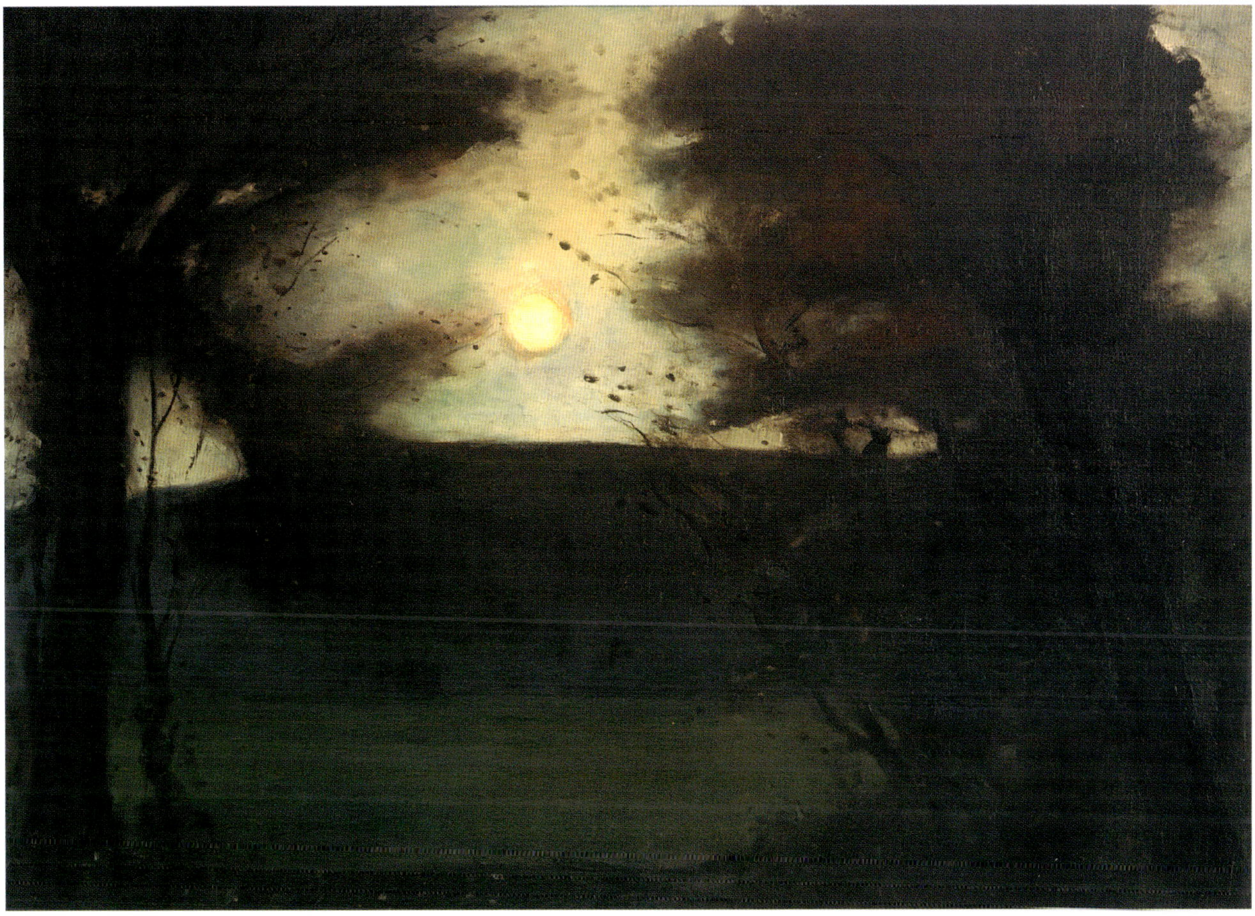

Mondaufgang am Grunewaldsee (Mondlandschaft), 1898
Öl auf Leinwand, 106 x 150 cm, Privatsammlung

Bei seiner Beobachtung des natürlichen Lichts unter freiem Himmel interessierte sich Lesser Ury besonders für die Zeiten des Übergangs, die stimmungsvolle Lichterscheinungen verheißen. Auf dem hier abgebildeten Gemälde hat sich der abendliche Dämmer bereits über See, Wiese und Bäume gelegt. Im kühlen Mondlicht lösen sich die Konturen der Flächen sanft auf. Wie Vorhänge einer Theaterbühne rahmen dunkle Bäume die gleißende Mondscheibe, die, mit violettem Hof, am grünlich-blauen Himmel leuchtet. Das Gemälde, das in seiner kontemplativen Atmosphäre an Bilder von Caspar David Friedrich erinnert, befand sich bis zum Tod Urys in dessen Besitz. Das beweist die letzte fotografische Aufnahme aus seinem Atelier, die das Kulturmagazin *Der Querschnitt* nach dem Tod des Malers druckte. Sie zeigt den Kunstler in einem Sessel sitzend. Neben ihm steht ein von Pinseln und anderen Malutensilien übersäter Tisch, an der Wand darüber hängt der »Mondaufgang«.

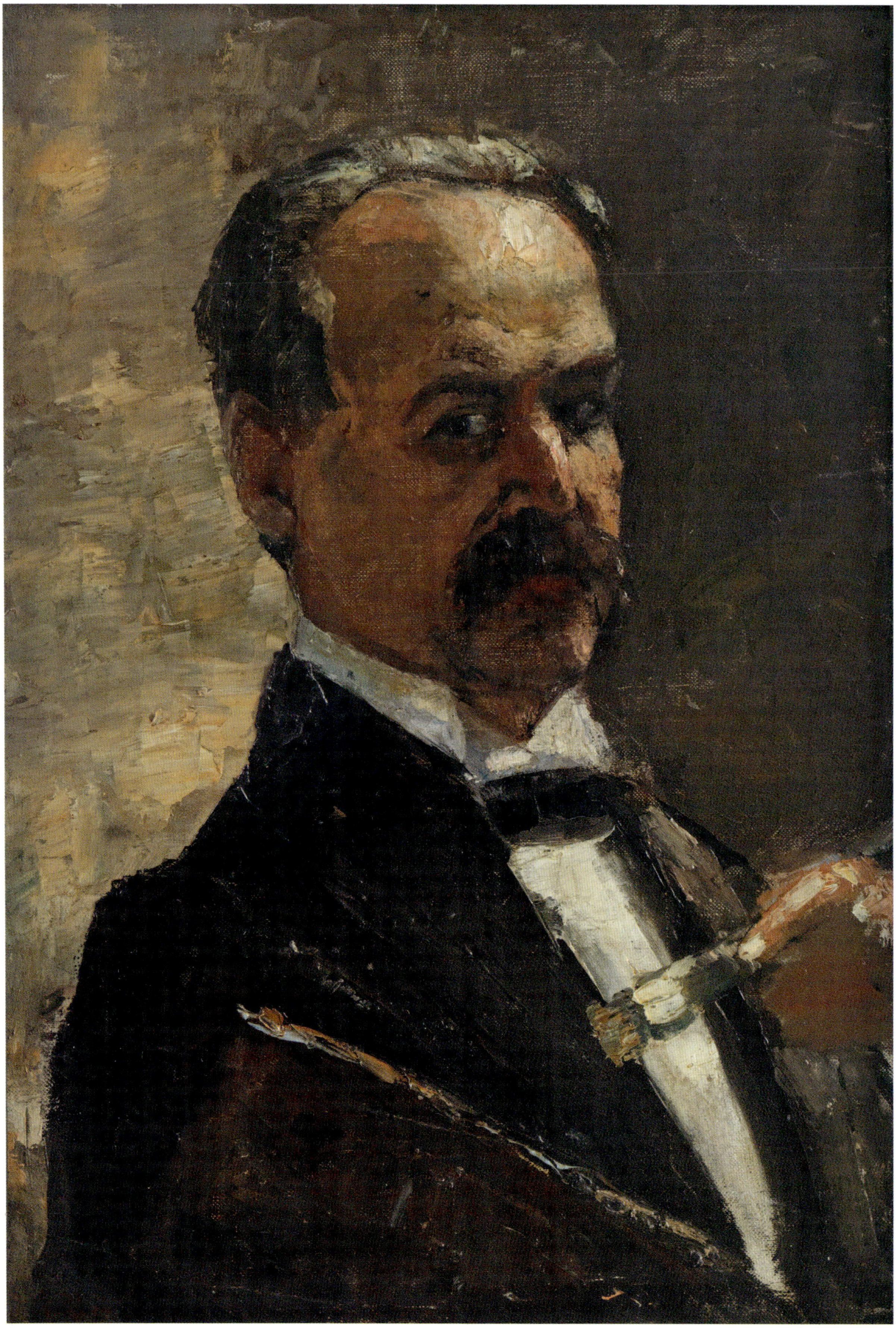

Selbstporträt mit Pinsel und Palette, um 1910
Öl auf Leinwand, 61 x 42 cm, Jüdisches Museum Berlin,
Inv.-Nr. GEM 92/16/0

Das »Selbstporträt mit Pinsel und Palette« aus der Zeit um 1910 zeigt den Maler selbstbewusst ohne den Arbeitskittel des Handwerkers, stattdessen in feierlichem schwarzem Anzug über weißem Hemd. Ury hat sich beim Malen dargestellt. Sein prüfender Blick könnte dem eigenen Spiegelbild gelten, zu dem er sich hinwendet, zumal er den Pinsel auf dem Bild in seiner linken Hand hält, obwohl er eigentlich Rechtshänder war. Wirkungsvoll setzte er einen feinen rosa Strich in das Weiß seines rechten Auges, dessen äußerer Winkel genau auf der Mittelachse des Bildes liegt. Urys Selbstbewusstsein speiste sich möglicherweise aus der Teilnahme an der Großen Berliner Kunstausstellung von 1910, wo er einen eigenen Raum mit Werken bestücken konnte.

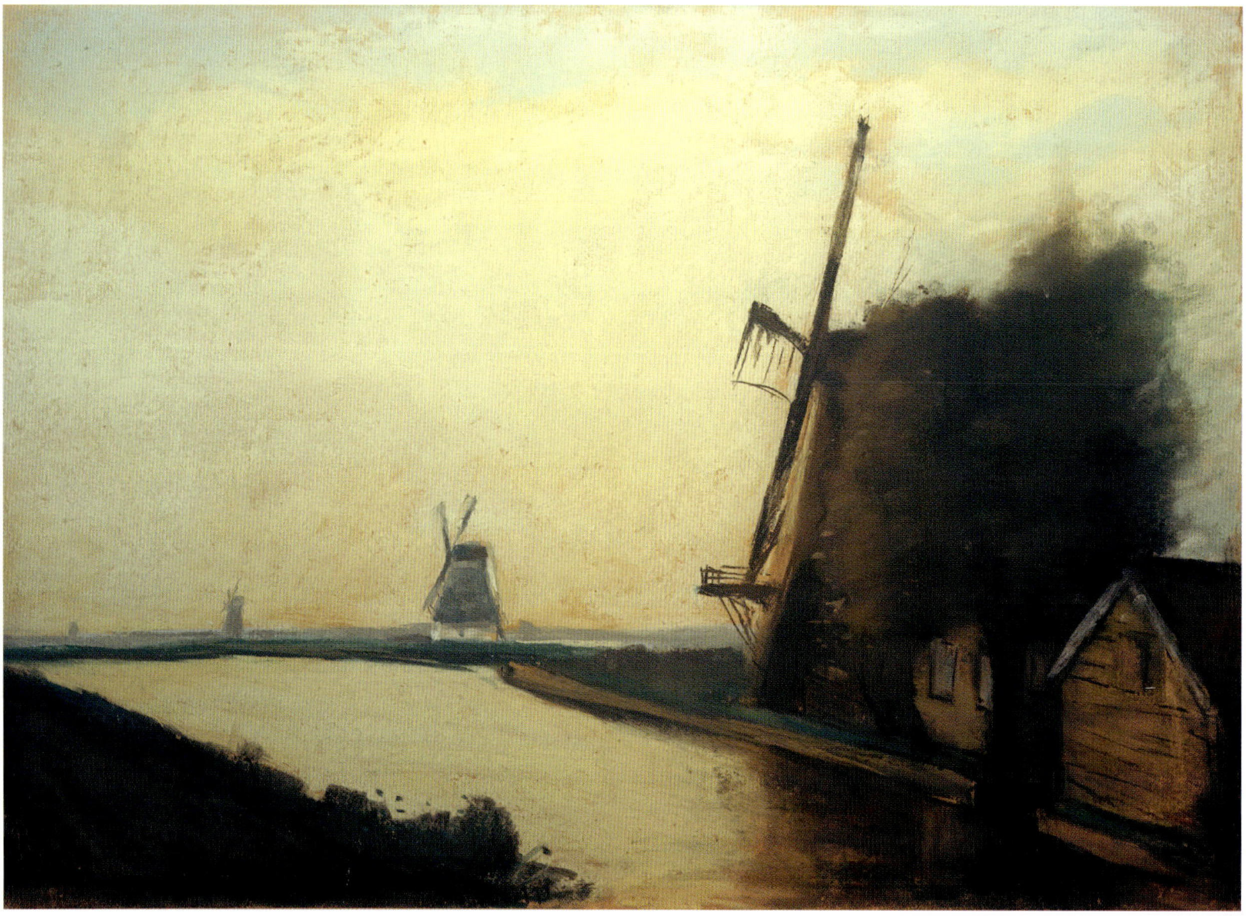

Windmühle, um 1912
Pastell auf Pappe, 36 x 49 cm, Privatsammlung

In den Jahren 1912 und 1913 führten Reisen Lesser Ury nach Holland, wo er die Landschaft unter verschiedenen Wetter- und Lichtverhältnissen studierte. Neben dem hohen Himmel über der flachen, unspektakulären niederländischen Landschaft fand der Großstädter in den Windmühlen ein neues Lieblingsmotiv. Für das Pastell wählte Ury einen Bildausschnitt, der gleich vier in die Bildtiefe gestaffelte Windmühlen unter einem gelb eingefärbten Himmel zeigt. Das durch den bedeckten Himmel einfallende, gleichmäßig gestreute Morgenlicht verdoppelt er durch die spiegelnde Wasseroberfläche des Flusses. Für holländische Themen gab es offenbar einen Markt: 1922 brachte Ury im Berliner Euphorion Verlag eine ganze Mappe mit radierten holländischen Motiven heraus.

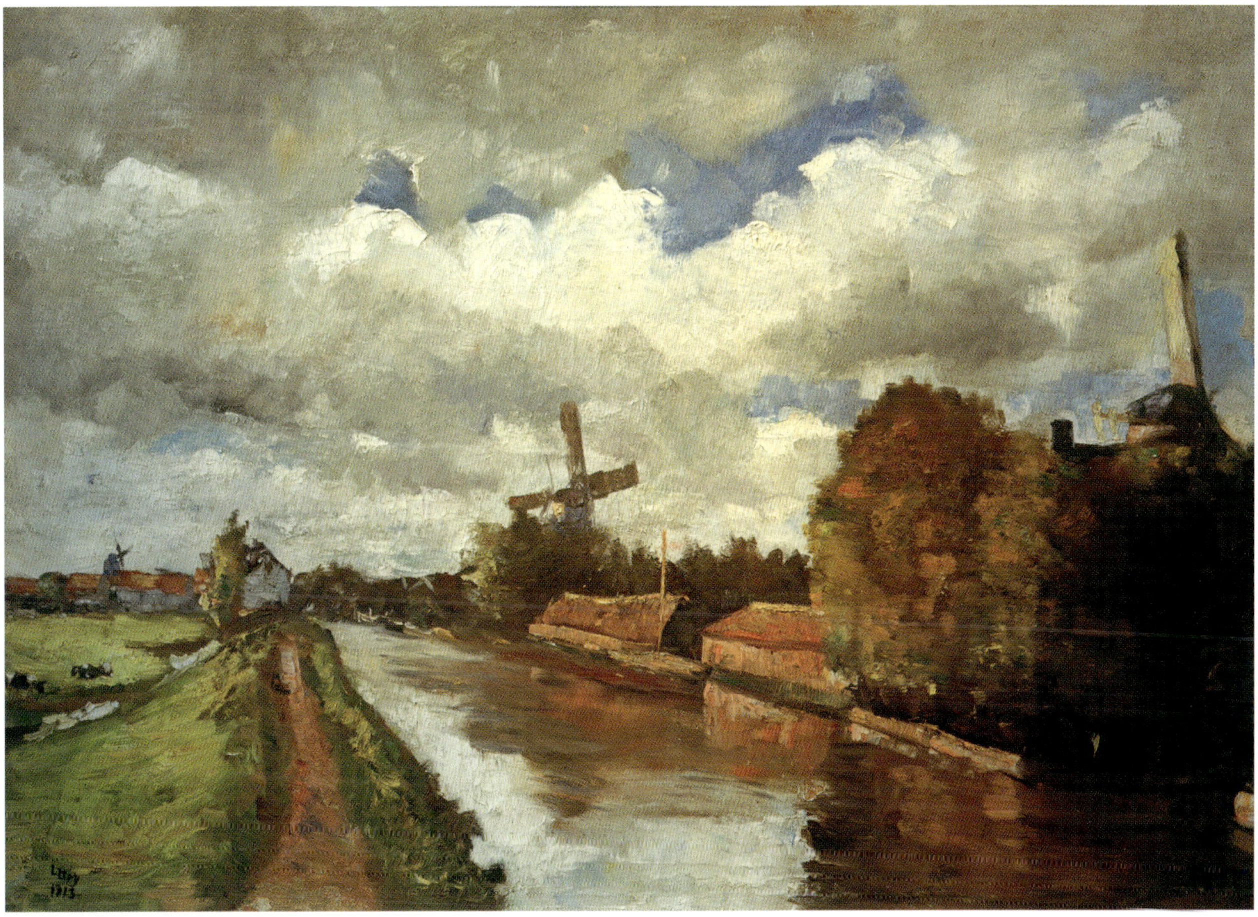

Ziehende Wolken, 1913
Öl auf Leinwand, 72 x 102 cm, Privatsammlung

Saftiges Grün und strahlendes Himmelblau verleihen dem Gemälde eine lebendige Frische, die im Kontrast zu den regenschweren Wolken am Himmel stehen und sich bedrohlich dunkel im Fluss spiegeln. Regen scheint in der Luft zu liegen. Gerade im Vergleich mit dem Pastell »Windmühle«, das einen ähnlichen Landschaftsausschnitt zeigt, wird Lesser Urys Fähigkeit deutlich, die aus verschiedenen Wetterlagen resultierende Stimmung malerisch zu erfühlen. Diese Gabe überzeugte auch den Industriellen Carl Schapira. Er hatte 1913 über den Sammler Emil Hirsch, der das Gemälde »Holsteinische Schweiz« besaß, die Bilder Lesser Urys kennengelernt. Schapira berichtete, Hirsch habe ihn am nächsten Tag gleich zu Ury bringen müssen, wo er »Ziehende Wolken« für 10.000 Mark gekauft habe. Das Bild hätte, so Schapira, »weit mehr als ich damals auf der Bank hatte«, gekostet. »Meine Frau sagte, ich sei verrückt geworden.«

Sitzender weiblicher Akt, um 1920
Radierung, 22,3 x 13 cm; auf 39,8 x 30,2 cm
Privatsammlung

Lesser Ury modelliert den sitzenden weiblichen Körper durch ein hartes Aufeinandertreffen von beleuchteten und verschatteten Partien. Während er die ausgeleuchteten Körperpartien weitgehend weiß lässt, arbeitet er die dem Licht abgekehrte Seite plastisch durch Parallelschraffuren verschiedener Dichte, Länge und Ausrichtung heraus. In einigen Bereichen intensiviert er die Strichlagen zu tiefschwarzen Zonen, die – etwa an Kniekehle, Achsel und Schulterlinie – verschattete Bereiche markieren, allerdings auch an Stellen erscheinen, die eigentlich nicht im Schatten liegen. Womit mag sich das Modell beschäftigen? Während sich die Dame vermutlich in einem kleinen Spiegel selbst betrachtet – das zurückgeworfene Licht erhellt sanft das Gesicht –, ist der Betrachter eingeladen, seinen Blick ungestört über die gut ausgeleuchteten Brüste und den Bauch wandern zu lassen.

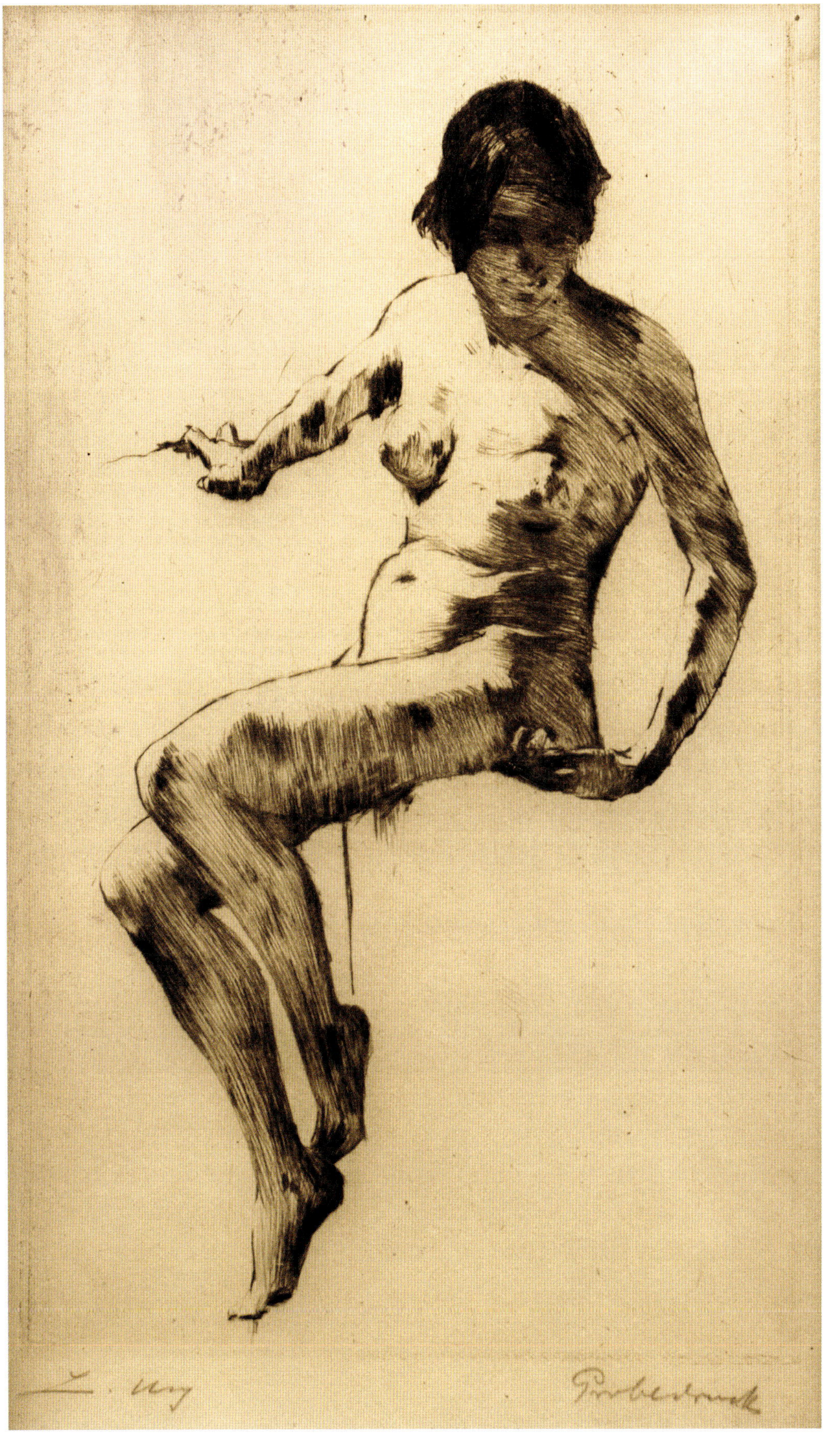

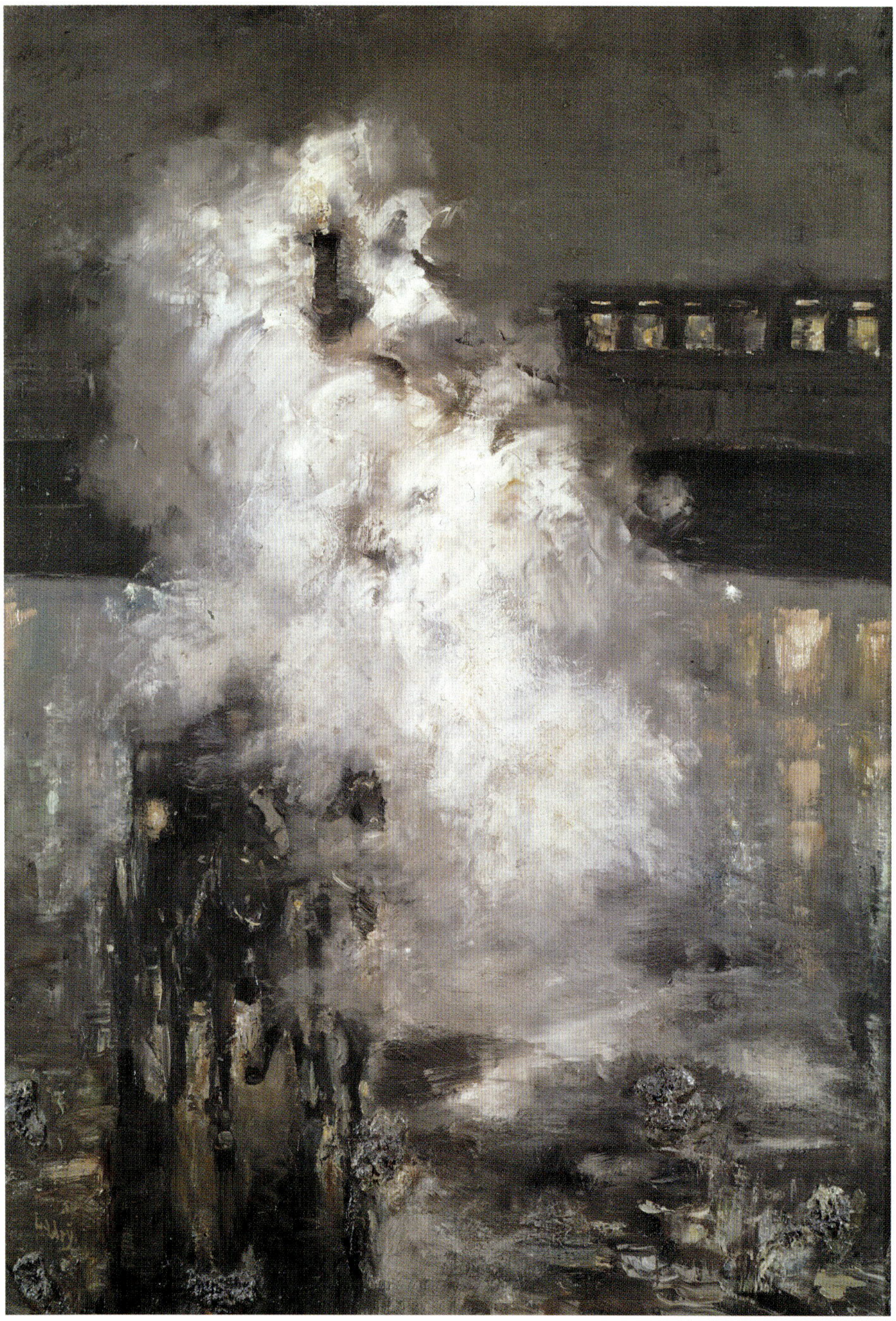

Nachtimpression (Nachtstimmung, Stadtbahn), 1918
Öl auf Leinwand, 101,5 x 72 cm, Privatsammlung

Die Darstellung der Großstadt bei Nacht und Regenwetter übte auf Lesser Ury einen besonderen Reiz aus. Sie bot ihm die Gelegenheit, die vielfältigen Erscheinungsformen des künstlichen Lichts wiederzugeben: Heimelig leuchtet es aus den Wagenfenstern des einfahrenden Personenzugs, die Laterne der Droschke glimmt müde und das von dem Gefährt in Bewegung gebrachte Regenwasser spiegelt Licht der Umgebung in Form von gelblichen, bläulichen und weißen Farbflecken. Als Besonderheit kommt in »Nachtimpression« die riesige Wolke aus Wasserdampf hinzu, ausgestoßen von der einfahrenden Dampflok, die die Pferdedroschke in Dunst hüllt und uns den Blick in die Bildtiefe verbietet. Gleichzeitig vermittelt sie das Flüchtige des Augenblicks in dieser nächtlichen Szene.

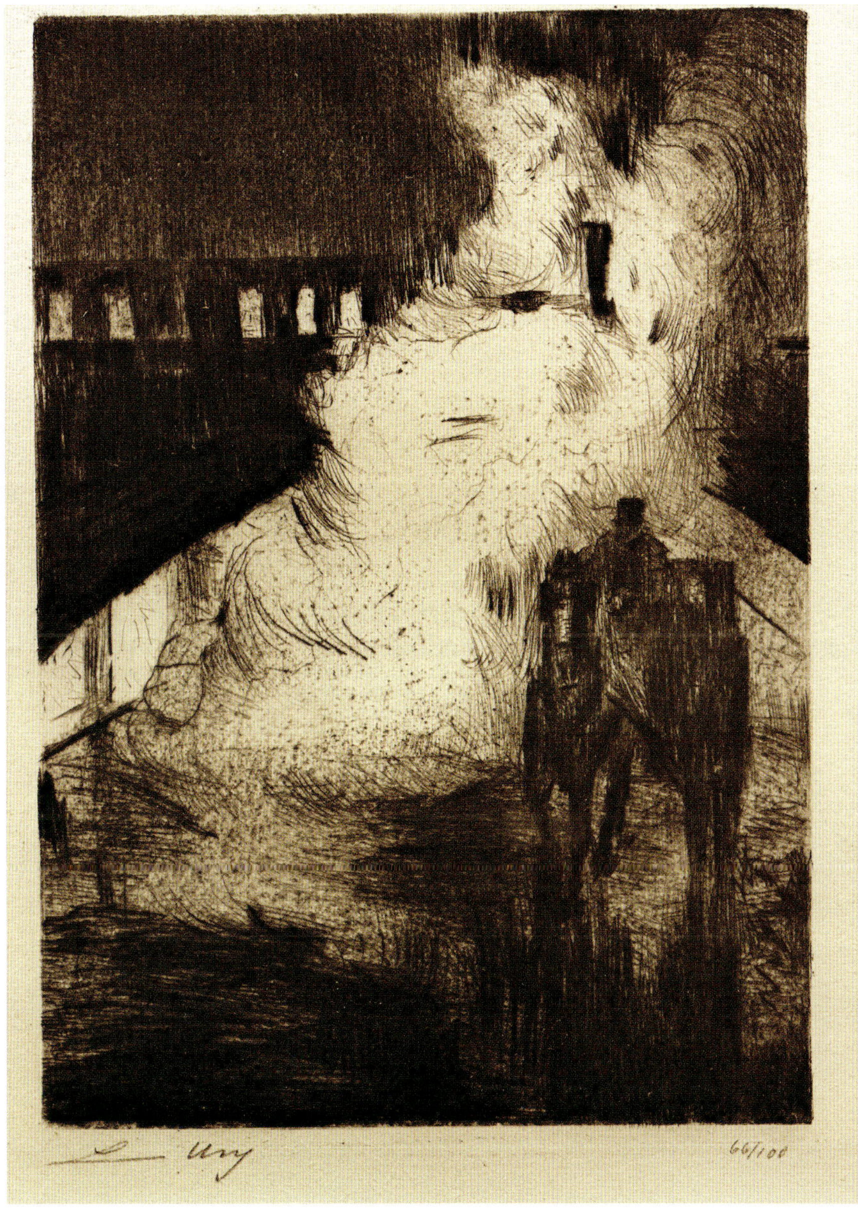

Nächtliche Impression (mit Droschke vor Lokomotivendampf), 1924
Radierung, 17,8 x 12,7 cm; auf 36 x 27 cm (Bütten), aus: Berliner Impressionen
Euphorion Verlag, Berlin , Privatsammlung

Erst in fortgeschrittenem Alter entdeckte Lesser Ury die Ausdrucksmöglichkeiten der Druckgrafik, vor allem der Radierung. Bald setzte er auch bereits gefundene Bildlösungen noch einmal druckgrafisch um. Das Blatt »Nächtliche Impression« greift das Motiv des wenige Jahre zuvor entstandenen Gemäldes »Nachtimpression« auf. Die besondere Herausforderung bestand darin, die Konsistenz des Wasserdampfs, die unterschiedlichen Lichtreflexe und den aufgewühlten Pinselduktus in Schwarz-Weiß zu übertragen. Ury hielt dieses Motiv für so typisch berlinerisch, dass er es in seine Grafikmappe »Berliner Impressionen« aufnahm. Der bewusst gewählte Titel erinnert an das Seestück »Impression, Sonnenaufgang« von Claude Monet, das einer ganzen Stilrichtung ihren Namen gab.

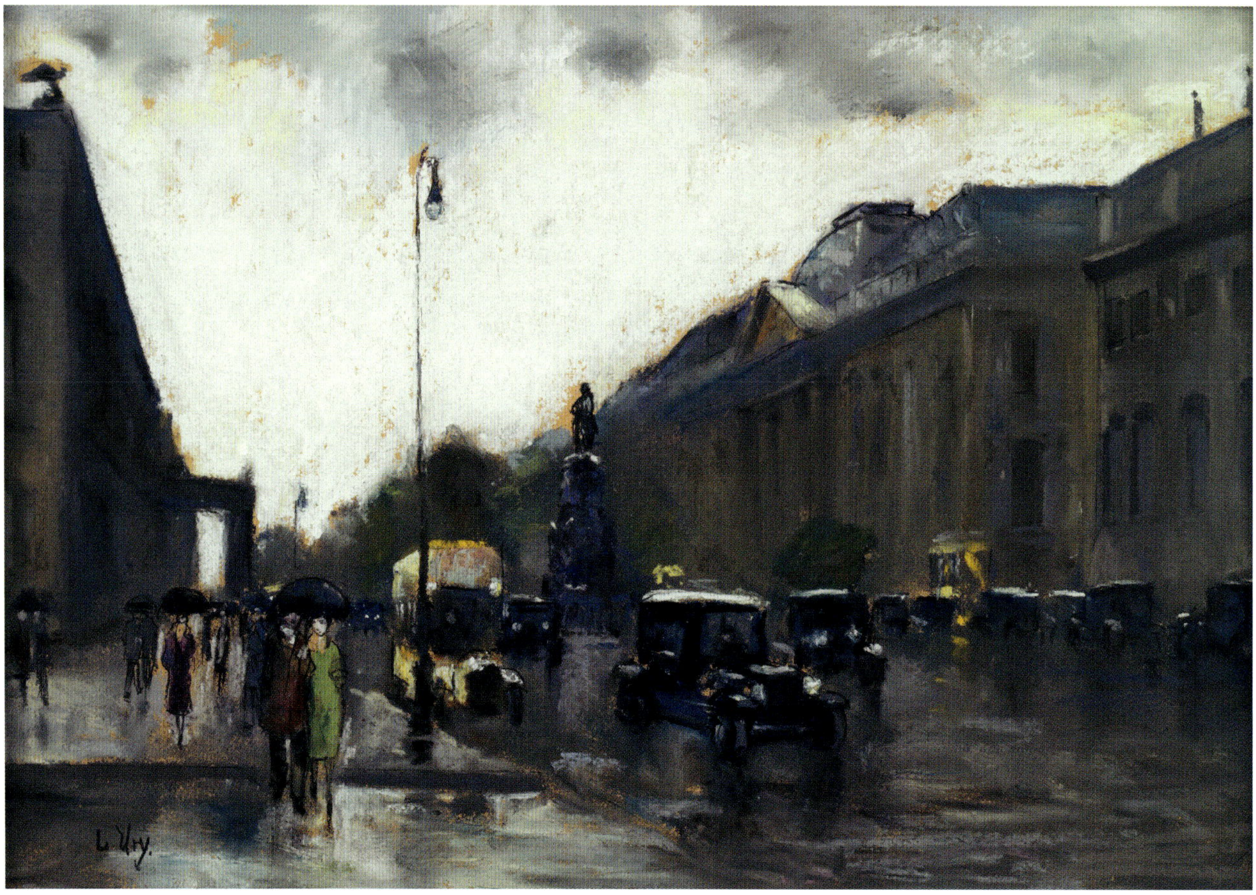

Berlin. Unter den Linden, undatiert
Pastell, Maße unbekannt (Zuletzt Kunsthandel)

Obwohl Lesser Ury das von dem Bildhauer Christian Daniel Rauch geschaffene Reiterstandbild Friedrichs des Großen ins Zentrum seiner Bildkomposition setzt, spielt hier die schlanke Bogenlampe die Hauptrolle. Sie überragt nicht nur das Standbild, sondern auch die heutige Staatsbibliothek zu Berlin rechts und beinahe das Alte Palais links. Lange hatte auf Berlins Straßen nur das Licht der Gaslaternen gebrannt. Das änderte sich mit der Erfindung der elektrischen Kohlenbogenlampe durch die von Werner Siemens gegründete Firma Siemens & Halske. Den Wettbewerb für das Design der Lampen gewann 1888 der Architekt Ludwig Schupmann. Das Reiterstandbild als Symbol für eine überkommene Welt und die Bogenlampe, Zeichen des Neuen, sind hier sinnfällig einander gegenübergestellt. So thematisierte Ury mit diesem Gemälde auch den Anbruch einer neuen Zeit.

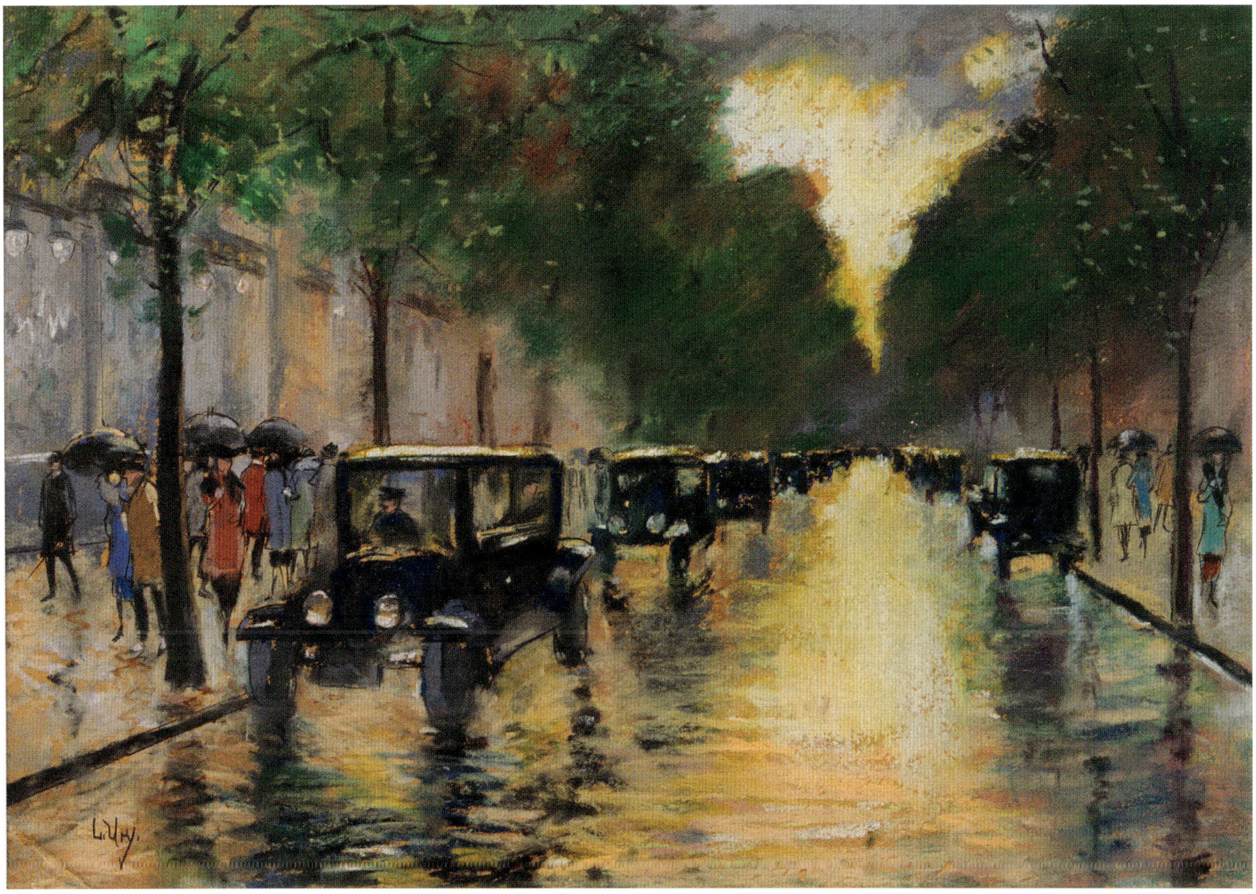

Unter den Linden (Regenstimmung), um 1920
Pastell auf festem Zeichenpapier, 34 x 49,5 cm, Privatsammlung

Waren es in den 1880er Jahren noch Pferdedroschken, die Lesser Ury die »Linden« befahren ließ, sind es seit den 1920er Jahren schwarz lackierte Automobile. Doch auf diesem Blatt bleiben sie Staffage, genau wie die mit Regenschirmen bewaffneten Passanten auf den Gehsteigen. Die zentralperspektivisch angelegte Bildkomposition saugt unseren Blick regelrecht in die Tiefe. Dort muss, hinter dem noch sommergrünen Laub der Linden versteckt, eine untergehende Sonne glühen, die ein weißgelbes Dreieck an den Himmel wirft. Ury lenkt den Blick auf die regennasse Straße, deren Breite den gesamten Bildvordergrund einnimmt. Auf ihr explodiert ein wahres Farbfeuerwerk. Die Pfützen reflektieren die Automobile in Blau-, Grau- und Grüntönen, erfrischt von zartrosa- und apricotfarbenen Nuancen.

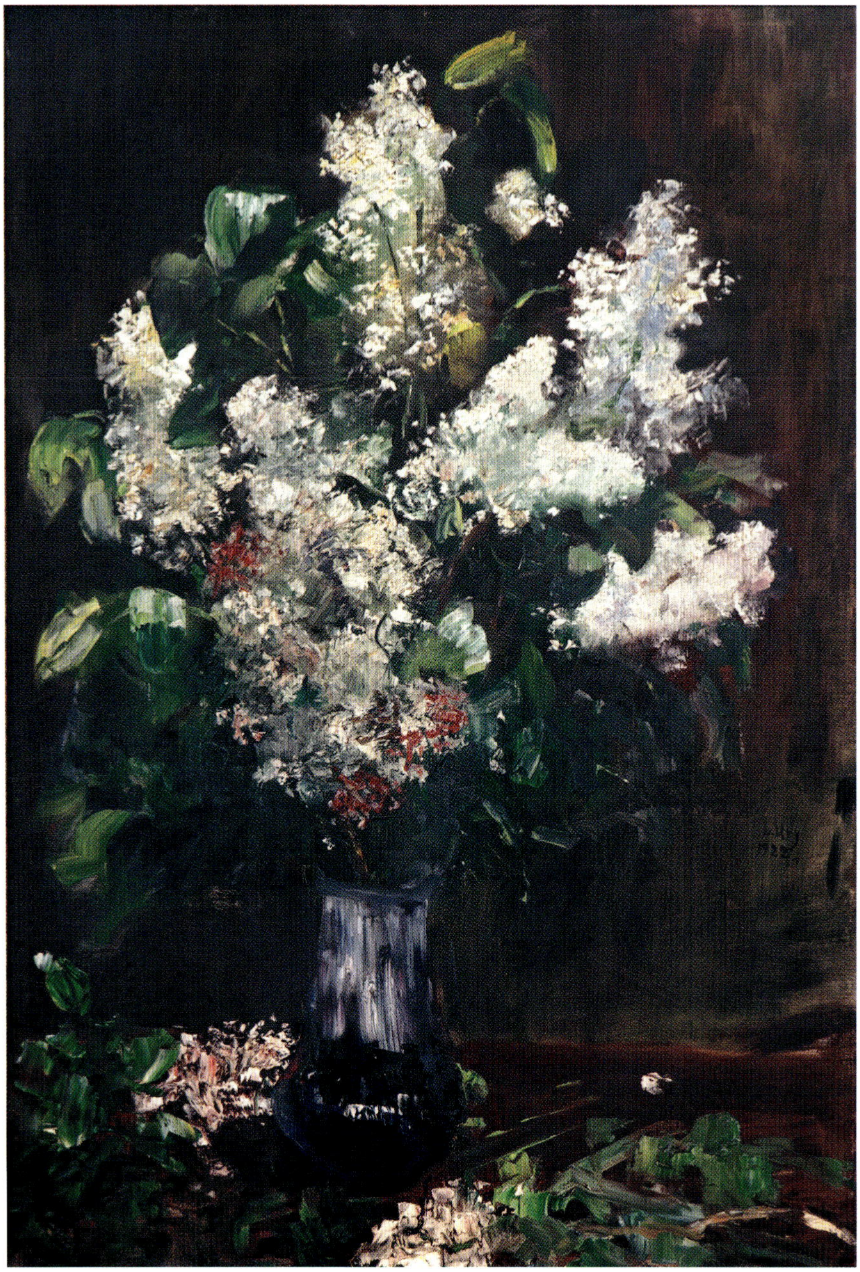

Fliederstrauß (Flieder), 1922
Öl auf Leinwand, 101,5 x 70 cm, Nationalgalerie Berlin, Inv.-Nr. A II 403

Lesser Ury liebte Blumen. In der Nacht nach den Festlichkeiten zu seinem 60. Geburtstag soll er spontan drei seiner Blumensträuße gemalt haben. Der mit ihm befreundete Kunsthistoriker Karl Schwarz erinnerte sich: »Als ich ihm einmal während des Ersten Weltkrieges, da man nur schwer Blumen bekommen konnte, einige sehr schöne, volle weiße Nelken brachte, weil ich wußte, daß ich ihm damit eine Freude machen und ihn etwas aus seiner Trübsal herausholen würde, stellte er sie in eine kleine grüne Vase und begann sofort zu malen. [...] kurze Zeit darauf standen die Blumen taufrisch und leuchtend wie hingezaubert im Bild neben den echten.« Ähnlich spontan scheint auch dieser Fliederstrauß gemalt worden zu sein. Für die Umgebung wählte Ury dunkle Farben, die das frische Weiß der Blüten zum Leuchten bringen.

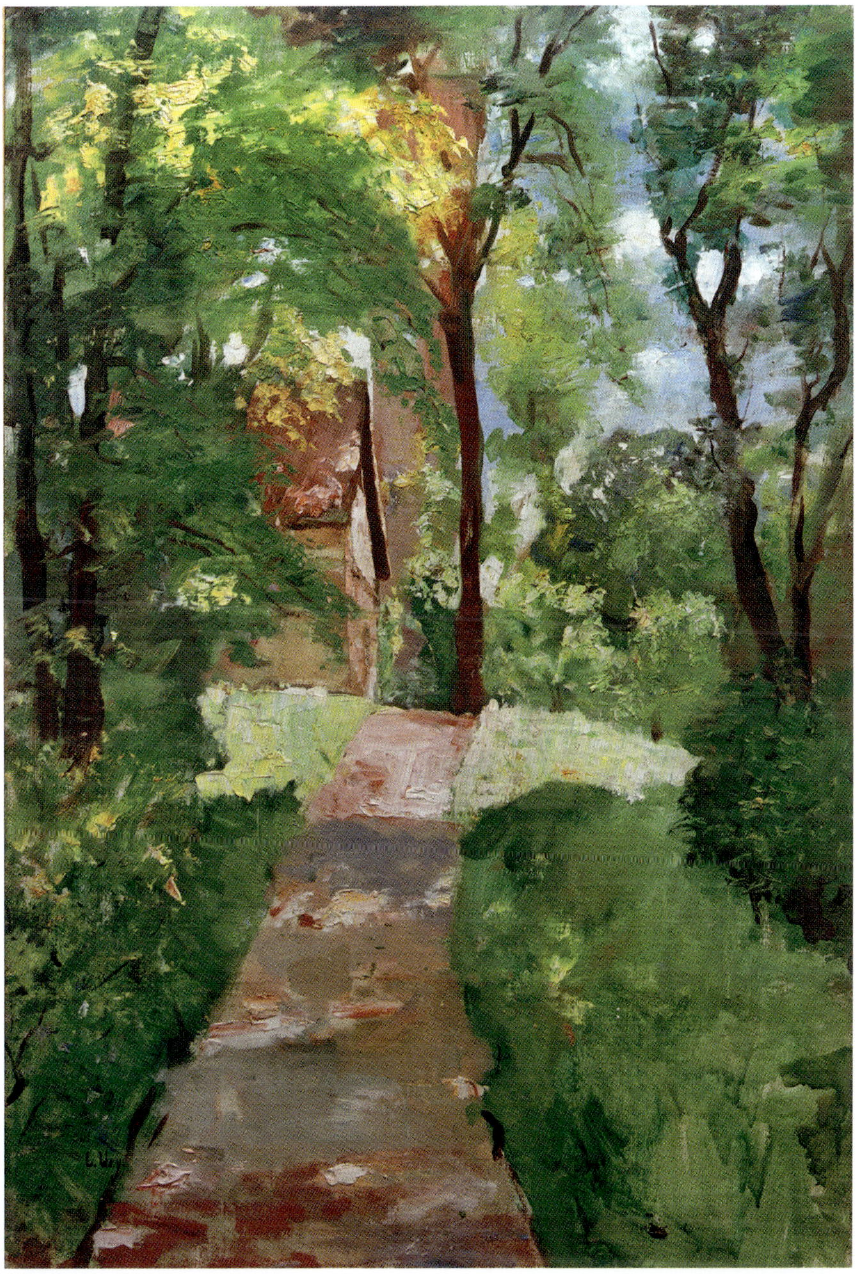

Morgensonne, 1924
Öl auf Leinwand, 96 x 66 cm, Nationalgalerie Berlin, Inv.-Nr. A II 495

Im Sommer 1924 hatte Lesser Ury die Gelegenheit, einige Wochen lang auf dem Weingut Schloss Reichartshausen im Rheingau zu malen. Seinen Eindruck von Gut und Landschaft unter natürlichem Lichteinfall hielt der Künstler in mehreren Bildern fest. Für sein Gemälde »Morgensonne« wählte er nicht etwa eine der Sehenswürdigkeiten der Schlossanlage, sondern einen scheinbar willkürlich gesuchten Ausschnitt der umgebenden Natur. Ein schlichter Weg wird hier zum Hauptmotiv. Das rötliche Haus und ein hohes Gebäude, vermutlich der Wasserturm der Anlage, sind in den Hintergrund gerückt. Das eigentliche Thema ist das morgendliche Sonnenlicht, das sich in den vielfältigen Grün- und Gelbtönen ausdrückt, in dem rosa-grau flackernden Weg und den nebeneinander gesetzten hellgrünen und rosa Flächen im Zentrum des Gemäldes.

Zypressen, undatiert
Pastell, 47 x 34 cm, Privatsammlung

Zeit seines Lebens beschäftigte sich Lesser Ury mit der Wirkung des Sonnenlichts in freier Natur. Während seines ersten Aufenthalts in Italien muss ihn die besondere Qualität des südlichen Lichts so fasziniert haben, dass er in den folgenden Jahren immer wieder in das Land zurückkehrte. An den oberitalienischen Seen erlebte er die atemberaubende Leuchtkraft von Wasser und Himmel. Mit Hilfe samtig weich wirkender Pastellkreiden fing er den farbsatten Zustand der Landschaft ein. Auch das Pastell »Zypressen« mit dem magisch wirkenden Blau von Luft und Wasser scheint im Süden entstanden zu sein. Auf das Blatt trifft zu, was Urys Freund Martin Buber sagte: »Die Landschaften Ury's sind so außerinhaltlich, so visionär, dass sie sich nur sehen und fühlen, kaum besprechen lassen.«

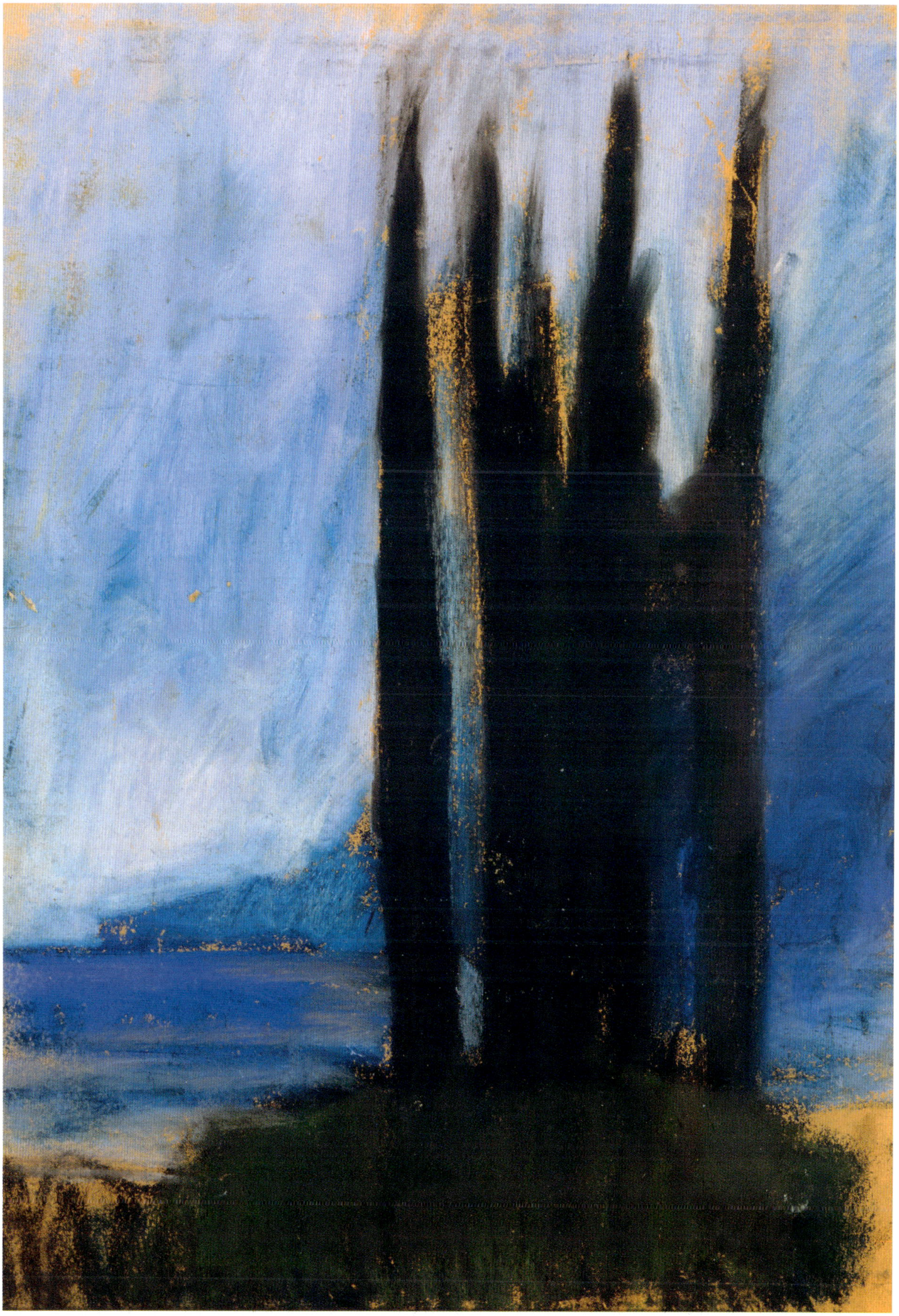

Alle Zitate im Text aus:
Hermann A. Schlögl/Karl Schwarz: Lesser Ury. Zauber des Lichts (1995) und Hermann A. Schlögl/Matthias Winzen: Lesser Ury und das Licht (2014)

Literaturverzeichnis

Brauchitsch, Boris von: Lesser Ury. Leichte Fieberanfälle. Dauerregen. Berlin 2013

Brieger, Lothar: Lesser Ury (Graphiker der Gegenwart Bd. 9). Berlin 1921

Buber, Martin (Hg.): Juedische Kuenstler. Berlin 1903

Donath, Adolph: Lesser Ury. Seine Stellung in der modernen deutschen Malerei. Berlin 1921

Eiden, Maximilian/Maurer, Michael C./Wagner, Barbara (Hg.): Lesser Ury. Stadt – Land – Licht. Ausstellungskatalog Schloss Achberg. Landkreis Ravensburg 2021

Generaldirektion Kulturelles Erbe Rheinand-Pfalz (Hg.): Lesser Ury. Der Einzelgänger unter den »Deutschen Impressionisten«. Ausstellungskatalog Max-Slevogt-Galerie, Schloss Villa Ludwigshöhe, Edenkoben. Bearbeitet von Karoline Feulner. Köln 2019

Hülsewig-Johnen, Jutta/Kellein, Thomas (Hg.): Der deutsche Impressionismus. Ausstellungskatalog Kunsthalle Bielefeld. Köln 2009

Museum Schäfer Schweinfurt (Hg.): Eine Loge im Welttheater. Interieurbilder des 19. Jahrhunderts aus der Graphischen Sammlung des Museums Georg Schäfer. Bearbeitet von Karin Rhein. Ausstellungskatalog Museum Schäfer. Schweinfurt 2013

Petras, Renate: Das Café Bauer in Berlin. Berlin 1994

Rosenbach, Detlev: Lesser Ury. Das druckgraphische Werk. Berlin 2002

Schlögl, Hermann A./Schwarz, Karl: Lesser Ury. Zauber des Lichts. Ausstellungskatalog Käthe-Kollwitz-Museum Berlin. Berlin 1995

Schlögl, Hermann A./Katzenstein, Hannah (Hg.): Der Teufel hole die Kunst. Briefe von Lesser Ury an einen Freund. Berlin 2000

Schlögl, Hermann A./Winzen, Matthias: Lesser Ury und das Licht. Ausstellungskatalog Museum für Kunst und Technik des 19. Jahrhunderts, Baden-Baden. Oberhausen 2014

Schneider, Richard: Berlin. Industrie und Technik in der Malerei von 1847 bis 1929. Berlin 2019

Schütz, Chana (Hg.): Lesser Ury. Bilder der Bibel. Der Malerradierer. Ausstellungskatalog Käthe-Kollwitz-Museum Berlin/Stiftung Neue Synagoge Berlin – Centrum Judaicum. Berlin 2002

Seyppel, Joachim: Lesser Ury. Der Maler der alten City. Leben – Kunst – Wirkung. Eine Monographie. Berlin 1987

Spanke, Daniel (Hg.): Zweimal Großstadt Berlin. Max Liebermann und Lesser Ury. Ausstellungskatalog Liebermann-Villa am Wannsee, Berlin. Potsdam 2019

Steinkamp, Maike/Evans, Emily Joyce (Hg.): Die Sammlung der Nationalgalerie. Bestandskatalog 1905 bis 1945. 2 Bde. Berlin 2021

Stiftung Stadtmuseum Berlin: Gemälde II. Verzeichnis des Bestandes vom Ende des 19. Jahrhunderts bis 1945. Bearbeitet von Dominik Bartmann. Berlin 2004

Voolen, Edward van: Jüdische Kunst und Kultur. München/Berlin/London/New York 2006

Wesenberg, Angelika/Verwiebe, Birgit/Freyberger, Regina (Hg.): Malkunst im 19. Jahrhundert. Die Sammlung der Nationalgalerie. 2 Bde. Berlin 2017

Verzeichnis der abgebildeten Werke

EINFÜHRUNG

Lesser Ury – »Sucher und Finder des Lichts«

Flusslandschaft, 1906
Öl auf Leinwand, 57,5 x 73,5 cm
Privatsammlung

Pferdedroschke im Regenwetter, 1924
Radierung, 20,5 x 11,2 cm; auf 36 x 27 cm (Bütten)
Aus: Berliner Impressionen
Euphorion Verlag, Berlin
Privatsammlung

IN BERLIN

Frühling im Tiergarten (Dame in der Kutsche), 1887
Öl auf Leinwand, 32,2 x 26,1 cm
Privatsammlung

Am Bahnhof Friedrichstraße, 1888
Deckfarben auf Velin, aufgezogen auf Pappe, 65,5 x 46,8 cm
Stiftung Stadtmuseum Berlin, Inv.-Nr. GHZ86/14

Leipziger Straße (Berliner Straßenszene) (Leipziger Platz) (Potsdamerplatz), 1889
Öl auf Leinwand, 107 x 68 cm
Berlinische Galerie, Berlin, Inv.-Nr. BG-M 1340/78

Abend am Landwehrkanal (Landwehrkanal in Berlin), 1889
Öl auf Leinwand, 76,5 x 105,5 cm
Stiftung Stadtmuseum Berlin, Inv.-Nr. GS 98/3 GM

Im Café Bauer (Berlin-Mitte, Unter den Linden), 1895
Kohlezeichnung auf Pappe, 48,2 x 30,2 cm
Privatsammlung

Ohne Titel (Parkszene oder Mann in grauem Anzug), 1913/18
Öl auf Leinwand, 52,1 x 38,7 cm
Jewish Museum, New York, Inv.-Nr. 1990-10

Nächtliches Berlin (Nollendorfplatz), 1919
Öl auf Leinwand, 119 x 78,5 cm
Kunstsammlung der Hypovereinsbank –
Member of UniCredit

Allee im Tiergarten mit Kutschen, um 1920
Öl auf Leinwand, 51 x 71 cm
(Zuletzt Kunsthandel)

Brandenburger Tor vom Pariser Platz aus gesehen, 1928
Pastell, 35 x 50 cm
Privatsammlung

Unter den Linden mit Blick auf die Universität und das Reiterstandbild Friedrichs II., 1920er Jahre
Öl auf Leinwand, 51 x 35,5 cm
Kunsthalle Kiel, Inv.-Nr. 1122
(Dauerleihgabe Karl-Walter Breitling und Charlotte Breitling Stiftung, 2011)

Lesser Ury rauchend im Atelier (Selbstbildnis), um 1912
Öl auf Leinwand, 71 x 100,5 cm
Privatsammlung

In den Zelten bei Nacht, 1915
Öl auf Leinwand, 71 x 51,5 cm
Privatsammlung

Nächtliche Szene am Kurfürstendamm mit Blick in Richtung Kaiser-Wilhelm-Gedächtniskirche, 1925
Öl auf Leinwand, 51,5 x 36 cm
Stiftung Stadtmuseum Berlin, Inv.-Nr. GEM 72/24

Nollendorfplatz bei Nacht, 1925
Öl auf Leinwand, 72,5 x 54,5 cm
Nationalgalerie Berlin, Inv.-Nr. SMB, A II 496

Bahnhof Nollendorfplatz bei Nacht, 1925
Öl auf Leinwand, 72,5 x 102,5 cm
Stiftung Stadtmuseum Berlin, Inv.-Nr. GS98/46

Im Tiergarten, 1889
Fotoübermalung, 13,4 x 21,3 cm, auf Karton aufgezogen, 22,8 x 29,7 cm
Privatsammlung

FRAUENBILDER

Frau am Küchenherd, 1882
Öl, Pappe auf Leinwand auf Holz, 70 x 40 cm
Privatsammlung

Frau an der Nähmaschine, 1883
Öl auf Leinwand, 40,5 x 18 cm
Privatsammlung

Interieur mit lesender Dame, 1883
Bleistift, Tusche und Deckweiß, 29,2 x 19,3 cm
Museum Georg Schäfer, Schweinfurt, Inv.-Nr. MGS 2200A

Harmonie, vor 1900
Tuschzeichnung, 19,8 x 13,2 cm
Privatsammlung

Mädchenakt, undatiert
Bleistiftzeichnung, weiß gehöht, auf dunklem, rohem Papier, 21,7 x 16,2 cm
Privatsammlung

Nächtliche Straßenszene, Berlin (Bellevuestraße?), 1889
Pastell auf brauner Pappe, 50,7 x 35,8 cm
(Zuletzt Kunsthandel)

Frau am Schreibtisch, 1898
Öl auf Leinwand, 71 x 51,5 cm
Nationalgalerie Berlin, Inv.-Nr. A III 464

Der rote Teppich, um 1890/99
Öl auf Leinwand, 100 x 66 cm
Israel Museum, Jerusalem, Inv.-Nr. B50.11.0016

Interieur (Interieurszene und lesende Frau auf der Terrasse), 1894
Öl auf Leinwand, 72 x 51,5 cm
Privatsammlung

Rauchende Dame, 1919
Lithografie, 14,5 x 24,5 cm; auf 25,6 x 35,1 cm (Bütten)
Verlag Fritz Gurlitt, Berlin
Privatsammlung

Dame mit Kind im Tiergarten, um 1920
Radierung, 23,4 x 17,8 cm; auf 31 x 27 cm (Bütten)
Verlag Fritz Gurlitt, Berlin
Privatsammlung

Mädchen mit Hund, um 1920
Lithografie, 38,8 x 26,6 cm; auf 42 x 29,3 cm (Bütten)
Verlag Fritz Gurlitt, Berlin
Privatsammlung

Dame im Café mit aufgestütztem Arm vor leerem Glas, 1919
Radierung, 20,3 x 14,1 cm; auf 32,7 x 20,3 cm
(Zuletzt Kunsthandel)

Berlin. Straßenszene, 1921
Öl auf Leinwand, 63,2 x 48,1 cm, Ben Uri Collection, London

Im Kaffeehaus: Dame am Tisch auf der Veranda, 1928
Lithografie, 13,4 x 19,9 cm; auf 17 x 22 cm (Maschinenjapan)
Aus: »Vier Zeilen – Presse-Ball 1928« ; Herrenspende auf dem Presseball 1928, Privatbesitz

UNTERWEGS

Höhenweg in Rom (Italienische Landschaft), 1890
Öl auf Holz, 13,2 x 22,1 cm, Privatsammlung

Rom, Piazza di Trevi, 1890
Kohlezeichnung, 40 x 31 cm
Privatsammlung

Capri, Piccola Marina (Capri, Strand mit Booten), 1890
Öl auf Leinwand, auf Holz kaschiert, 31 x 37 cm
Privatsammlung

Les Meules (Die Heuhaufen / Heuschober), 1892
Pastell auf Pappe, 34,5 x 46 cm
Privatsammlung

Stadt im Mondlicht (Lübeck im Mondlicht), 1892
Ölskizze auf Karton, 12,8 x 16,9 cm
Privatsammlung

Spätsommerliche Landschaft am Gardasee, 1896
Öl auf Leinwand, 106,5 x 148,5 cm (Zuletzt Kunsthandel)

Kiefernwald Thüringen, um 1890
Pastell auf Karton, 50 x 35 cm
(Zuletzt Kunsthandel)

Holsteinische Schweiz (Landschaft in Schleswig-Holstein, Deutschland), 1908
Öl auf Leinwand, 100 x 70 cm
Tel Aviv Museum of Art

Niederländische Landschaft mit Windmühlen, 1912
Pastell auf Pappe, 34 x 49,5 cm
Privatsammlung

Auf der Tenne, 1923
Radierung, 20,9 x 14,9 cm; auf 34 x 35 cm (Bütten)
Aus: Holländische Motive
Euphorion Verlag, Berlin 1922
National Gallery of Art, Washington, Inv.-Nr. 2012.92.492

Baumbestandenes Ufer am märkischen See, 1919
Radierung, 14,4 x 20,6 cm; auf 23,9 x 32,1 cm (Japanpapier)
Privatsammlung

Baumgruppe am Rheinufer (Ein Uferweg), 1924
Pastell auf Velin, auf Karton aufgezogen, 35,5 x 51 cm
(Zuletzt Kunsthandel)

Waterloo-Brücke bei durchbrechender Sonne, 1926
Öl auf Leinwand, 50,2 x 70,5 cm
Privatsammlung

Die Champs-Élysées (Blick zum Arc de Triomphe), 1928
Pastell auf Papier, 35,6 x 49,5 cm
(Zuletzt Kunsthandel)

Eiffelturm, 1928
Pastell auf Pappe, 35 x 49,5 cm
Privatsammlung

Der Absinthtrinker, Paris, um 1920
Radierung, 19,7 x 27,7 cm; auf 31,4 x 45,6 cm
Privatsammlung

JUDENTUM

Adam und Eva mit ihrem Erstgeborenen, 1896
Öl auf Leinwand, 86,4 x 124,1 cm
Jüdisches Museum Berlin, Inv.-Nr. 2001/227/0

Jeremias, um 1897
Kohle, Tusche, Pinsel, 41,8 x 45,3 cm
Jüdisches Museum Berlin, Inv.-Nr. GHZ 90/500/0

Vergänglichkeit, 1898
Öl auf Leinwand, 104 x 79 cm
Jüdisches Museum Berlin, Inv.-Nr. GEM 90/27/0

Angler, 1900
Kohlezeichnung, 89,5 x 54 cm
Privatsammlung

Porträt Abraham Geiger, circa 1907
Pastell, 49,9 x 34,8 cm
Jüdisches Museum Berlin, Inv.-Nr. GHZ 98/5/0

Rebekka am Brunnen, 1908/09
Öl auf Leinwand, 51,3 x 35,8 cm
Jüdisches Museum Berlin
Inv.-Nr. GEM 89/6/0

Joseph bei den Ismaelitern, 1919
Öl auf Leinwand, 70,4 x 100,3 cm
Jüdisches Museum Berlin, Inv.-Nr. GEM 94/8/0

Der Mann. Mittelfigur des Triptychons »Der Mensch«, 1920
Lithografie, 57,5 x 45,4 cm (Blattmaß)
Aus: Biblische Gestalten
Fritz Gurlitt Verlag, Berlin
Jüdisches Museum Berlin, Inv.-Nr. GDR 97/3/28/008

Jacob segnet Benjamin, um 1920
Lithografie, 40 x 47,5 cm (Blattmaß)
Jüdisches Museum Berlin, Inv.-Nr. GDR 82/62/0

Moses sieht das Gelobte Land vor seinem Tode, 1928
Pastell auf Pappe, 50,5 x 35,5 cm
Jüdisches Museum Berlin, Inv.-Nr. GHZ 85/28/0

Jude im Gebetsmantel, 1931
Öl auf Leinwand, 90,5 x 66 cm
Jüdisches Museum Berlin, Inv.-Nr. GEM 93/14/0

IM KAFFEEHAUS

Zeitungsleserin im Café (Dame im Café), 1882
Öl auf Leinwand, 48 x 39 cm
Privatsammlung

Café Gelber in Hamburg (Zeitungslesender Mann im Café), 1887
Tuschpinsel- und Federzeichnung mit Deckweißhöhung auf Papier, 20,2 x 9,8 cm
Privatsammlung

Im Café, um 1900
Öl auf Leinwand, 71,5 x 57,5 cm
(Zuletzt Kunsthandel)

Blick in den Saal eines Restaurants / Café Bauer, 1909 (?)
Schwarzer Farbstift, Kohle, weiß gehöht, auf einer Postkarte, 14 x 9 cm
Museum Georg Schäfer, Schweinfurt, Inv.-Nr. MGS 2202A

Im Café. Frau in Rot (Mädchen im Romanischen Café) (Mädchen im Café), 1911
Öl auf Leinwand, 57 x 64 cm
Nationalgalerie Berlin, Inv.-Nr. NG 36/61

Schreibende Dame mit Hut und Boa im Café, 1919
Lithografie, 26,1 x 19 cm; auf 35,5 x 27,5 cm (Bütten)
Verlag Fritz Gurlitt, Berlin
Privatsammlung

Abend im Café Bauer in Berlin, 1919
Lithografie, 37,2 x 25,6 cm; auf 42,2 x 30 cm
Privatsammlung

Caféterrasse Unter den Linden, um 1920
Lithografie, 19,3 x 27 cm; auf 22,4 x 31,9 cm (Bütten)
Verlag Fritz Gurlitt, Berlin
Privatsammlung

Rauchender Herr im Café I, um 1920
Lithografie, 27 x 18,5 cm; auf 36 x 22,5 cm (Bütten)
Verlag Fritz Gurlitt, Berlin
Privatsammlung

Morgenstimmung: Eingeschlafener Herr mit Zylinderhut, 1921
Radierung, 14,9 x 10,8 cm; auf 25,7 x 21,7 cm
Privatsammlung

Berliner Kaffeehaus (Cafe scene in Berlin), undatiert
Öl auf Leinwand, 32 x 24 cm
(Zuletzt Kunsthandel)

DAS LICHT

Pariser Interieur (Interieur) (Lesende Frau am Fenster), 1881
Öl auf Leinwand, 55,5 x 32,5 cm
Privatsammlung

Frau am Kamin, 1881
Bleistift, Feder und Tusche auf Papier, 19 x 14,5 cm
Privatsammlung

Frau am Kamin (Träumerei am Kamin), um 1890
Pastell auf Pappe, 70 x 49 cm
Privatsammlung

Estaminet. Flämische Schenke (Kinder im Laden), 1884
Öl auf Leinwand, 100,5 x 52 cm
Nationalgalerie Berlin
Inv.-Nr. A II 402

Flusslandschaft – Abendstimmung, 1889
Pastell auf Pappe, 33,5 x 47,5 cm
Privatsammlung

Mondaufgang am Grunewaldsee (Mondlandschaft), 1898
Öl auf Leinwand, 106 x 150 cm
Privatsammlung

Selbstporträt mit Pinsel und Palette, um 1910
Öl auf Leinwand, 61 x 42 cm
Jüdisches Museum Berlin
Inv.-Nr. GEM 92/16/0

Windmühle, um 1912
Pastell auf Pappe, 36 x 49 cm
Privatsammlung

Ziehende Wolken, 1913
Öl auf Leinwand, 72 x 102 cm
Privatsammlung

Sitzender weiblicher Akt, um 1920
Radierung, 22,3 x 13 cm, auf 39,8 x 30,2 cm
Privatsammlung

Nachtimpression (Nachtstimmung, Stadtbahn), 1918
Öl auf Leinwand, 101,5 x 72 cm
Privatsammlung

Nächtliche Impression (mit Droschke vor Lokomotivendampf), 1924
Radierung, 17,8 x 12,7 cm; auf 36 x 27 cm (Bütten)
Aus: Berliner Impressionen
Euphorion Verlag, Berlin
Privatsammlung

Berlin. Unter den Linden, undatiert
Pastell, Maße unbekannt
(Zuletzt Kunsthandel)

Unter den Linden (Regenstimmung), um 1920
Pastell auf festem Zeichenpapier, 34 x 49,5 cm
Privatsammlung

Fliederstrauß (Flieder), 1922
Öl auf Leinwand, 101,5 x 70 cm
Nationalgalerie Berlin
Inv.-Nr. A II 403

Morgensonne, 1924
Öl auf Leinwand, 96 x 66 cm
Nationalgalerie Berlin, Inv.-Nr. A II 495

Zypressen, undatiert
Pastell, 47 x 34 cm
Privatsammlung